영유아교사를 위한

언어발달장애

영유아교사를 위한

언어발달장애

이현정·이현주·이윤선·김응범·김선영 공저

dm 동문사

머 리 말

아기들은 몸짓으로 말하고 이미지와 감정의 언어로 사고합니다.

아기는 갖고 싶은 물건이 있으면 팔을 쭉 뻗으며 이렇게 말합니다.

"저거!"

갖고 싶은 것을 향해 끊임없이 손을 뻗고 한참 애를 쓴 끝에 겨우 손에 쥡니다.

그러고는 "이제 됐다!"라고 하는 듯 한숨을 푹 쉽니다.

그런 물건을 아이에게서 빼앗으려고 해보세요.

그러면 아이는 온갖 방법을 동원해서 이렇게 말할 것입니다.

"절대 뺏기지 않을 거야!"

아기가 고개를 가누고, 자기 힘으로 앉고, 혼자 섭니다.

"내가 해냈어!"라고 말하고 있는 거지요.

아기가 눈과 입에 웃음을 띤다면 이런 말을 하는 게 아니겠어요!

"사는 게 너무 행복해!"

출처: 야누시 코르차크. '아이들'. pp. 42-43.

사람은 태어나는 그 순간부터 누군가와 소통을 하고 살아가는 존재입니다.

아이들도 똑같습니다. 발달이 느린 아이들이나 그렇지 않은 아이들이나 모두 부모, 교사, 또래, 주위 사람들과 소통을 하면서 살아갑니다.

여기서 중요하게 생각해야 할 점은 말을 하지 않는 아이들도 나름대로의 방식으로 소통하기 위해 노력하고 있다는 것입니다. 언어발달에 지연을 보이거나 언어장애가 있는 아동들도 방식이 조금 다를 뿐이지 모두 제 나름대로의 목소리를 내고 있습니다. 야누시 코르차크의 글처럼 아이들이 보내는 신호를 민감하게 알아봐주고, 무엇을 말하려 하는지 알아차려 줘야 하는 것이 우리의 역할이 아닐까 합니다.

'말'이 주는 행복함이 분명 있습니다. 아이가 그 작은 입으로 '엄마'라는 한 마디를 말하는 순간 온 세상을 다 가진 듯이 행복한 것처럼, 말이 없던 아이가 어느 날 '선생님'이라는 한 마디를 해주면 기쁨을 넘어 뜨거운 무엇인가가 가슴을 강타하기도 하니까요.

하지만 우리가 고민해봐야 하는 것이 한 가지 있습니다. 발달이 느리다는 이유로 아이들과의 '소통'보다는 혹시 '말'에만 초점을 두고 가르치려고만 하는 것은 아닌지 말입니다. 발달이 느린 아이들에게도 장애가 없는 아이들과 동일하게 다른 사람과의 '소통'의 즐거움을 알게 해주는 것이 무엇보다 중요하다고 생각합니다.

일반적인 발달 과정과는 다른 방향으로 발달을 해가는 아이들과 원활한 소통을 하기 위해서 우선은 그 아이들을 온전히 이해하는 것이 무엇보다 중요하다고 생각합니다. 누구나 알고 있듯이 장애아동을 지도하는데 '정답'이라는 것은 존재하지 않습니다. 한 명 한 명의 아이를 있는 그대로 이해하고, 아이에게 맞는 도움의 방식들을 찾아가는 과정에서 가장 적절한 답을 찾는 것일 뿐입니다.

그 해답을 찾는 과정에 자그마한 도움이 되고자 이 책을 집필하게 되었습니다. 기존의 책들은 언어치료를 전공하는 분들을 위한 책들이 많아 보육이나 교육을 전공하는 분들이 공부하기에는 많은 어려움이 있었을 것입니다. 부족한 점도 많고 집필진들의 경험이 정답은 아니지만 오랜 기간 현장에서 장애아동을 지도한 경험을 모아 이론에 더해 실제적인 이야기들을 들려드리고자 많은 노력을 기울였습니다. 전문성을 살리되, 최대한 보육과 교육을 전공한 분들께 도움을 드릴 수 있도록 알기 쉽게 풀어쓰려고 하였습니다. 그리고 집필진들의 경험에 근거해 현장에서 도움이 될 수 있는 내용들은 Tip으로 제시하였습니다.

아무쪼록 이 책을 통해 언어발달에 어려움을 보이는 아동들을 지도하는데 실제적인 도움이 되길 바라며, 영유아 교육기관에 계신 선생님들과 예비교사에게 마중물과 같은 책이 되었으면 좋겠습니다.

모든 아동들이 행복한 세상을 꿈꾸며

2021년 5월

저자 일동

차 례

PART 2 언어장애의 유형별 특성 및 지도방법

1

PART

언어장애의 기초적 이해

CHAPTER 01

언어와 언어장애의 이해

학습 목표

1. 의사소통, 언어, 말의 개념을 정의할 수 있다.
2. 언어의 다섯 가지 구성요소에 대해 설명할 수 있다.
3. 의사소통, 언어, 말장애의 개념을 정의할 수 있다.
4. 의사소통장애와 관련된 국내법에 대해 구술할 수 있다.

1 언어란 무엇인가?

1) 의사소통, 언어, 말의 개념

‘사람은 사회적 동물이다’라는 말은 보편적으로 널리 알려진 말이다. 즉, 다른 사람과 관계를 맺지 않고서는 살아가기 어렵다는 것이다. 다른 사람과 관계를 맺기 위해서는 필연적으로 서로 소통할 수 있는 능력이 필요한데, 이를 의사소통이라고 한다.

의사소통(communication)이란 두 사람 혹은 그 이상의 사람들 간에 자신의 생각이나 감정, 느낌, 정보 등을 교환하는 행위로, 의사소통을 하기 위해서는 기본적으로 언어능력을 필요로 한다. 예를 들어, 나이에 상관없이 사람과 마주치게 되면 "안녕하세요."라는 의미가 담긴 인사를 해야 한다. 이때 말로 인사를 하든 제스처로 하든 그 방식(mode)은 상관없지만 '안녕'의 의미에 해당하는 말이나 제스처를 해야지, 고개를 가로젓거나 "안녕히 계세요."라는 말을 해서는 안 된다. 이처럼 처음 만났을 때는 '안녕'이라는 의미를 가진 단어나 제스처에 해당하는 어휘능력이 있어야 서로 인사를 하고 의사소통을 시작할 수 있는 것처럼 원활한 의사소통을 위해서는 언어능력이 필요하다.

이를 통해 언어의 개념을 살펴볼 수 있는데, 언어(language)란 생각과 정보, 감정을 표현하는 체계적 수단으로, 여러 형식(mode)을 통해 전달이나 표현이 가능하다. 앞서 살펴본 것처럼 말(구어)을 통해서도 표현할 수 있고, 지필(문어)이나 몸짓을 통해서도 표현할 수 있다. 우리가 드라마에서 종종 자주 보는 장면 중에 충격으로 인해 강한 심리적 스트레스를 받아서 갑자기 말을 하던 사람이 말을 하지 못하게 되는 경우가 있는데 이때 말을 하지는 못하지만 지필(writing)을 통해 서로 간에 의사를 주고받는 것이 가능하다. 그리고 청각장애인의 언어인 수어도 말을 통해서 하는 것이 아니라 그 의미를 내포하고 있는 손짓(물론 이 외에 표정, 몸짓, 방향 등도 의미에 관여한다)을 통해 의사를 주고받는다.

자신이 가진 언어능력을 밖으로 표출하기 위해 가장 보편적으로 사용하는 방법이 말(구어)이기 때문에 말과 언어를 동일한 개념으로 혼동하는 경우가 많다. 하지만 말과 언어는 동일한 개념이 아니다. 말(speech)이란, 말소리 산출과 관련된 여러 근육이 정교하게 움직이는 근육활동에 의해 만들어지는 소리이다. 말소리를 산출하기 위해서는 호흡, 발성, 공명, 조음기관의 근육들이 유기적으로 정교하게 잘 움직일 때 정확한 말소리 산출이 가능해지며, 이 중에 하나라도 문제가 생기면 정확한 말소리 산출이 불가능해진다.

말과 언어는 동일한 개념이 아니고 서로 독립적이라는 것은 다음의 예시로 이해해 볼 수 있다. 우선 언어능력에는 문제를 보이지 않지만, 말 산출 능력에만 문제를 보이는 경우가 있다. 후두암으로 인해 후두를 적출한 사람의 경우 후두를 적출하였기 때문에 말을 산출하지는 못하지만(후두에는 소리 산출에 중요한 역할을 하는 성대가 있는데 이 또한 제거되었기 때문이다), 지필이나 제스처를 통해 충분히 자신의 의사를 전달할 수 있기 때문에 언어능력에는 문제를 보이지 않는다. 또 다른 예로 스티븐 호킹 박사의 경우 루게릭병으로 인해 말 산출에 어려움을 보였지만 뛰어난 언어능력으로 AAC를 통해 강연도 하고 질의응답도 하면서 다른 사람들과 의사소통이 가능하였다(고은, 2016). 이 두 사례의 경우 말 산출에만 문제를 보이지 언어능력에는 결함을 보이지 않으므로 언어와 말은 동일한 개념이 아님을 알 수 있다. 이와는 반대로 언어능력에는 문제를 보이지만 말 산출 능력에는 문제를 보이지 않는 경우도 있다. 예를 들어 정확한 조음도 가능하고 말 산출에는 문제를 보이지 않는 윌리엄스증후군 아동의 경우, 말 산출에는 문제를 보이지 않지만 인지능력의 결함으로 연령 수준에 비해 낮은 언어능력을 보인다. 즉, 언어능력에만 문제를 보이지 말 산출에는 문제를 보이지 않으므로 언어와 말은 동일한 개념이 아니라는 것을 알 수 있다.

Key Point

의사소통을 하기 위해서는 언어능력을 필요로 하고, 자신이 가진 언어능력을 밖으로 표출하는 수단 중의 하나가 말이다. 따라서 말과 언어는 동일한 개념이 아니다.

TIP

의사소통, 언어, 말의 개념을 토대로 교육기관에 있는 교사가 유념해야 할 점은, 무발화 아동을 대상으로 지도를 할 때 처음부터 무조건 '말'에 초점을 두고 지도해서는 안 된다는 것이다. 결국 '말'이라는 것도 타인과 소통하기 위한 하나의 도구이므로 우선은 제스처나 몸짓을 통해서 자신의 의사를 표현하도록 돕는 것에 중점을 두고 지도해야 한다. 그러고 나서 관습적인 몸짓을 통해 의사소통하는 빈도가 늘어나면 이후에 이를 '말'로 표현할 수 있도록 돕는 것이 좋다.

2) 언어의 구성요소

앞서 언어의 개념을 살펴보았다. 언어는 생각과 정보, 감정을 표현하는 체계적 수단으로 정의 내려졌는데, 여기서 '체계적'이라는 말의 의미를 이해해야 한다. 체계적이라는 말은 간단히 말해서 일정한 규칙이 있다는 말이고, 각 언어는 각각의 고유한 규칙들을 가지고 있다. 쉬운 예로 상대방을 좋아한다는 표현을 할 때 한국어로는 "나는 너를 좋아해."라는 문장을 사용하지만 영어로는 "I like you."라는 문장을 사용한다. 이 두 언어의 차이는 문장을 구성할 때 문장의 어순이 한국어는 주어+목적어+서술어 순이지만, 영어는 주어+동사+목적어 순으로 문장을 구성한다는 것이다. 즉, 문장을 구성하는 규칙이 한국어와 영어가 다르다는 것이고 각자 자신의 모국어가 가지고 있는 규칙을 습득해야 언어능력이 발달할 수 있고, 원활한 의사소통이 가능해진다.

'언어를 안다'는 것은 그 나라의 언어를 구성하고 있는 특정 규칙을 알고, 그 규칙체계에 맞춰 사용하는 능력이 있다는 것이다(고은, 2016). 예를 들어, 배가 고플 때 나의 배고픔을 전달하고 무엇인가를 먹기 위해서는 엄마에게 "나지금 배고파요."라는 문장을 사용해야 한다. 즉, 의사를 정확하게 전달할 수 있는 형태(또는 형식, form)를 만들어서 표현할 수 있는 능력이 필요하다. 의사소통에서 주로 사용하는 형태는 문장이고, 문장은 단어로 구성되며, 단어는 다시 음절, 음절은 음소로 구성된다. 이는 그 나라의 음소, 음절, 단어, 문장을 이루는 규칙을 알아야 한다는 것을 의미하고 이러한 규칙을 알고 있어야 적절한 형태를 만들어 사용할 수 있다. 언어능력이 있다는 것은 형태를 만들어 사용할 수 있는 능력만을 의미하는 것이 아니라 이에 대한 의미를 파악하는 능력도 필요하다. 예를 들어, 친구가 "어제 미안했어, 사과 받아줘."라고 했는데 "너는 사과를 주지도 않고 사과 받으라고 하는 거야?"라고 하면서 화를 내는 경우는 '사과'의 의미를 파악하지 못해서이다. 즉, 언어능력이 있다는 것은 형태를 잘 만드는 능력도 필요하지만 이를 잘 해석하고 의미를 파악하는 능력도 있어야 함을 의미한다. 그리고 이와 더불어 적절하게 사용할 수 있는 능력도 필요한데 외국 영화를 보면 친구들끼리 만날 때 어깨를 슬쩍 부딪치면서 "What`s up!"이라는 말을 한다. '안녕'이라는 인사인데 만약 이 인사말을 젊은 청년이 80대의 어르신에게 한다고 상상을 해보자. 형태상으로도 적절하고 의미상으로도 적절하지만 사용면에서는 부적절하다고 할 수 있다.

이처럼 언어능력이 있다는 것은 그 나라 언어를 구성하고 있는 규칙을 잘 알아서 적절하게 형태를 만드는 능력도 있고, 이의 내용을 파악하는 능력도 있으며, 상황이나 사람 등에 맞게 적절하게 사용하는 능력도 있음을 의미한다.

이를 언어의 5가지 구성요소인 음운론, 형태론, 구문론(또는 통사론), 의미론, 화용론의 측면으로 나누어 살펴볼 수 있다. 형태를 만드는 능력에 해당하는 것은 음운론, 형태론, 구문론(또는 통사론)이고, 내용을 파악하는 능력에 해당하는 것이 의미론, 적절하게 사용하는 능력에 해당하는 것이 화용론이다.

(1) 음운론

음운론은 한 언어 내에서 사용되는 말소리 체계에 대한 지식으로, 음운론적 측면에서 알아야 하는 지식으로는 첫째, 말소리 목록(음소)에 대한 지식, 둘째, 음절을 만드는 규칙에 대한 지식, 셋째, 음운규칙에 대한 지식이 필요하다(강범모, 2010). 음운론은 말 그대로 말소리에 대한 지식이므로 이를 이해하기 위해서는 표기가 아닌 실제 소릿값을 기준으로 이해하는 것이 필요하다.

우선 음소는 모국어를 사용하는 사람들이 쓰는 말소리로, 한국어의 음소에는 ㄱ, ㄴ, ㄷ, ㄹ...와 같은 자음과 ㅏ, ㅑ, ㅓ, ㅕ...와 같은 모음이 있다. 음소는 나라마다 다르기 때문에 이에 대한 지식이 필요하며, 기본적으로 음소를 알아야 음절을 만들 수 있고, 단어, 문장을 구성할 수 있다. 예를 들어, TV에서 연예인이 '사과'의 'ㅅ'를 's'로 발음하지 않고, 'θ'로 발음하면 사람들이 웃으면서 발음을 지적한다. 그 이유는 한국어의 음소에는 'th/θ/'가 존재하지 않기 때문에 발음이 이상하게 들리기 때문이다.

다음으로 음절을 만드는 규칙에 대한 지식이 필요한데, 이 또한 나라마다 다르기 때문이다. 우리가 언어로 표현을 할 때에는 음소 단위로 표현을 하지 않고 음절 단위로 표현을 한다. '사과'를 "사과"라고 하지 "ㅅㅏㄱㅘ(스아그와)"라고 하지 않는다. 한국어에서 음절을 만드는 규칙에는 4가지가 있으며, V(모음), VC(모음+자음), CV(자음+모음), CVC(자음+모음+자음)가 있다. 각각의 예로는 다음과 같은 것들이 있다.

예시) V(모음): 아, 오, 어
VC(모음 + 자음): 응, 앙, 악
CV(자음 + 모음): 가, 너, 차
CVC(자음 + 모음 + 자음): 감, 손, 밥

사실 표기상으로는 CVCC(자음+모음+자음+자음)도 가능하다. 겹받침이 있는 음절이 이에 해당하는데 예를 들어, 닭, 삶 등이 있다. 하지만 실제 소릿값을 기준으로 하기 때문에 겹받침이 있는 경우에도 '닥(CVC), 삼(CVC)'이라고 발음하므로 한국어에서 음절을 만드는 규칙은 위의 4가지만 존재한다.

또한 언어마다 음절을 만들 때 제약이 존재하기도 하는데(강범모, 2010), 우선 한국어에서는 초성에 자음 'ㅇ'이 올 수 없다. '엄마'라는 단어의 'ㅇ'은 자음 'ㅇ(응)'을 나타내는 것이 아니라 모음 'ㅓ'를 위한 소리가 없는 표기로 인식해야 한다. 다음으로 한국어의 종성에는 7개의 소리만 올 수 있는데, 이를 7종성 법칙이라고 한다. 즉, 종성으로 올 수 있는 소리는 /ㄱ, ㄴ, ㄷ, ㄹ, ㅁ, ㅂ, ㅇ/만 올 수 있다. 이 또한 실제 소릿값을 기준으로 하기 때문으로 예를 들어, '낮, 낯, 낫, 낱, 낟'은 표기상으로 모두 다르지만 소릿값은 '낟'으로 모두 동일하다.

TIP

음운론적 지식은 말소리 발달과 연관 지어 생각해 볼 수 있다. 아동이 발음을 잘하고 있는지 아닌지 알아보기 위해 아동의 발화를 분석해 볼 수 있는데 이때, 표기가 아닌 실제 소릿값을 기준으로 분석을 해야 한다.

예시 1) "닭고기 먹었어요."라는 말을 분석할 때에는 '닥꼬기 머거써요.'를 기준으로 분석해야 한다. (겹받침이 있는 '닭'은 '닥'으로 분석)

▶ 아동이 '닭고기'를 '닫꼬기'라고 발음하면, 종성 'ㄺ'를 'ㄷ'로 잘못 발음했다고 보는 것이 아니라 종성 'ㄱ'를 'ㄷ'로 잘못 발음했다고 보아야 한다.

예시 2) 아동이 "이건 고래야."를 "이건 고애야."라고 발음했다면 초성 'ㄹ'를 'ㅇ'으로 잘못 발음했다고 보는 것이 아니라 초성 'ㄹ'를 생략하는 오류를 보였다고 분석해야 한다. (한국어의 초성에는 'ㅇ'이 올 수 없으므로)

예시 3) "부엌"이라는 말을 분석할 때에는 '부억'을 기준으로 분석해야 한다. (7종성 법칙에 의해 '엌'은 '억'으로 분석)

▶ 아동이 '부억'을 '부엉'이라고 발음하면, 종성 'ㅋ'를 'ㅇ'으로 잘못 발음했다고 보는 것이 아니라 종성 'ㄱ'를 'ㅇ'으로 잘못 발음했다고 보아야 한다.

마지막으로 음운규칙에 대한 지식이 필요하다. 음운규칙은 음소들의 실제 결합에서 실제 발음을 결정하는 규칙을 말한다(강범모, 2010). 쉽게 말해서 음절들을 결합해서 단어를 산출할 때 실제 사용되는 소릿값을 말한다. 예를 들어 '수박'과 같은 단어는 음절이 결합하면서 표기와 소릿값이 같지만, '국자'는 '국짜'로 발음되는 것처럼 표기와 소릿값이 다르다. 이는 경음화라는 음운규칙이 적용된 예로, 한국어에는 경음화 외에도 연음화, 구개음화, 장애음의 비음화 등 다양한 음운규칙들이 존재한다. 자연스럽고 정확한 발음을 하기 위해서는 이러한 음운규칙에 대한 지식이 필요하다. 예를 들어, 새해가 되면 많은 사람들이 해돋이를 보러 가는데 만약 '해돋이'를 보러 가자고 할 때 '해/돋/이 보러 가자'고 표기된 그대로 발음한다면(한 음절씩 그대로 발음하면) 어색하게 들릴 것이다. 또는 연음화를 시켜 "해도디 보러 가자."라고 해도 이상한 발음이 된다. 이 경우 구개음화를 적용하여 "해도지 보러 가자."라고 발음하는 것이 자연스럽고 정확하다.

우리는 쉽게 언어를 구사하는 것 같지만 이렇게 언어의 형식에 해당하는 가장 기본이 되는 말소리에 대한 지식을 습득하는 것도 쉬운 일이 아님을 알 수 있다.

(2) 형태론

형태론은 단어의 구조에 대한 지식으로, 문장은 단어들의 결합으로 이루어지므로 정확한 문장을 만들기 위해서는 우선은 적절한 단어를 만들어 내는 능력이 필요하다.

형태소는 의미를 가진 최소단위로, 단어는 다음의 예시와 같이 한 개 이상의 형태소로 이루어져 있다.

예시) 곰 – 하나의 형태소가 하나의 단어를 이루고 있음.
첫사랑 – 두 개의 형태소(첫 + 사랑)가 하나의 단어를 이루고 있음.
먹었어 – 세 개의 형태소(먹 + 었 + 어)가 하나의 단어를 이루고 있음.

이러한 형태소는 간단하게는 실질적인 의미를 가지고 있는 실질형태소와 문법적인 기능을 하는 문법형태소로 나눌 수 있다. 예를 들어, '사과'를 보면서 "사과가 있어."라는 문장을 말하기 위해서는 '사과가', '있어'라는 단어(또는 어절)를 결합해서 문장을 만들어야 한다. 이때 '사과가'에서 '사과'는 실질형태소에 해당하고 '가'는 문법형태소에 해당한다. 만약 사과를 보고 "포도가 있어."라고 하든지 "사과이 있어." 또는 "사과를 있어."라고 표현하는 것은 적절하지 않다. 이처럼 실질형태소와 문법형태소에 대한 지식이 있어야 적절한 단어(어절)를 만들 수 있다.

아동들은 문장을 구성하기 위해 단어를 결합할 때 실질형태소 사용에서는 큰 어려움을 보이지 않지만 문법형태소 사용에는 어려움을 보인다. 정상적으로 발달하는 아동들도 2~3세경에 주격조사의 과잉일반화를 보이는데 이때 아동들은 '곰이가, 사슴이가, 삼촌이가'와 같이 문법형태소 사용에 오류를 보이기도 한다. 특히, 장애아동들의 경우에는 실질형태소의 습득이나 사용에도 어려움을 보이지만 문법형태소의 습득이나 사용에는 더 큰 어려움을 보인다. 그래서 연령이 증가해도 조사나 시제 사용, 피동·사동문 등의 사용에 어려움을 보이고 오류를 많이 보이며, 이는 다시 문장 산출 능력에도 부정적인 영향을 미치게 된다.

(3) 구문론(통사론)

구문론은 단어들이 결합하여 문장을 구성하는 원리에 대한 지식으로, 문장을 구성하는 원리 또한 나라마다 다르다. 따라서 한국어에서의 문장 구성원리에 대한 지식을 습득하고 있어야 정확한 문장을 사용하여 의사소통을 할 수 있다. 한국어에 능통한 어른이라도 다른 나라의 언어를 배우는 데 어려움을 겪는 것은 형태론적 지식이 부족해서이기도 하지만 문장을 만드는 어순이 달라서이기도 하다. 예를 들어, 영어의 경우 오랜 시간을 배워도 문장 표현에 어려움을 겪는 것은 한국어와 어순이 다르기 때문에 머릿속으로 단어를 생각하고 다시 단어의 배열을 생각해야 하기 때문이다.

문장을 구성할 때 한국어에서는 기본적으로 주어+서술어의 문형을 사용하며, 주어와 서술어 사이에 목적어나 보어를 넣기도 한다. 이러한 어순을 지키지 않을 경우에 어떻게든 맥락과 연결하여 의미를 파악할 수 있지만 정확한 전달이 되지는 않는다. 예를 들어, "나는 주었어 인형을 동생에게"라고 말을 했다면 '동생에게 인형을 주었구나!'라고 그 의미를 해석할 수는 있지만 정확하게는 "나는 동생에게 인형을 주었어."라고 표현해야 한다.

그리고 문장에는 주어와 서술어가 각각 하나씩인 단문과 주어와 서술어가 두 개 이상인 복문이 있다. 단문의 경우 문장의 어순을 지키지 않더라도 어떻게든 의미 파악을 할 수 있는 여지가 있지만 복문의 경우에는 문장의 어순을 지켜 말하지 않을 경우 자신이 의도한대로 의사를 전달하지 못하거나 상대방이 그 의미 파악에 어려움을 겪게 될 수 있다. 예를 들어, '빨간 옷을 입은 아기가 예뻐.'라는 문장을 "아기가 빨간 옷을 예뻐 입어."라고 한다면 각자 다른 해석을 할 수밖에 없을 것이다. 따라서 정확한 의사소통을 위해서는 형태론적 지식을 바탕으로 구문론적 지식을 더해 정확한 문장을 산출하는 능력이 필요하다.

장애아동들의 경우, 문장 사용 능력이 낮기도 하지만 특히 단문에 비해 복문은 사용하는 비율도 낮고, 복문 산출에 오류를 많이 보이기도 한다.

(4) 의미론

의미론은 말의 이해 및 해석에 대한 영역으로, 의사소통을 잘하기 위해서는 형태를 잘 만드는 능력뿐만 아니라 정확한 의미를 파악하는 능력도 필요하다. 예를 들어, 선생님이 "어제 뭐 하고 놀았어요?"라고 질문을 했는데 이 질문의 의미를 파악하지 못한다면 "엄마랑 왔어요."라는 잘못된 대답을 할 수도 있고, 이로 인해 의사소통에 단절을 가져올 수 있다.

의미 파악은 단어와 문장으로 나누어 살펴볼 수 있다. 먼저 단어의 의미부터 살펴보면, 단어에는 하나의 단어가 하나의 의미를 가진 단일어도 있지만(예: 구름, 달걀), 하나의 단어가 여러 의미를 가진 다의어도 있다. 예를 들어, '개'라는 단어는 갯과에 속한 동물이라는 의미 외에도 성질이 나쁘고 행실이 좋지 않은 사람, 권력자나 부정한 사람의 앞잡이를 의미하기도 한다. 그리고 소리는 같지만 각기 다른 단어인 동음이의어도 있는데 예를 들어, '배(과일 배, 타는 배, 신체에 있는 배)'가 있다. 단일어의 경우 하나의 단어가 하나의 의미만을 나타내므로 해석에 큰 어려움을 겪지 않을 수 있지만 다의어나 동음이의어의 경우 맥락을 통해 해석하는 능력이 필요하다.

다음으로 문장의 의미 또한 해석이 쉽지만은 않은데, 문장의 의미가 각 단어의 의미의 합일 수도 있고 아닐 수도 있기 때문이다. 예를 들어, '철수가 미역국을 먹었다.'라는 문장은 두 가지 의미로 해석될 수 있다. 각 단어의 의미 그대로 실제로 철수가 미역국을 먹은 것일 수도 있고, 아니면 시험을 치르고 온 상황이라면 '시험에 떨어졌다'는 의미로 해석할 수도 있다. 그리고 문장에는 하나의 문장이 여러 의미를 나타내는 중의성을 가진 문장도 있는데 예를 들어, '영희를 좋아한 철수와 영수가 블록을 가지고 논다.'라는 문장에서 영희를 좋아하는 아동은 철수일 수도 있고, 철수와 영수일 수도 있다(배희숙, 2016). 따라서 문장의 의미를 해석할 때에도 맥락을 통해 해석하는 능력이 필요하다.

장애아동들의 경우, 어휘능력이 낮은 경우가 많아 단일어를 이해하는 능력도 낮지만 특히 다의어나 동음이의어, 비유어를 해석하는 능력에는 더 큰 어려움을 보이며, 문장의 경우에도 단어 그대로의 의미가 아닌 비유적이거나 함축적인 문장의 이해에 어려움을 많이 보인다.

(5) 화용론

화용론은 화자와 청자에 의해 쓰이는 말의 기능으로, 실제 사용되는 모든 대화, 모든 의사소통 행위를 포함한다(고은, 2016). 의사소통을 원활하게 하기 위해서는 형태를 잘 만들고, 의미를 잘 파악하는 것 외에 이를 다양한 사회적 상황에서 적절하게 사용할 수 있는 능력 또한 필요하다.

간단하게는 적절히 대화를 할 수 능력을 필요로 하는데 예를 들어, 먼저 대화를 시작하기도 해야 하고, 다른 사람이 시작한 대화에 반응을 하기도 해야 하며, 주제를 유지하면서 대화를 이끌어나가는 능력도 필요하다.

또한 사회적 상황에 따라 다양한 의사소통 기능을 적절히 사용하는 능력도 필요하다. 예를 들어, 아이스크림을 먹고 싶을 때 아동은 엄마에게 "아이스크림 먹고 싶어요."라고 표현해야지, "가게에 아이스크림이 있어."라고 표현하는 것은 의사소통 기능(요구하기 기능)을 적절하게 사용하지 못한 것으로 이로 인해 자신의 의도가 정확하게 전달되지 않을 수 있다.

TIP

현장에서 장애아동들을 만날 때, 가장 지도하기 힘든 부분이 어휘능력이 낮아서 표현 어휘가 적은 아동들보다는 반응성이 떨어지는 아동들이다. 대화를 잘 시작하지도 않을 뿐더러 의사소통 의도도 낮고, 교사의 말에 잘 반응도 하지 않아서이다. 이 경우, 아동을 위한 지도 계획을 세울 때 어휘능력에 초점을 맞추기보다는 우선은 화용론적 능력에 초점을 맞추고 지도 계획을 세우는 것이 도움이 될 것이다.

지금까지 언어의 다섯 가지 구성요소에 대해 살펴보았다. 언어능력에 결함을 보이는 아동들을 이해하기 위해서는 이 다섯 가지 구성요소에 대한 이해가 선행되어야 한다. 물론 많은 장애아동들이 이 다섯 가지 영역 모두에서 결함을 보이는 경우가 많기는 하지만, 장애아동에 따라 강점을 보이는 영역이 있을 수도 있고, 더 취약함을 보이는 영역이 있을 수도 있다. 따라서 이에 대한 지식을 기반으로 아동의 언어능력을 이해하고, 분석하고, 지도 계획을 세울 수 있는 능력이 교사에게는 필요하다고 할 수 있겠다.

Key Point

- 음운론은 한 언어 내에서 사용되는 말소리의 체계에 대한 지식으로, 음소목록, 음절을 만드는 규칙, 음운규칙에 대한 지식을 필요로 한다. 이에 대한 지식이 있어야 자연스럽게 정확한 발음을 할 수 있으며, 교사는 아동의 발음 분석 시 표기가 아닌 실제 소릿값을 기준으로 분석하고 평가해야 한다.

- 형태론은 단어의 구조에 관한 지식으로, 단어는 한 개 이상의 형태소로 이루어져 있다. 따라서 정확한 단어를 만들기 위해서는 형태소(실질형태소, 문법형태소 등)에 대한 지식을 갖추고 있어야 한다.

- 구문론(통사론)은 문장을 구성하는 원리에 대한 지식으로, 어순은 나라마다 다르므로 그 나라 언어의 문장 구성원리에 대한 지식이 필요하다.

- 의미론은 말의 의미를 이해하고 해석하는 능력으로, 의사소통을 위해서는 단어와 문장의 형태를 적절히 만들어 내는 능력도 필요하지만 단어와 문장의 의미를 정확하게 해석하는 능력도 필요하다.

- 화용론은 다양한 사회적 상황이나 맥락에 따라 적절히 사용하는 능력을 의미한다.

사례 **언어의 5가지 구성요소 중, 어느 영역에서 결함을 보이는지 생각해 보세요.**

■ **사례1**

T: 어제 뭐 했어요?

C: 어제 받에서 옥쑤수 따써요.("어제 밭에서 옥수수 땄어요."를 말한 것임)

▶ 이 아동은 연음규칙을 적용하지 않고 '바테서'를 음절 단위 그대로 발음하여 '받에서'라고 했으므로 음운론적 결함을 보인 것임.

■ **사례2**

T: (이야기책에 있는 동물을 가리키며) 여기에 누가 있어요?

C: 사슴가 있어요.

▶ 이 아동은 '사슴이'를 '사슴가'라고 문법형태소 사용에 오류를 보였으므로 형태론적 결함을 보인 것임.

■ **사례3**

T: (인형에게 신발을 신기고 있는 아동에게) 뭐 하고 있어요?

C: 아가한테 있지 신발 신어주고.

▶ 이 아동은 '아가한테 신발을 신겨주고 있어요.'라는 사동문의 문형 및 어순에 오류를 보였으므로 구문론적 결함을 보인 것임.

■ **사례4**

T: 돌다리도 두들겨 보고 건너야 한다는 말이 있어요. 무슨 뜻일까요?

C: 돌다리는 돌로 만든 튼튼한 다리이므로 두들겨 볼 필요가 없어요.

▶ 이 아동은 속담에 숨겨진 함축적인 의미를 이해하지 못한 것이므로 의미론적 결함을 보인 것임.

■ **사례5**

T: 000아. 000아. (아동의 이름을 여러 차례 부르는 상황)

C: (수차례 이름을 불러도 반응 없음)

▶ 이 아동은 상대방의 대화에 반응을 하지 않는 것이므로 화용론적 결함을 보인 것임.

2 말 · 언어장애

1) 말 · 언어장애의 개념 및 분류

의사소통을 위해서는 언어능력과 말 산출 능력이 필요하다고 하였는데, 어떠한 원인에 의해서건 다른 사람과의 의사소통에 장애가 있는 것을 의사소통장애라고 한다(심현섭 외, 2017). 즉, 언어능력에 결함이 있어서 의사소통에 장애가 있을 수도 있고, 말을 산출하는 구조나 기능에 결함이 있어서 의사소통에 장애가 올 수도 있다.

언어장애(language disorders)는 언어를 담당하는 뇌의 손상이나 불완전발달에서 비롯되는 장애를 말하며, 말장애(speech disorders)는 호흡기관, 발성기관, 조음기관 등 말 산출과 관련된 기제(mechanism)의 손상이나 잘못으로 인해 발생하는 장애를 말한다(심현섭 외, 2017). 언어발달지체, 단순언어장애, 실어증은 언어장애에 속하며, 조음 · 음운장애, 유창성장애, 음성장애, 운동말장애는 말장애에 속한다.

언어능력과 말 산출능력은 동일한 개념이 아닌 것처럼, 모든 아동들이 언어장애와 말장애를 공존해서 가지고 있는 것은 아니다. 언어장애만 가지고 있는 경우도 있고, 말장애만 가지고 있는 경우도 있다. 예를 들어, 보통 일반적으로 발달을 하고 있는 아동들의 경우 언어능력에는 결함을 보이지 않으면서 발음에만 문제를 보인다거나, 말만 더듬는 문제를 보이는 경우가 있다. 이런 경우는 언어장애 없이 말에만 장애를 가지고 있는 것이다. 하지만 장애아동들의 경우에는 언어장애와 말장애가 공존하는 경우가 많다.

2) 언어장애 관련 법

(1) 장애인 등에 대한 특수교육법

「장애인 등에 대한 특수교육법」(2008)에서는 '의사소통장애'라는 장애명을 사용하고 있으며, 의사소통장애를 지닌 특수교육대상자를 다음과 같이 정의하고 있다.

다음 각 항목의 어느 하나에 해당하여 특별한 교육적 조치가 필요한 사람 가. 언어의 수용 및 표현능력이 인지능력에 비하여 현저하게 부족한 사람 나. 조음능력이 현저히 부족하여 의사소통이 어려운 사람 다. 말 유창성이 현저히 부족하여 의사소통이 어려운 사람 라. 기능적 음성장애가 있어 의사소통이 어려운 사람

출처: 변호걸 외(2019). 특수교육의 이해, p. 225.

(2) 장애인복지법

「장애인복지법」에서는 '언어장애'라는 장애명을 사용하고 있으며, 언어장애인이란 음성기능이나 언어기능에 영속적으로 상당한 장애가 있는 사람으로 정의한다. 2019년 이전까지는 장애 정도에 따라 장애등급기준을 명시하였었는데, 언어장애는 **표 1-1**과 같이 3급과 4급으로 구분하였었다. 2019년도에 「장애인복지법」 개정으로 장애등급제가 폐지되면서 "장애의 정도가 심한 장애인"과 "심하지 않은 장애인"으로 구분하고 있다. 이전의 3급은 현재의 "장애의 정도가 심한 장애인"으로, 4급은 "장애의 정도가 심하지 않은 장애인"에 해당된다.

표 1-1 2019년도 이전 「장애인복지법」에서의 언어장애 등급 기준

등급	기준
3급	가. 발성이 불가능하거나 특수한 방법(식도발성, 인공후두기)으로 간단한 대화가 가능한 음성장애
	나. 말의 흐름이 97% 이상 방해를 받는 말더듬
	다. 자음정확도가 30% 미만인 조음장애
	라. 의미 있는 말을 거의 못하는 표현언어지수가 25 미만인 경우로서 지적장애 또는 자폐성장애로 판정되지 아니하는 경우
	마. 간단한 말이나 질문도 거의 이해하지 못하는 수용언어지수가 25 미만인 경우로서 지적장애 또는 자폐성장애로 판정되지 아니하는 경우
4급	가. 발성(음도, 강도, 음질)이 부분적으로 가능한 음성장애
	나. 말의 흐름이 방해 받는 말더듬(아동 41~96%, 성인 24~96%)
	다. 자음정확도 30~75% 정도의 부정확한 말을 사용하는 조음장애
	라. 매우 제한된 표현만을 할 수 있는 표현언어지수가 26~65인 경우로서 지적장애 또는 자폐성장애로 판정되지 아니하는 경우
	마. 매우 제한된 이해만을 할 수 있는 수용언어지수가 25~65인 경우로서 지적장애 또는 자폐성장애로 판정되지 아니하는 경우

출처: 장애인복지법(2018).

CHAPTER 02

언어기관의 생리학적 이해

학습 목표

1. 말 · 언어 연쇄 과정을 설명할 수 있다.
2. 말 산출기관의 구조와 기능을 설명할 수 있다.
3. 언어를 담당하는 기관의 구조와 기능을 설명할 수 있다.

1 말 · 언어 연쇄(speech chain) 과정

의사소통을 할 때 우리는 흔히 화자와 청자 역할을 교대로 하게 된다. 화자 역할은 말 그대로 대화 상대자에게 말을 하는 것이고, 청자 역할은 대화 상대자가 한 말을 듣는 것이다. 그리고 다시 청자는 화자의 역할을, 화자는 청자의 역할을 교대로 주고받게 된다.

그렇다면 화자의 역할을 제대로 수행하기 위해서는 우선 하고 싶은 말을 머릿속에서 잘 구성해야 하며(뇌-언어적 단계), 이를 산출하기 위해 말 산출과 관

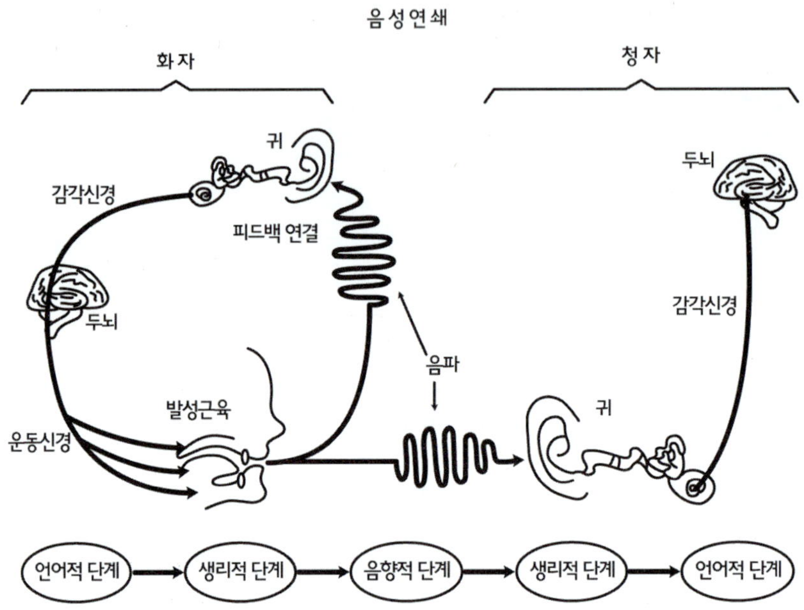

그림 2-1 말 · 언어 연쇄(speech chain) 과정

그림 출처: 고도흥 외(1995); 심현섭 외(2017). 의사소통장애의 이해(3판). p. 92에서 재인용.

련된 근육들을 유기적으로 잘 협응하여 움직여서 말(speech)을 해야 한다(호흡, 발성, 공명, 조음기관-생리적 단계). 청자 입장에서는 화자가 말한 것을 오류 없이 귀를 통해 받아들여야 하며(청각기관-생리적 단계), 이를 뇌로 전달하여 의미를 파악해야 한다(뇌-언어적 단계). 그리고 청자는 다시 위의 과정을 거쳐 화자의 역할을 적절히 수행해 내야 한다. 이 중에 하나라도 문제가 생길 경우 정확한 의사소통을 주고받는 데 어려움이 생기게 된다.

예를 들어, 언어를 담당하는 뇌에 손상이 있을 경우 들려온 정보를 적절히 이해하지 못해 엉뚱한 말을 할 수도 있고, 소리를 생성하는 발성기관에 문제가 있어 음성을 산출할 수 없다면 제대로 된 말을 전달하지 못해 의사소통에 단절이 올 수도 있다.

따라서 의사소통장애를 이해하기 위해서는 기본적으로 언어와 말 산출에 관여하는 기관에 대한 해부생리학적인 이해가 필요하며, 이는 장애아동의 말, 언어 특성을 이해하는 기반이 될 수 있다. 청각기관의 구조 및 기능에 대해서는 청각장애(제 9장)에서 자세히 다루고 있으므로 이 장에서는 다루지 않기로 하겠다.

2 말 · 언어 산출 관련 기관

1) 호흡기관

앞서 말(speech)은 근육운동이라고 설명을 해왔다. 여기서 운동이라는 말은 쉽게 말해 움직임이 있나는 것이고, 움직이기 위해서는 에너지원이 필요하다. 발화의 에너지원은 공기이며, 우리는 공기를 들이마시고(들숨) 내쉬면서(날숨) 생명을 유지하기도 하지만 이를 통해 발화를 하기도 한다. 즉, 호흡이라는 활동을 통해 성대를 움직여서 발화를 할 수 있는 것이다.

발화의 에너지원인 공기를 제공하는 기관은 늑골(갈비뼈) 안에 있는 폐이다. 폐의 아랫부분에는 횡격막이라는 근육이 있다(그림 2-2). 머릿속으로 늑골과 횡격막을 연결하여 하나의 공간(cage)을 만들고 그 안에 폐가 있다고 그림을 그려보자. 이 공간은 들숨과 날숨에 따라 크기가 커질 수도 있고, 작아질 수도 있다. 공간의 크기가 커지고 작아지기 위해서는 늑골에 있는 근육들이 수축 · 이완을 해주어야 하고 횡격막도 수축 · 이완을 하면서 크기를 조절해 주어야 한다. 예를 들어, 그림 2-3과 같이 들숨에서는 공간의 크기가 커져야 하므로 늑골에 있는 근육들은 늑골을 바깥쪽 위로 들어 올려주고, 횡격막은 아래로 수축해야 커질 수 있다. 반대로 그림 2-4와 같이 날숨에서는 올라갔던 늑골이 내려오고, 횡격막은 이완해서 위로 올라와야 한다. 이 중에 하나라도 문제가 생길 경우 발화를 위한 충분한 양의 공기를 제공할 수 없을 것이고, 이는 말 산출에 문제를 가져올 수 있다.

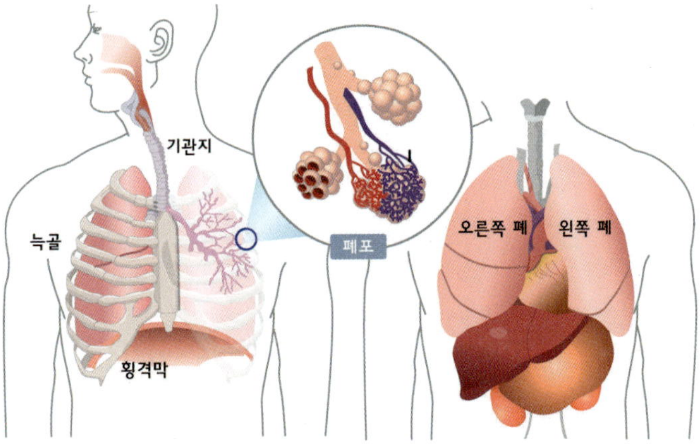

그림 2-2 호흡기관

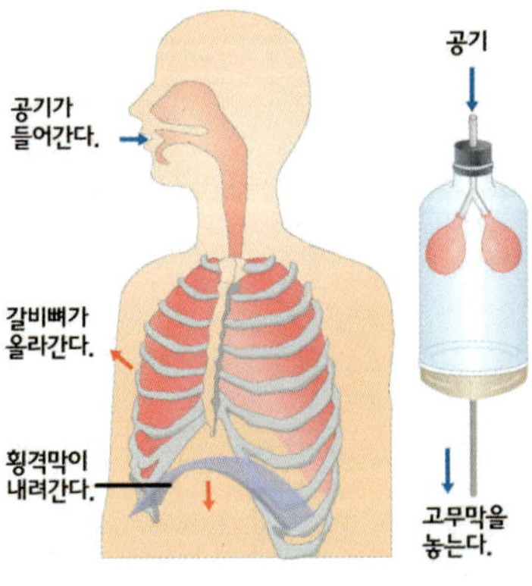

그림 2-3 들숨에서의 늑골과 횡격막

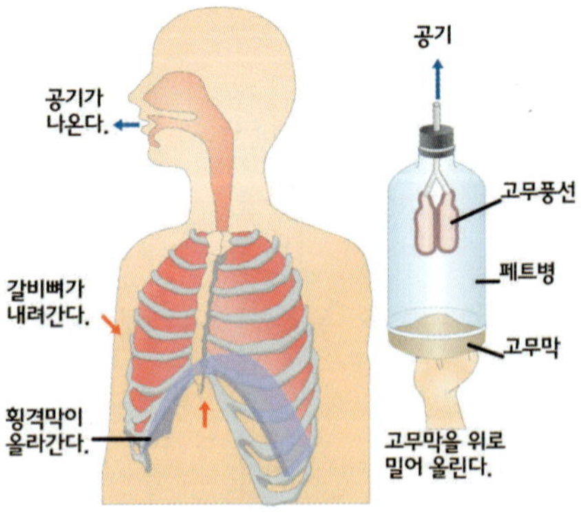

그림 2-4 날숨에서의 늑골과 횡격막

또한 호흡에서 우리가 알아야 할 것은 생명을 유지하기 위한 호흡은 들숨과 날숨의 비율이 비슷한 반면, 발화를 위한 호흡에서는 들숨에 비해 날숨의 비율이 훨씬 더 높다. 들숨은 짧게 하고 날숨을 늘림으로써 부드럽게 연속해서 말을 할 수 있는데, 발화를 하기 위해서는 적당한 양의 공기를 받아들이기도 해야 하지만 한 숨에 적당한 음절을 말할 수 있도록 적절한 길이의 날숨을 발생시키기도 해야 한다.

상체를 바르게 펴지 못하는 뇌성마비아동의 경우 발화를 할 때 자연스럽게 발화하지 못하고 스타카토방식으로(예: 한 숨에 "안녕하세요"라고 말을 하지 못하고 "안/녕/하/세/요"라고 한 음절씩 끊어서 말을 하기도 함) 말을 끊어서 하는 특성을 보이기도 하는데 이는 발화를 위한 충분한 양의 호흡을 하지 못하거나 또는 날숨의 양을 적절하게 조절하지 못하기 때문일 수 있다.

2) 발성기관

발성기관은 말 그대로 소리를 발생시키는 기관이다. 호흡기관에서 제공된 공기가 발성기관을 통해 1차적으로 소리를 생성하는데 이때 소리는 아직까지는 정확한 자음이나 모음은 아니다. 발성기관을 통해 생성된 소리가 공명기관과 조음기관을 거쳐 우리가 듣고 알 수 있는 자음과 모음 소리가 되는 것이다.

소리는 성대 근육의 움직임을 통해 생성되는데 성대는 후두라는 구조 안에 있다. 성대의 움직임을 이해하기 위해서는 후두의 구조와 기능에 대해 살펴볼 필요가 있다. 우선 후두에는 갑상연골(방패연골), 윤상연골(반지연골), 피열연골(호미연골), 후두개라는 연골이 있다. 후두개는 말소리 생성에는 관여하지 않지만 우리가 음식물을 먹을 때 후두를 덮어줌으로써 기도를 보호하는 역할을 해

준다. 말소리 생성에 관여하는 연골은 갑상연골, 윤상연골, 피열연골이다(그림 2-5/2-6).

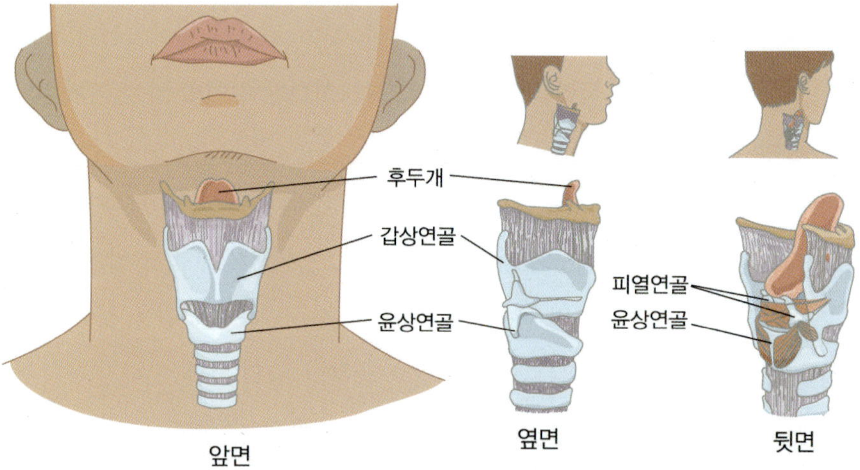

그림 2-5 후두의 연골

갑상연골은 후두의 가장 큰 연골로 방패 모양을 하고 있으며, 앞에는 넓은 두 개의 판이 연결되어 있고, 뒷부분은 뚫려 있다. 손으로 목 앞부분을 만졌을 때 남자와 여자가 차이를 보이는데, 남자는 이 두 개의 판이 대략 90도 정도로 만나면서 뾰족하게 튀어나와 있지만 여자는 약 120도 정도로 만나면서 완만한 특징을 보인다. 이곳이 갑상연골이다.

윤상연골은 갑상연골의 아랫부분에 있으면서 기관의 윗부분에 있다. 반지모양을 하고 있어 동그랗게 연결되어 있는데 앞부분은 얇고 뒤로 갈수록 넓어진다. 챔피언 벨트를 뒤로 돌려서 한 모양을 연상하면 이해하기 더 쉽다.

윤상연골의 뒷부분 위에는 피열연골이 있는데 피열연골은 한 쌍의 연골이다(그림 2-6). 피열연골은 피라미드 모양을 연상하면 이해가 더 쉽다. 피열연골의 아랫부분에는 튀어나온 부분이 있는데 이를 돌기라고 한다. 돌기의 한쪽은 성대

근육과 연결되어 있어 성대돌기라고 하고, 다른 한쪽은 후두의 다른 근육들과 연결되어 있어 근육돌기라고 한다.

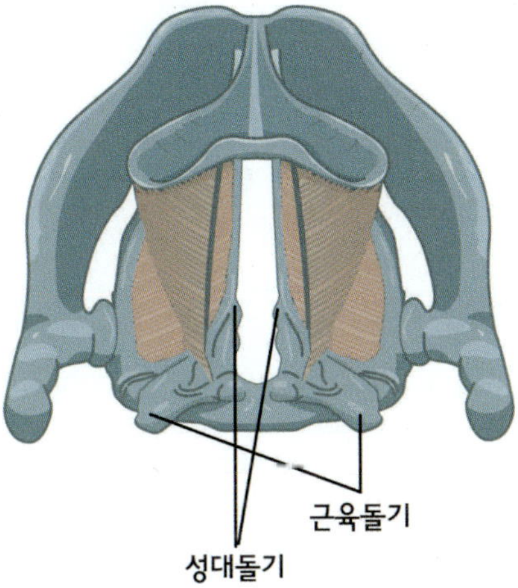

그림 2-6 피열연골과 돌기

연골을 이해했으면 이제 후두에 있는 관절(joint)들을 이해할 필요가 있다. 우리가 상식적으로 알고 있는 것처럼 뼈는 그 자체로는 움직일 수 없고 관절을 이루고 있어야 움직일 수 있다. 허벅지는 아무리 구부리려고 해도 구부릴 수 없고, 관절을 이루고 있는 무릎 부분을 굽혔다 폈다 하면서 움직일 수 있다. 이처럼 후두의 연골들도 관절을 이루고 있는 부분의 움직임을 통해 말소리를 생성할 수 있다. 후두에 있는 관절에는 윤상갑상관절과 윤상피열관절이 있다(그림 2-7). 윤상갑상관절은 윤상연골과 갑상연골이 연결되어 있는 부분으로 음도를 조절하는 역할을 하고, 윤상피열관절은 윤상연골과 피열연골이 연결되어 있는 부분으로 이 부분의 움직임을 통해 성대의 개폐, 즉 소리를 생성하는 역할을 한다. 그 원리는 다음의 후두 근육에서 같이 설명하고자 한다.

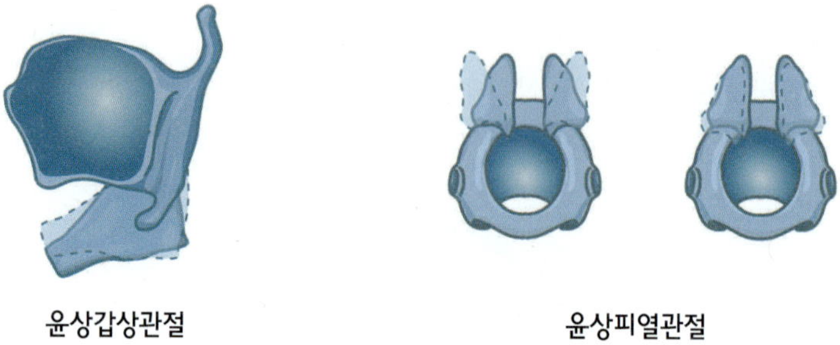

그림 2-7 후두의 관절

후두 연골까지 이해했다면 다음으로 후두에 있는 근육들에 대해 이해를 해야 한다. 그 이유는 뼈와 뼈가 만나 관절을 이루고 있다고 해서 움직일 수 있는 것이 아니라 이 부분에 연결되어 있는 근육들이 수축·이완을 해야 움직일 수 있기 때문이다. 소리 생성과 관련하여 우리가 이해해야 할 근육으로는 갑상피열근, 윤상갑상근, 외측윤상피열근, 피열사이근(또는 피열간근), 후윤상피열근이 있다(그림 2-8).

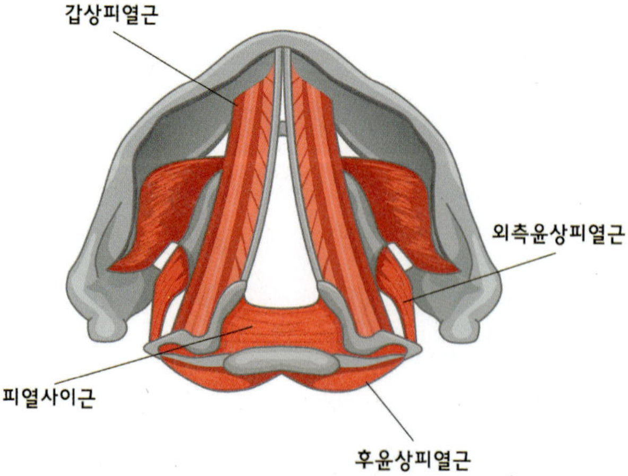

그림 2-8 후두 내근

- **갑상피열근**: 갑상연골과 피열연골에 연결된 근육으로, 성대를 이루고 있는 근육이다. 다른 근육들이 수축, 이완을 하면서 성대근이 열리고 닫히면서 소리를 생성한다.
  cf) 성대에는 진성대와 가성대가 있는데 소리를 생성할 때에는 진성대만 움직이면서 소리를 생성해야 한다. 만약 가성대가 같이 움직이면서 소리를 생성하면 음성이 2개가 생기면서 이중음성장애가 될 수 있다.

- **윤상갑상근**: 윤상연골과 갑상연골에 연결된 근육으로, 이 근육이 수축을 하게 되면 갑상연골이 아래로 내려오게 되고, 이에 연결된 성대근이 팽팽하게 되면서 높은 음도를 산출할 수 있게 된다. 따라서 음도를 조절하는 역할을 하는데, 이 부분이 관절을 이루고 있기 때문에 움직임이 가능한 것이다. 따라서 윤상갑상관절과 윤상갑상근의 역할이 같다.

- **외측윤상피열근**: 윤상연골과 피열연골에 연결된 근육으로 바깥부분에 위치해 있다. 이 근육이 수축을 하게 되면 열려 있던 성대가 닫히게 된다. 따라서 이 근육은 성대를 닫으면서 소리 생성에 관여하는 근육이다.

- **피열사이근(피열간근)**: 피열연골과 피열연골 사이에 있는 근육으로, 이 근육이 수축을 하게 되면 피열연골이 중앙으로 모이게 되면서 성대가 닫히게 된다. 외측윤상피열근과 함께 성대를 닫으면서 소리 생성에 관여하는 근육이다.

- **후윤상피열근**: 윤상연골과 피열연골에 있는 근육으로, 뒤쪽 부분에 위치해 있다. 이 근육이 수축을 하면 닫힌 성대가 열리게 된다. 따라서 이 근육은 성대를 열면서 소리 생성에 관여하는 근육이다.

지금까지 후두의 연골과 관절, 근육들에 대해 살펴보았다. 간략하게 정리를 해보면 다른 사람과 말을 주고받기 위해서는 우선 소리를 생성해야 하는데 1차적으로 소리를 생성하는 곳은 후두에 있는 성대이다. 성대를 열고 닫고 하면서 소리를 발생시켜야 하는데 한 쌍의 성대근육을 움직이기 위해서는 생각보다 단순하지 않고 앞서 살펴본 연골과 관절, 근육들이 제 기능을 해주어야 한다. 이 중 하나라도 문제가 있을 경우 말소리 산출에 문제를 보일 수 있다.

발성기관의 문제는 음성장애와 연결 지어 생각해 볼 수 있다. 예를 들어, 성대근육에 마비가 있을 경우 성대를 열고 닫는 기능을 제대로 할 수 없기 때문에 음성이 아예 산출되지 않을 수도 있고 바람 새는 소리가 산출될 수도 있다. 뇌성마비아동의 경우 근육 움직임에 문제가 있기 때문에 발성기관의 근육 움직임에도 문제를 보여 음성 산출에 다양한 유형의 문제를 동반할 수 있다.

3) 공명기관

후두에서 만들어진 소리는 공명기관을 거쳐 소리가 증폭·변형되는데, 소리가 증폭·변형되면서 지나가는 빈 공간을 공명기관이라고 한다(심현섭 외, 2017). 공명기관으로는 인두강, 비강, 구강이 있다(그림 2-9).

공명기관을 쉽게 이해하기 위해 한국어의 자음을 생각해 보면 되는데, 자음에는 콧소리가 들어가는(구강뿐만 아니라 비강이 같이 울리면서 소리가 산출되는) 비음과 콧소리가 들어가지 않는(비강은 울리지 않고 구강만을 통해 소리가 산출되는) 구강음이 있다.

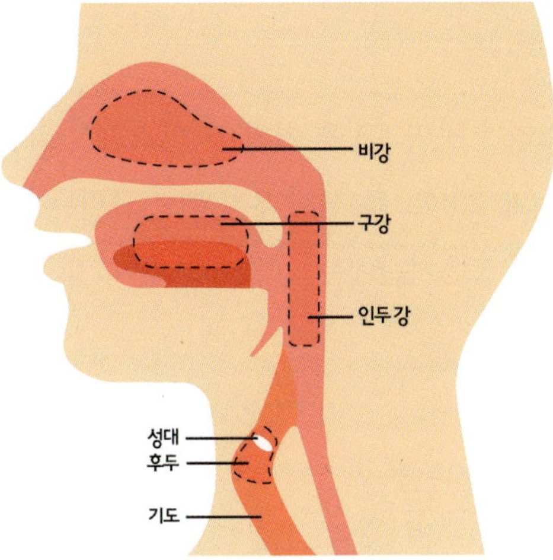

그림 2-9 공명기관

- 한국어의 비음: ㅁ, ㄴ, ㅇ
- 한국어 총 19개 자음 중, 비음을 제외한 자음은 모두 구강음

예를 들어, 비음이 들어 있지 않은 “바다 보러 가자.”라는 말을 하는데 모든 말소리에 비강을 같이 울리면서 말한다면 이상한 말소리로 들리게 될 것이다. 모든 말소리에 콧소리를 넣어 한 번 산출해 보길 바란다.

이렇게 비음이 아닌 소리까지 과도하게 비음으로 산출하는 것을 과다비성(또는 과대비성)이라고 하는데 청각장애아동과 구개파열 아동에게서 많이 보이는 말소리 특성이다. 따라서 구강음은 구강에서만, 비음은 구강과 비강이 같이 공명을 해주어야 하는데 이 과정에서 문제가 생길 경우 정확한 말소리 산출에 어려움을 겪을 수 있다.

4) 조음기관

조음은 발성된 소리가 공명과정을 거친 후 말소리 단위인 음소를 형성해 가는 과정으로(심현섭 외, 2017), 즉 실제 우리 귀로 들리는 자음과 모음을 만드는 기관이 조음기관이다. 조음기관에는 입술, 혀, 치아, 턱, 경구개, 연구개, 인두 등이 있다(그림 2-10).

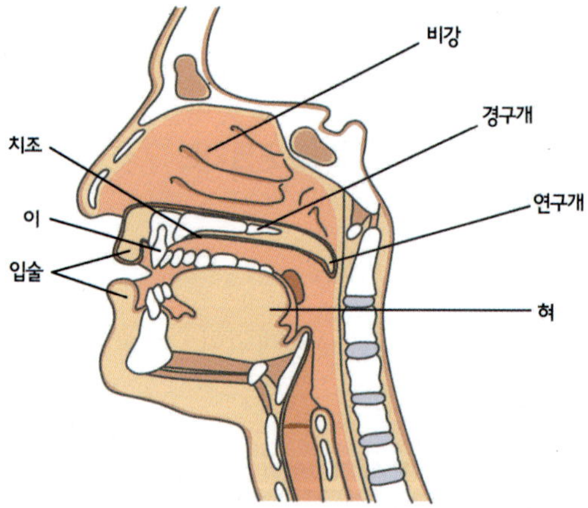

그림 2-10 조음기관

- **입술**: 입술과 관련된 근육의 움직임을 통해 입술을 열거나 닫고, 동그랗게 하거나 양 옆으로 당기면서 음소 산출에 관여한다. 예를 들어, "포도 주세요."라고 할 때 두 입술이 닫혀야 'ㅍ' 음소 산출이 가능하고, "우리나라"의 '우'를 하기 위해서는 입술을 동그랗게 말아야 정확한 음소 산출이 가능하다.
- **혀**: 혀는 조음에 중요한 기능을 한다. 우리가 음소를 산출하는 동안 끊임없이 입 안에서 위로 올리기도 하고, 아래로 내리기도 하고, 동그랗게 말기도 하면서 음소 산출에 관여한다. 예를 들어, 아동이 아파서 '아파'라고 할 때,

혀를 아래로 내려야 '아' 산출이 가능하며, '다리 아파.'라고 할 때 '다'를 하기 위해서는 혀끝을 치조자리로 올려야 정확한 음소 산출이 가능하다.

cf) 설소대 단축증: 혀 밑에 위치하고 있는 설소대가 너무 짧을 경우 정확한 조음 산출에 문제를 보일 수 있다.

- **치아**: 치아의 주요 기능은 음식물을 씹는 것이지만 특정 말소리를 만드는 데 관여하기도 한다. 예를 들어, 영어의 'f'와 'v'는 순치음이라고 해서 치아와 입술을 접촉해서 만드는 소리이다. 이 경우, 윗니 치아가 없다면 정확한 소리 산출을 할 수 없을 것이다.

- **턱**: 턱에는 위턱과 아래턱이 있는데 이 중 아래턱이 움직이면서 소리 산출에 관여한다. '아'를 산출하기 위해서는 아래턱이 움직여서 아래로 내려가 주어야 한다. 그리고 부정교합이 심할 경우에도 정확한 조음 산출에 부정적인 영향을 받을 수 있다.

- **경구개**: 구개는 입천장을 말한다. 경구개는 입천장의 앞쪽에 있는 딱딱한 부분을 말하고, 한국어의 음소 중 'ㅈ, ㅉ, ㅊ'는 경구개의 위치에서 방해를 받아 만들어지는 소리이다. 그런데 입천장은 하나의 판으로 만들어져서 태어나는 것이 아니라 임신 중에 분리된 구조로 성장하다가 융합하게 된다. 이 과정에서 융합이 제대로 이루어지지 않을 경우 구개파열이 나타날 수 있다. 구개파열이 있는 경우 정확한 조음 산출이 어렵다.

- **연구개**: 입천장의 뒤쪽에 있으면서 움직일 수 있는 부분을 연구개라고 한다. 한국어의 음소 중, 'ㄱ, ㄲ, ㅋ, ㅇ' 소리가 연구개의 위치에서 방해를 받아 만들어지는 소리이다. 우리가 흔히 목젖이라고 하는 부분까지를 연구개라고 하는데, 연구개는 연인두폐쇄와 관련된 역할을 한다. 우리가 구강

음을 산출하기 위해서는 비강으로 가는 길이 막혀야 하는데 연구개가 올라가고 인두벽의 근육이 수축을 하면서 비강으로 가는 길을 차단하여, 즉 연인두폐쇄가 이루어지면서 구강음 산출이 가능해진다. 만약 이 움직임이 원활하지 않거나 연구개 근육의 크기가 적당하지 않으면 비강이 열려 있으면서 과다비성의 문제가 발생될 수 있다(그림 2-11).

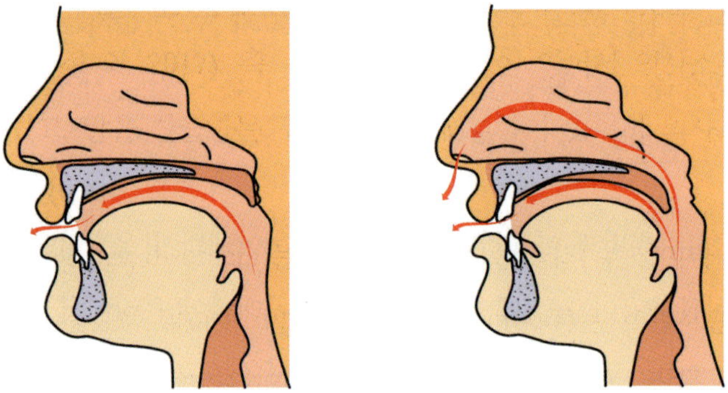

그림 2-11 연인두폐쇄(좌-정상, 우-연인두폐쇄부전)

이처럼 말소리 산출에는 다양한 조음기관이 관여하며 이 중 하나라도 제 기능을 하지 못할 경우 정확한 음소를 산출하지 못하게 되므로 조음장애가 발생할 수 있다.

Key Point

하나의 말소리를 산출하기까지는 호흡단계에서부터 발성단계, 공명단계, 조음단계에 있는 모든 구조들이 정상이어야 하며, 제 기능을 해주어야 한다. 이 중 하나라도 문제가 있을 경우 정확한 말소리 산출에 어려움이 있을 수 있는데 장애아동들이 보이는 말소리 특성과 연관 지어 생각해 보면 도움이 될 것이다.

5) 심리언어기관

"당신은 몇 개의 단어를 알고 계십니까?" 또는 "몇 개의 문장을 만들 수 있습니까?"라는 질문을 받으면 정확한 답을 할 수 있는 사람은 없다. 그 이유는 언어는 뇌에서 관장하고 있고 두개골을 열어 뇌를 보더라도 몇 개의 단어가 내 머릿속에 있는지 눈으로 확인할 수 없기 때문이다. 뇌에는 언어를 담당하는 주요 중추가 있고, 언어활동과 관련된 여러 영역들이 있어서 언어를 인식하고 표현하는 기능을 한다(김향희, 2010). 그래서 뇌에 손상이 있을 경우 언어장애가 생기게 되는 것이고, 대표적으로 실어증이 있다.

뇌는 언어, 사고, 기억 등을 담당하고 있을 뿐만 아니라 감각을 처리하고 운동명령을 내리기도 한다. 언어습득이나 학습과 관련된 대표적인 감각으로 시각과 청각이 있다. 눈과 귀는 단지 외부에 있는 감각자극을 받아들여 전달하는 역할을 하지 이것을 해석하고 처리하는 것은 뇌이다. 그리고 말을 하기 위해서는 뇌에서 운동명령을 내려주고 이를 각 근육에 전달해야 말 산출에 관여하는 움직임이 가능하다. 따라서 우리는 말 산출기관뿐만 아니라 뇌의 구조나 기능에 대해서도 이해를 할 필요가 있다.

(1) 뇌의 구조와 기능

① 중추신경계

뇌는 척수와 중추신경계를 이루고 있으며, 뇌에서 전달된 명령은 척수를 통해 말초신경계를 거쳐 각 근육에 전달된다. 뇌는 대뇌(대뇌피질), 소뇌, 간뇌, 뇌간으로 나뉘는데 여기서는 말 · 언어 산출과 관련된 주요 구조를 중심으로만 살펴보도록 하겠다.

뇌는 크게는 좌반구와 우반구로 나뉘며, 언어를 담당하는 주요 중추는 보통

좌반구이다. 그리고 각각의 반구는 네 개의 엽으로 나누어져 있는데, 각 엽들은 고유한 기능을 하고 있다. 예를 들어, 전두엽의 경우 운동과 관련된 기능을 하는데 이는 표현언어와 관계가 깊고, 측두엽의 경우는 청각 자극의 인식과 관련된 기능을 하고 있어 수용언어와 관계가 깊다(심현섭 외, 2017).

대뇌(대뇌피질)는 의도적인 운동을 계획하고 실행하며 감각정보(청각, 시각, 체감각)를 의식적으로 처리한다. 그리고 말하기, 쓰기, 추론하기 등과 같은 모든 고등정신과정을 담당한다. 대뇌피질에는 일차피질이라고 해서 특정 운동 혹은 감각을 담당하는 부분이 있는데 그 위치와 기능은 다음 그림 2-12와 같다(고도홍, 2009; 성철재 외, 2011).

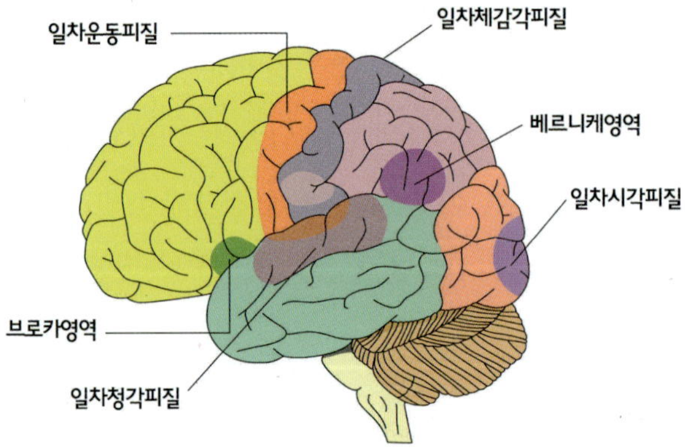

그림 2-12 대뇌피질

- **일차운동피질**: 전두엽(frontal lobe)에 있으며, 신체 반대편의 골격근이 의도적이고 정확한 숙련된 운동을 하도록 한다. 신체움직임뿐만 아니라 말 산출과 관련된 움직임도 이곳에서 명령을 내려 각 근육에 전달된다. 따라서 이 부위에 손상이 있을 경우, 운동명령이 제대로 전달이 되지 않아 말 산출에 문제를 보일 수 있다.

- 일차체감각피질: 두정엽(parietal lobe)에 있으며, 체감각에 대한 정보를 받아들인다. 이 또한 연결이 교차되어 신체 오른쪽의 감각수용기는 좌반구로 정보를 보내고, 왼쪽에 있는 감각수용기는 우반구로 정보를 전달한다. 감각운동기에 해당하는 영아시기는 이러한 체감각을 통해서도 세상에 대한 지식을 습득해 간다. 따라서 이 부위에 손상이 있을 경우, 체감각을 통한 정보를 받아들이는 데 제한이 있을 수 있다.

- 일차청각피질: 측두엽(temporal lobe)에 있으며, 청각정보를 받아들인다. 청각정보는 듣기와 관련이 있으므로, 이 부위에 손상이 있을 경우 들려온 소리를 듣고 이해하는 데 어려움을 보일 수 있다.

- 일차시각피질: 후두엽(occipital lobe)에 있으며, 시각정보를 받아들인다. 이 부위에 손상이 있을 경우, 인쇄된 글자를 인식하거나, 수어(손동작)를 사용하는 청각장애인의 경우 언어 이해에 어려움을 보일 수 있다.

대뇌피질에는 주요하게 언어 이해와 산출을 담당하는 영역이 있는데 언어 산출을 담당하는 브로카 영역(Broca`s area)과 언어 이해를 담당하는 베르니케 영역(Wernicke`s area)이 있다. 브로카 영역은 언어 산출을 계획하고 실행하는 데 있어 중요한 역할을 하고, 베르니케 영역은 언어적 자료를 이해하고 문법과 의미가 적절한 메시지를 만들어 내는 데 중요한 역할을 한다. 만약 이 영역들에 손상이 있을 경우 언어능력에 결함을 보이는데, 대표적인 예로 브로카 실어증과 베르니케 실어증이 있다.

② 말초신경계

말초신경계에는 뇌신경과 척수신경이 있다. 이 중 뇌신경은 말, 언어, 듣기에 좀 더 직접적으로 관여하는 신경계로, 총 12쌍이 있다. 뇌신경과 그 기능은 다음 표 2-1과 같다(성철재 외, 2011).

예를 들어, Ⅴ번 삼차신경은 턱의 움직임에 관여한다. 만약 삼차신경에 손상이 있을 경우, 말 산출에 문제를 보일 수 있는데 턱은 조음기관 중에 하나이기 때문이다. 또는 Ⅸ번 설인신경은 인두의 움직임에 관여하는데, 만약 이 신경에 문제가 있을 경우에도 인두의 움직임에 문제가 발생하므로 연인두폐쇄가 제대로 이루어지지 않아 과다비성의 문제가 발생할 수 있다.

표 2-1 뇌신경과 그 기능

신경번호	이름	기능
Ⅰ	후신경	후각(감각)
Ⅱ	시신경	시각(감각)
Ⅲ	동안신경	눈 움직임(운동)
Ⅳ	활차신경	눈 움직임(운동)
Ⅴ	삼차신경	얼굴(감각), 턱(운동)
Ⅵ	외전신경	눈 움직임(운동)
Ⅶ	안면신경	혀(감각), 얼굴(운동)
Ⅷ	청신경	청각과 균형(감각)
Ⅸ	설인신경	혀와 인두(감각), 인두(운동)
Ⅹ	미주신경	후두, 호흡, 심장, 소화기(감각, 운동)
Ⅺ	부신경	어깨, 팔, 목의 움직임(운동)
Ⅻ	설하신경	주로 혀의 움직임(운동)

출처: 성철재 외(2011). 의사소통장애. p. 142에서 수정발췌.

(2) 언어 및 말 산출 처리

화자와 청자의 역할을 적절히 수행하기 위해서는 정보를 받아들여 의미를 해석하고 이에 적절한 메시지를 산출해야 한다. 뇌에서 언어 정보 처리와 관련된 영역으로 브로카 영역(Broca`s area)과 베르니케 영역(Wernicke`s area)이 있다고 하였다.

그렇다면 뇌에서 어떠한 과정을 통해 언어 이해와 산출이 이루어지는지 살펴보도록 하겠다. 청각정보를 예로 들면, 귀를 통해 들어온 청각정보는 일차청각피질에서 청각적 언어자극을 받아들이고, 이 정보를 베르니케 영역으로 보낸다. 베르니케 영역에서는 이에 대한 정보를 이해하고 언어적 메시지를 만들어 브로카 영역으로 전달한다. 브로카 영역에서는 언어 산출을 계획하고 이 정보를 일차운동피질로 보내고 일차운동피질에서는 말 산출과 관련된 각 근육에 운동명령을 내린다. 이 운동명령은 말초신경을 통해 말 산출에 관여하는 근육들에 전달되고 호흡기관, 발성기관, 공명기관, 조음기관에 있는 근육들의 수축, 이완을 통해 말 산출을 하게 된다(고도흥, 2009).

따라서 언어와 말이 처리되는 기제(mechanisms) 중에 한 곳이라도 구조와 기능에 문제가 생긴다면 의사소통장애를 가져올 수 있다. 언어를 담당하는 뇌에 손상이 있거나 불완전하게 발달이 된다면 언어능력의 결함으로 의사소통장애를, 또는 운동을 담당하는 뇌 부분에 손상이 있어 기능이 완전하지 않다면 운동명령이 제대로 전달되지 않아 말 산출 능력의 결함으로 의사소통장애를 가져올 수 있는 것이다. 그리고 이러한 정보를 전달하는 척수나 말초신경계에 문제가 있을 경우에도 의사소통장애를 보일 수 있다.

TIP

뇌성마비는 주요 원인이 뇌손상이다. 뇌성마비아동들은 매체나 주위에서 한번쯤은 만나보았을 것이다. 이 아동들을 보면 일차적으로는 움직임에 제약이 많은데 신체움직임뿐만 아니라 말 산출에도 어려움을 많이 보인다(뇌에서 운동을 담당하기 때문). 그리고 아동별로 수준은 다르기는 하지만 언어능력이 낮은 아동들도 많다(뇌에서 언어를 담당하기 때문).

CHAPTER 03

언어발달[1]

학습목표

1. 언어표현이전기 아동의 언어발달 특성을 설명할 수 있다.
2. 첫 낱말기 아동의 언어발달 특성을 설명할 수 있다.
3. 낱말조합기 아동의 언어발달 특성을 설명할 수 있다.
4. 기본문법탐색기 아동의 언어발달 특성을 설명할 수 있다.
5. 기본문법세련기 아동의 언어발달 특성을 설명할 수 있다.

1 언어표현이전기

사랑스러운 아이가 태어나면 아무것도 할 수 없는 존재처럼 보이지만 나름대로 자신의 의사를 열심히 표현한다. 바로 '울음'을 통해서이다. 이 울음은 처음에는 분화되지 않은 울음이다가 점차 배고플 때, 아플 때, 배변을 했을 때 등에 따라 각기 다른 울음으로 표현을 한다. 2~3개월이 되면 점차 소리를 내기 시작

1) 본 장의 내용은 의사소통장애의 이해 3판(심현섭 외, 2017) 제2장에 있는 내용을 기반으로 재구성하여 기술하였다.

하는데 이때 산출하는 소리를 쿠잉(cooing)이라고 한다. 쿠잉은 자음과 모음과 같은 정확한 말소리라기보다는 모음과 비슷한 소리나 입안 뒤쪽에서 나오는 소리이다. 6개월 정도가 되면 점차 말소리와 비슷한 옹알이(babbling)를 산출하게 된다. 초기에는 '마마마마', '바바바바'와 같이 동일한 음절을 반복하는 옹알이 형태를 보이다가 점차 여러 음소가 포함된 옹알이를 산출하게 된다. 다양한 형태의 옹알이를 산출하기 위해서는 주변의 언어적 자극이 필요한데, 옹알이에서 사용하는 말소리는 자음, 모음과 같은 음소이고 어린 영아는 주변에서 들려오는 말소리를 들으면서 모국어의 말소리를 습득해 나가기 때문이다.

이처럼 첫 낱말이 산출(대략 12개월경)되기 이전의 시기를 언어표현이전기라고 한다. 이 시기에는 쿠잉, 옹알이 등과 같은 소리내기뿐만 아니라 몸짓을 통해서도 의사표현을 한다. 예를 들어, 자신이 원하는 물건을 가지기 위해 손가락으로 가리키기도 하고(지시적 몸짓), 먹는 음식이 뜨겁다는 의미를 표현하기 위해 후후 부는 행동을 하기도 하며(표상적 몸짓), 싫다는 의미로 고개를 가로젓기도 한다(관습적 몸짓).

TIP

언어발달과 관련된 실험들에서 보면 영아들이 6개월까지는 자신의 모국어가 아닌 외국어의 말소리를 분별할 수 있지만 8개월 이후가 되면 자신의 모국어에 기반해서 말소리를 구분하는 모습을 볼 수 있다. 이는 그동안 모국어를 사용하는 성인들이 들려준 언어자극에 기반해서 형성된 능력으로, 어린 시기에 아동들이 산출하는 옹알이는 주위의 언어적 자극과 관련되어 있고 이는 이후의 언어발달과도 밀접하게 관련되어 있다.

즉, 첫 낱말은 어느 날 갑자기 마법처럼 산출되는 것이 아니다. 이 시기에 주위에서 들려오는 다양한 언어적 자극을 기반으로 다양한 옹알이를 산출하면서 이후 정확한 단어 산출이 가능해지는 것이다. 따라서 아이들이 정확한 단어를 산출하지 못하더라도 교사는 아동에게 다양한 언어적 자극을 들려주면서 지속적으로 상호작용을 해야 하고, 이에 대한 내용을 부모에게도 교육시킬 필요가 있다.

2 첫 낱말기

대략 12개월 전후로 아동들은 첫 낱말을 산출한다. 주로 '엄마, 아빠, 맘마'와 같이 자주 듣거나 자신이 필요로 하는 것들 중에서 첫 낱말이 산출된다. 언어발달이 지연된 아동도 대부분 첫 낱말로 '엄마'와 '아빠'를 산출한다고 한다(배희숙, 2016). 첫 낱말 시기에 산출되는 어휘로는 대상을 참조할 수 있는 사람이나 사물이 많지만 '줘, 없다, 있네' 등과 같이 동작이나 상태를 서술하는 낱말들도 있다(심현섭 외, 2017).

하나의 낱말로 자신의 의사를 표현하기 때문에 '일어문 시기' 또는 '한 단어 문장 시기'라는 표현을 쓰기도 한다. 따라서 이 시기에는 주로 하나의 낱말을 활용하여 의사소통을 하는데, 상황과 운율에 따라 하나의 낱말이 다양한 의미를 갖기도 한다(고은, 2016). 예를 들어, 아동이 "물"이라고 말을 했을 때, '물이 있다'라는 의미일 수도 있고, '물을 먹고 싶다'라는 의미일 수도 있다.

그리고 하나의 낱말로 다양한 의사소통 기능을 나타내는데 예를 들어 '엄마'라는 단어를 가지고 요구하기(예: 자신이 좋아하는 과자를 달라고 손가락으로 가리키면서 "엄마"라고 함), 이름대기(예: 엄마를 치면서 "엄마"라고 함), 부르기(예: 조금 떨어진 거리에서 "엄마"라고 외침)를 한다. 이 시기에 많이 사용하는 의사소통 기능으로는 요구하기와 이름대기가 있으며, 거부하기, 대답하기, 부르기, 따라하기 기능들이 있다(심현섭 외, 2017).

이 시기에 발달상 나타나는 오류로는 의미의 과잉일반화와 과소일반화가 있다. 첫 낱말 습득 후, 점차 표현할 수 있는 어휘가 늘어가기는 하지만 아직까지 어휘 습득 속도가 빠르지는 않다. 그래서 한정된 어휘능력으로 인해 의미적으로 오류를 보이는 현상이 나타나는데, 예를 들어 성인 남자를 보면 모두 "아빠"라고 하거나 비가 내리는 것을 보고 "물"이라고 하는 의미의 과잉일반화와 자신이 가지고 노는 노란 오리만 오리이고, 하얀색 오리나 모양이 다른 오리는 오리가 아니라고 하는 의미의 과소일반화를 보이기도 한다.

첫 낱말기의 어휘 습득 속도는 아동마다 개인차가 매우 크며, 아직까지는 제스처를 동반하여 의사표현을 많이 하는 시기이기도 하다.

TIP

12개월경의 영아들이 많이 사용하는 의사소통 기능으로 요구하기가 있다. 이러한 기능은 학습에 의해서라기보다는 언어능력이 아직 발달하지 않은 어린 영아들도 사용하기 쉬운 기능으로 보면 좋을 것이다. 즉, 현장에서 장애아동들을 지도할 때 만약 장애아동이 의사소통 의도를 거의 보이지 않아 상호작용에 어려움을 겪는다면 우선적으로 '요구하기' 기능을 사용하도록 지도하면 도움이 될 것이다.

3 낱말조합기

대략 18~24개월경이 되면 아동들은 평균적으로 50~100개의 낱말이나 어구를 표현할 수 있다(Bates 외, 1994). 많은 아동들은 18~24개월 무렵부터 낱말의 수가 폭발적으로 늘어나는데, 이 시기에는 인지능력이 발달하면서 어휘능력이 같이 발달하기 때문이다. 인지발달 측면에서 이 시기는 대상영속성 개념이 완전히 습득되면서 표상적 사고가 가능해지는 시기이다. 따라서 양육자나 주위 사람들이 하는 반복된 활동이나 말을 기억해 두었다가 나중에 흉내내기도 하고, 언어적으로도 지연모방이 빈번해진다(배희숙, 2016). 하지만 주위 사람들의 어휘를 듣고 새로운 어휘를 습득할 때 모방하기 어려운 어휘는 부분 음절만을 따라

하는 특성을 보이기도 한다(예: "올라갔어"를 "올"이라고만 모방).

표현할 수 있는 어휘가 늘어나면서 낱말과 낱말을 연결하여 문장을 만들어 표현하기 때문에 이 시기를 '낱말조합기' 또는 '이어문 시기', '두 단어 문장 시기'라고 한다. 예를 들어, 이전 시기에는 아빠가 회사에 갔다는 표현을 "아빠" 라고 말하고 손으로 운전을 하는 척하거나 빙글빙글 돌리는 행동(어딘가에 갔다는 표현)을 해서 표현했다면, 이 시기에는 "아빠 붕"과 같이 자신이 아는 낱말과 낱말을 연결하여 문장을 만들어 표현한다.

문장으로 자신의 의사를 표현하기는 하지만 문장에서 조사나 어미와 같은 문법형태소는 거의 사용하지 않고 주로 전보문식 문장을 사용한다. 즉, 다음의 예와 같이 명사, 동사, 형용사, 부사와 같은 내용어를 중심으로 두 낱말 조합이 빈번히 일어나며(심현섭 외, 2017), 주로 짧은 길이의 단문을 산출한다.

예시) 아빠 빠방(명사 + 명사)
엄마 이뻐(명사 + 형용사)
맘마 줘(명사 + 동사)
까까 많이(명사 + 부사)
엄마 어이(저리) 가(명사 + 부사 + 동사)

첫 낱말기에는 하나의 낱말로 여러 의사소통 기능을 나타냈다면 낱말조합기는 문장을 이용해 자신의 의사를 표현하는데, 이 시기에 많이 사용하는 기능으로는 요구하기(예: "쩨쩨(젤리) 줘"), 이름대기(예: "이거 빠방(차)") 외에 거부하기(예: "이거 시어(싫어)"), 서술하기(예: "아가 울어")가 있다(심현섭 외, 2017).

TIP

현장에서 보면 부모님들이 아이들의 언어발달을 고민하고 가장 많이 상담을 하는 시기가 24개월이 지난 시점이다. 그 이전 시기까지는 다른 아동들과의 차이가 두드러지게 관찰되지도 않고 마냥 어린 아기로 보이기 때문에 아주 큰 이상을 나타내지 않는 한 문제가 되지 않는다. 하지만 24개월경부터는 아동들이 본격적으로 말로 표현을 많이 하는 시기가 되면서 다른 아동들과 비교를 하기 시작하고 이때부터 부모님들의 불안이 시작된다. 26개월에서 32개월 시점에서 언어발달을 고민하고 상담의뢰를 많이 하는데 교사로서 답변하기 애매한 시기이다. 그 이유는 영아시기는 유아시기에 비해 발달의 개인차가 매우 큰 시기이고 발달영역별로도 개인차가 큰 시기이기 때문이다. 하지만 24개월이 지나고 36개월이 되기 이전 시기에 아동이 사용하는 어휘가 10개 이내이고, 문장 형태가 나타나지 않는다면 언어발달이 느린 것은 사실이다. 그렇다고 해서 반드시 장애가 되는 것은 아니지만 한 번 정도 전문가에게 진단 · 평가를 의뢰해서 아이의 전반적인 발달을 점검해 보는 것도 좋을 것이다.

4 기본문법탐색기

기본문법탐색기는 만 2~3세경의 시기로, 이 시기의 가장 큰 특징은 이전 시기에 비해 어휘능력이 발달하고, 문장의 길이가 길어지며 문장 안에서 문법형태소를 활발히 사용한다는 것이다.

우선 이 시기에는 놀라운 속도로 표현하는 낱말의 수가 늘어나는데, 그 이유는 이전 시기에 비해 인지능력이 발달하면서 빠른 속도로 어휘를 습득해 나가기 때문이다. 예를 들어, 이 시기에는 물건의 크기와 양의 개념을 이해하여 '크다-작다', '많다-적다'라는 개념을 이해할 수 있으며, '밖'과 '안'과 같은 공간 관계를 이해할 수 있다. 또한 전체와 부분의 관계도 이해할 수 있어 주전자의 뚜껑이나 신발의 짝짝이를 이해할 수 있다(배희숙, 2016). 이 시기에 어휘 습득 속도가 빨라지는 또 다른 이유는 새로운 말소리 연결체와 참조물을 재빠르게 연결(fast-mapping)할 수 있기 때문이기도 하다(심현섭 외, 2017).

기본문법탐색기는 어휘능력의 발달로 문장의 길이가 길어져 3어절 이상의 긴 문장을 사용하는 시기이다. 따라서 '삼어문 이상의 시기'라고도 하며, 간혹 복문(예: 이건 포도고, 이건 딸기야.)을 사용하기도 하지만 주로는 3~4어절의 단문을 많이 사용하는 시기이다. 만 3세 아동의 경우 한국어에 있는 기본 구문구조를 활발히 사용하는데(심현섭 외, 2017), 대화에서 빈번하게 사용하는 구문 구조의 예는 다음 표 3-1과 같다.

표 3-1 3세 아동이 대화에서 빈번하게 사용하는 구문구조의 예

구문구조	예시
'주어+목적어+서술어'	나는 비행기를 좋아해.
'주어+부사어+서술어'	꽃이 활짝 피었네.
'주어+서술어+서술어'	해님이 코하러 갔어.
'주어+주어+서술어'	형아가 누나가 먹었어.
'서술어+(주어, 목적어)+서술어'	안 넣어져요 로보트가 커서. (아기 인형) 잡고 우유 줘.

위의 예시 문장처럼 이 시기는 문장의 길이도 길어지지만 낱말조합기와 달리 문장에서 문법형태소를 다양하게 사용한다. 주격조사나 여격조사, 공존격조사 등 다양한 조사를 사용하기도 하고, 다양한 어미를 사용하기도 한다(배희숙, 2016; 심현섭 외, 2017). 이 시기 문법형태소 사용 특성과 그 예는 다음과 같다.

- 주격조사, 여격조사, 공존격조사를 중심으로 조사를 활발히 사용
  예) 엄마가, 기린이(주격조사), 형아한테, 친구에게(여격조사), 강아지와(랑), 타요하고(공존격조사)
- 어절 끝에 여러 어미를 사용하기 시작
  예) 많아요, 거죠, 뭐예요, 하는 건데, 아니거든 등
- 과거시제를 나타내는 선어말어미를 활발히 사용
  예) 놀이터에 갔다요(가-았), 너무 재밌었어요(-었-)

언어능력의 발달로 이전 시기에 비해 대화자로서의 능력이 발달하기는 하지만 아직까지는 자기중심적인 특성을 많이 보이는 시기이다. 만 2세의 아동들은 다른 사람이 아동의 대화를 따라가 주어야 매끄러운 대화가 가능하고, 만 3세 아동은 점차 대화자를 고려하여 말을 하지만 아직까지는 자기중심적인 사고를 하는 경향이 있어 여러 명이 같이 있지만 한 주제를 같이 이야기하기보다는 각자 자신의 이야기를 하는 집단 속 독백(collective monologue)을 보이기도 한다(심현섭 외, 2017). 만 3세에는 대화의 주제를 유지하는 능력이 발달하여 대화의 주제를 50% 정도 유지할 수 있지만, 연관된 주제를 계속 유지하는 것은 만 4세 정도가 되어야 가능해진다(배희숙, 2016 재인용).

그리고 이 시기에는 아동들의 말을 이해하지 못하는 경우가 종종 있는데, 낯선 사람이 아동의 말을 알아듣는 정도는 만 2세에는 50~75%, 만 3세에는 75% 내외이다(김수진, 신지영, 2007; 심현섭 외, 2017). 그 이유는 아직까지 아동들의 조음능력이 완전히 발달하지 않아 아동의 발음을 정확하게 알아듣지 못해서이기도 하고, 자기중심적인 사고로 상대방을 고려해서 아동들이 말을 하지 않기 때문이기도 하다.

또한 이 시기에는 발달상으로 나타날 수 있는 비유창성이 나타나기도 하는데,

이전 시기에 비해 긴 문장을 산출하면서 단어 반복을 보이기도 하고, '음, 어'와 같은 간투사 삽입 현상을 보이기도 한다.

기본문법탐색기는 이전 시기에 비해 어휘나 문장, 문법형태소 사용 능력이 발달하기는 했지만 아직까지는 발달하는 과정에 있으므로 발달 과정상에서 여러 실수들을 보이기도 한다. 이 시기에 보일 수 있는 실수와 그 예는 다음과 같다(심현섭 외, 2017).

- 주격조사의 과잉일반화를 보임.
  예) "문이가 잠겼어.", "사슴이가 아프대."
- 부정문과 관련된 실수를 보임.
  예) "안 밥 먹어.", "입어 안 해."
- 문법형태소 각각을 결합하기보다는 한 덩어리로 표현하기도 함.
  예) "같이 놀자요.", "사자 없어고(사자 없고)"
- 아직 표현할 수 없는 낱말은 자신이 알고 있는 낱말로 창의적인 낱말 표현을 함.
  예) '생선 가게'를 "물고기 집", '하늘에 계신 할아버지'를 "날아가는 하부지"로 표현
- 아직 의미 전달이 순조롭지 않아 듣는 사람이 배경 정보를 알고 있어야 생략된 부분을 추측하여 의미를 알 수 있는 경우가 많음.

TIP

교사는 일반적인 언어발달과정(전 과정)에서 나타나는 실수들에 대해 잘 알고 있어야 한다. 그 이유는 장애아동이 보이는 언어능력을 분석할 때 발달 과정상에서 보이는 실수를 장애아동이 보이는 결함으로 해석해서는 안 되기 때문이다.

5 기본문법세련기

기본문법세련기는 만 4~5세의 시기로, 이 시기 또한 지속적인 인지능력의 발달로 빠른 속도로 어휘를 습득해 가며, 이전 시기에 비해 산출하는 문장의 길이가 길어져 다양한 복문 산출도 가능해진다. 또한 문장에서 문법형태소를 이전 시기보다 더 다양하고 정확하게 사용할 수 있는 능력이 발달한다.

우선 이 시기에는 대다수의 아동들이 어린이집이나 유치원에서 하루의 많은 시간을 또래들과 놀이를 하고 상호작용을 하면서 보낸다. 스스로 놀이를 창조해내기도 하고, 규칙이 있는 게임을 즐기기도 하며, 상황을 설정해서 놀이를 하기도 한다. 이 과정에서 끊임없이 사고하고, 또래들과 대화를 나누면서 인지능력뿐만 아니라 언어능력도 발달시켜 나간다. 뿐만 아니라 영상 매체나 책 읽기 활동 등 다양한 언어 경험을 통해 어휘를 습득해 가고 읽기, 쓰기를 포함한 언어능력을 발달시켜 나간다. 이 시기에는 평균적으로 하루에 2개 이상의 어휘를 습득한다고 보고되고 있다(Biemiller, 2005; Ganger & Brent, 2004).

어휘발달 특성으로, 이 시기에는 '길다-짧다', '빠르다-느리다'와 같이 관계를 나타내는 낱말을 제대로 이해하고 사용할 수 있으며, '어제/오늘/내일', '오다/가다', '여기/저기' 등과 같이 관점에 따라 표현되는 지시적 표현들도 적절하게 사용할 수 있다(심현섭 외, 2017). 그리고 범주어를 사용할 수도 있으며, 범주어를 사용하여 낱말을 정의하기도 한다(예: "과일은 사과, 딸기 같은 거야.")(배희숙, 2016). 관계를 나타내는 말이나 범주어를 정확하게 이해하지 못하는 이전 시기에는 이모가 엄마를 가리키며 "우리 언니야."라고 하면 아동은 "아니야. 언니 아니야. 우리 엄마야."라고 하면서 우는 행동을 하는 모습을 보이기도 하고, 엄마가 창밖을 보면서 "벚꽃이 예쁘게 피었네."라고 하면, 아동이 "아니야. 저건 꽃이야."라고 대답하는 모습을 보이기도 한다.

낱말을 정의하는 능력도 이 시기에 발달하는데, "식탁은 밥 먹는 거, 네모 모양이고, 다리가 4개 있어요."와 같이 사전적 정의보다는 아동 개인의 경험이나 지각적 특성에 의해 낱말을 정의하는 특성을 보인다.

이 시기에는 문장의 길이가 이전 시기보다 길어지는데 기본문법탐색기는 3~4어절의 단문을 주로 사용하였다면, 이 시기에는 아래 예와 같이 다양한 유형의 복문 산출이 가능하고, 매우 긴 문장을 대화에서 사용한다. 그리고 문장에서 다양한 문법형태소를 더 정확하게 사용한다.

예시) 영수가 손을 다쳤어. 병원에 안 갔어.
→ 영수가 손을 다쳤는데 병원에 안 갔어.(복문 – 연결문)
저기 아저씨가 있어. 아저씨가 모자를 쓰고 있어.
→ 저기에 모자를 쓰고 있는 아저씨가 있어.(복문 – 내포문)

이러한 언어능력의 발달로 이 시기에는 성인과도 큰 문제 없이 원활한 대화가 가능해지며, 자신이 경험한 이야기를 상대방에게 잘 전달하기도 한다.

이 시기에는 대화자로서 대화 주제를 개시하고 유지하는 능력과 대화 주제를 확장하는 능력이 발달한다. 이전 시기 아동들은 하나의 주제를 충분히 유지하지 못해 대화의 주제가 자주 바뀌는 양상을 보이지만, 만 3세 후반에서 만 4세 정도가 되면 어느 정도 주제를 유지하면서 대화가 가능해지고(배희숙, 2016), 만 4~5세 아동들은 좀 더 긴 시간 동안 대화 주제를 유지할 수 있다. 그리고 만 5세 아동은 과거의 일을 표현하거나 자신의 의도를 효율적으로 상대방에게 전달할 수 있고, 상대방이 어른이든 아동이든 한 주제 안에서 함께 대화를 엮어 나갈 수 있다(심현섭 외, 2017).

아동들은 발달하는 과정 안에서 이야기를 전달하는 능력도 같이 발달하게 되는데, 만 3세 아동은 주로 예를 들어, "옛날 옛날에 공주님이 살았대.", "왕자님

하고 결혼했대.", "호랑이가 엄마를 잡아먹었어." 등과 같이 도입이나 결말 또는 부분 묘사를 하는 방식으로 이야기를 전달한다. 하지만 만 4세 아동은 인물의 생각, 행동, 이야기 결말에 대해 좀 더 상세한 정보를 담아서 이야기를 전달할 수 있고, 만 5세 아동은 원인과 이유 설명을 일관성 있게 할 수 있으며, 짧은 이야기일 경우에는 대체로 적절하게 이야기 내용을 상대방에게 잘 전달할 수 있다(배희숙, 2016; 심현섭 외, 2017).

이 시기 아동들은 성인과 대화가 가능할 만큼 언어능력이 발달하기는 하였지만 아직까지 발달 과정에 있으므로 여러 실수를 보이기도 한다. 이 시기에 나타날 수 있는 실수와 그 예는 다음과 같은 것들이 있다(심현섭 외, 2017).

- 형태론적 실수를 종종 보임.
- 이전 시기부터 보이기는 하지만 '-으-' 삽입현상이 두드러짐.
  예) "우리 저기 꽃에 가서 찍으자.", "잠자리 잡으자."
- 복문의 경우 어미 사용이나 연결어 사용에 오류를 보임.
  예) "내가 아팠더니 할머니가 오셨지.", "아빠가 새 거 사온다니까 그래도 울지 마."
- 좀 더 세분된 형태소 분절을 하기 위해 가끔 실수를 보이기도 함.
  예) 강아지가 두 개가 있었는데
- 자기가 알고 있는 낱말에 대한 이름이 잘 생각나지 않을 때, 의미적으로 비슷한 단어로 말하는 오류를 보이기도 함.
  예) (아빠가 다용도실에 갇혀서 나오지 못하고 있는 상황) "너 아빠 수고하는데 주스 먹냐?"

지금까지 일반적인 언어발달 과정에 대해 개략적으로 살펴보았다. 일반적인 언어발달 과정에 대한 이해는 무엇보다 중요한데, 이를 기준으로 해서 아동이 언어발달에 지연을 보이고 있는지 아닌지를 대략적으로 판별할 수 있기 때문이다. 또한 판별의 준거뿐만 아니라 아동의 현재 수준에서 앞으로 나아가야 할 방향을 제시할 수 있기 때문에 언어발달 과정에 대한 내용은 숙지하고 있는 것이 큰 도움이 될 것이다.

CHAPTER 04

언어발달검사

학습목표

1. 표준화된 언어검사도구를 나열할 수 있다.
2. 자발화분석 방법을 습득하여 활용할 수 있다.

1 영유아 언어발달 검사방법

아동들의 언어능력을 검사하는 방법으로는 크게 표준화된 검사도구를 활용하는 방법과 아동의 실제 발화를 수집하여 분석하는 방법이 있다.

표준화된 검사는 검사도구를 활용해서 아동들의 현재 언어능력이 어느 정도인지를 수치화하여 쉽게 파악할 수 있는 강점이 있는 반면, 이러한 결과를 실제 수업에 활용하는 데에는 한계가 있다. 즉, 언어발달이 느리거나 언어능력에 제한을 보이는 장애아동들을 위한 개별화교육계획안(IEP)을 계획하고 적용하는 데에는 크게 실용적인 자료가 되지 못할 수도 있다.

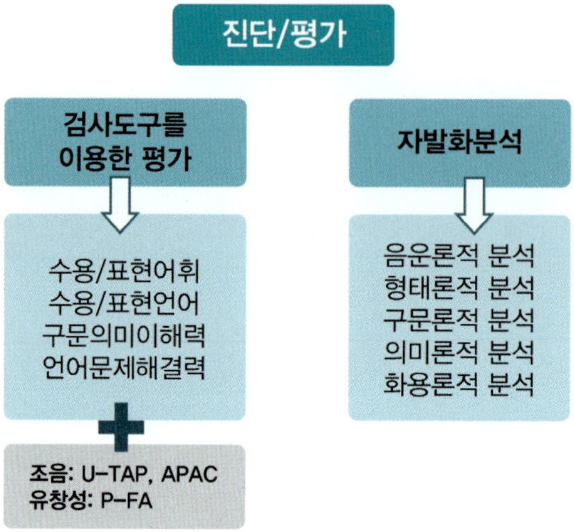

그림 4-1 언어발달 진단/평가방법

교사로 현장에 나갔을 때 혼란스러워하는 부분 중에 하나가 교재로 배운 전형적인 특성만을 가진 아동은 그리 많지 않다는 것이다. 장애아동들의 언어능력 또한 그러하다. 따라서 단지 장애명만을 가지고 아동의 언어능력을 판단해서는 안 되며, 관찰을 기반으로 해서 실제 아동들이 보이는 언어 특성을 파악하는 것이 무엇보다 중요하다. 아동들의 실제 언어능력을 파악해서 IEP에까지 활용할 수 있는 대표적인 방법이 바로 자발화분석이다. 자발화분석은 비표준화된 언어검사 방법으로 교실이나 치료실과 같은 검사 상황에서 아동들의 실제 발화를 수집하여 분석하는 방법이다. 아동의 발화를 수집하여 음운론적 능력, 형태/구문론적 능력, 의미론적 능력, 화용론적 능력을 분석할 수 있고 이 결과를 바탕으로 IEP를 계획, 실행할 수 있다. 자발화분석의 유용성에도 불구하고 자발화분석을 시행하는 데 어려움이 있는 이유는 분석에 매우 오랜 시간이 소요되기 때문이다.

TIP 사례 예시

만 4세의 자폐스펙트럼장애아동의 자발화를 분석하였더니, 다음과 같은 특성을 보였다고 해보자.

- 독특한 억양을 사용하기는 하나 발음에는 큰 문제를 보이지 않았음.
- 주로 1~2어절 문장을 사용하며 문법형태소는 거의 사용하지 않았음.
- 주로 명사 어휘를 사용하고, 간혹 동사나 형용사를 사용하기는 하나 매우 제한적으로만 사용하였고, 다른 품사의 어휘는 거의 사용하지 않았음.
- 요구하기, 거부하기 외에는 다른 의사소통 기능을 사용하지 않았음.

이 아동의 경우 생활연령에 비해 형태/구문론적 능력, 의미론적 능력, 화용론적 능력 모두에서 결함을 보이고 있다. 이러한 결과를 바탕으로 IEP(의사소통 영역) 계획을 세울 때, 문장의 길이를 증진시키거나 어휘 습득을 목표로 할 수도 있고 다양한 의사소통 기능을 사용할 수 있도록 하는 것을 목표로 할 수도 있다. 오랜 기간 현장에서의 경험을 토대로 하자면 가장 우선적으로 목표로 삼으면 좋은 것은 의사소통 기능이다. 의사소통 기능은 결국 상호작용과 연결되는 것이고, 교사와 아동 간에 상호작용이 이루어지지 않는다면 어휘나 문장을 학습시키는 것 자체가 어려운 일이 되기 때문이다. 따라서 다양한 의사소통 기능(최소한 초기구어기능)을 사용하고, 사용하는 빈도를 늘려주는 것을 목표로 한 후, 추후 계획에서는 문장의 길이나 어휘능력 향상을 목표로 하는 것이 좋다.

현재 아동의 언어 수준(또는 언어연령)을 파악하거나 국가적 지원을 받기 위해서는 표준화된 검사도 필요하고, 구체적인 아동의 언어 특성을 파악하여 수업을 계획하고 실행하기 위해서는 자발화분석도 필요하다. 따라서 교사는 이 두 가지 검사방법 모두에 대해 알고 있을 필요가 있으며, 영유아시기에 있는 아동을 대상으로 활용할 수 있는 언어검사 방법에 대해 자세히 알아보도록 하겠다.

2 표준화된 언어검사방법

영·유아시기 아동을 대상으로 활용할 수 있는 표준화된 언어검사도구에는 다음과 같은 것들이 있다. 아동의 언어능력을 검사하는 도구는 크게 어휘능력을 검사하는 도구와 언어능력을 검사하는 도구가 있다. 언어능력 외에 말 산출 능력에 결함이 있다고 의심되는 경우(예: 발음 문제, 말더듬 등) 말 산출과 관련된 검사를 별도로 시행한다. 말 산출과 관련된 검사방법은 이와 관련된 각 장에서 자세히 다루기로 하고, 이 장에서는 언어능력과 관련된 검사도구만을 다루도록 하겠다.

그리고 언어검사도구에는 부모보고 검사와 아동이 직접 검사에 참여하는 검사가 있다. 아동이 너무 어리거나 장애가 심해서 직접 검사에 참여할 수 없는 경우 주 양육자에 의한 부모보고 검사를 시행한다. 부모보고 검사의 경우, 부모에 따라 아동을 과잉평가할 수도 또는 과소평가할 수도 있으므로 해석에 주의가 필요하다는 점을 염두에 두어야 한다.

1) 영·유아 언어발달 선별검사(Sequenced Language Scale for Infants: SELSI)

영·유아 언어발달 선별검사(이하 SELSI)는 생후 36개월 이하에 해당하는 영·유아의 언어발달 정도를 평가하기 위해 고안된 검사도구로(김영태, 김경희, 윤혜련, 김화수, 2003), 조기 선별을 목적으로 하는 선별검사도구이다. 아동의 발달을 잘 알고 있는 부모나 주 양육자의 보고에 의해 이루어지는 검사로, 수용언어와 표현언어 능력을 각각 나누어 평가할 수 있다. 그리고 수용언어와 표현언어의 각 하위영역인 의미, 음운, 구문, 화용 능력을 나누어 평가할 수도 있다.

검사를 통해 획득점수인 원점수를 통해 아동의 언어연령(또는 등가연령)을 알아볼 수 있으며, 백분위수(%ile)을 산출하여 아동이 또래에 비해 어느 수준에 위치하고 있는지도 알 수 있다. 또한 표준편차(SD)를 통해 정상발달을 하고 있는지, 약간 지체를 보이는지 아니면 언어발달지체를 보이는지를 판가름할 수도 있다.

표준편차를 통한 해석은 다음을 기준으로 한다.

- **정상발달**: 해당 생활연령대의 평균점수로부터 −1SD 이내에 해당하는 경우
- **약간 지체 또는 유의요망**: −1SD와 −2SD 사이에 해당하는 경우
- **언어발달지체**: −2SD 이하에 해당하는 경우

예를 들어, 생활연령이 34개월인 아동을 대상으로 SELSI 검사를 시행했는데 통합 언어연령(등가연령)이 12개월이 나왔다면 이 아동은 언어발달에서 약 22개월 정도 지체를 보인다고 해석할 수 있다. 그리고 백분위수가 1%ile이 나왔다면 또래에 비해 매우 낮은 수준을 보인다고 해석할 수 있다. 표준편차 또한 -2SD 이하에 해당하는 것으로 나왔다면 언어발달에 지체를 보인다고 해석할 수 있다.

2) 한국판 맥아더 베이츠 의사소통발달 평가(Korean version of MacArthur-Bates Communication Development Inventories: K M-B CDI)

한국판 맥아더 베이츠 의사소통발달 평가(이하 K M-B CDI)는 8개월에서 36개월 사이에 있는 영유아를 대상으로 아동의 어휘사용 능력을 살펴보는 검사로(배소영, 곽금주, 2011), 이 외에 개월 수에 따라 제스처와 놀이 또는 문법 수준을 살펴볼 수 있다. 주 양육자에 의한 부모보고 검사로, 이해낱말과 표현낱말 각각을 나누어 평가한다. 낱말은 소리, 탈것, 동물, 음식 등과 같은 범주로 나누어져 있고, 각 범주에 해당하는 어휘 목록을 보고 체크하는 검사이다.

검사는 영아용과 유아용으로 나누어져 있다. 영아용은 8~17개월에 있는 아동을 대상으로 시행하는 검사로, 18가지 범주의 284개의 어휘능력을 검사하고 의사소통능력과 연관된 제스처와 놀이에 해당하는 검사를 같이 시행한다. 유아용은 18~36개월에 해당하는 아동을 대상으로 시행하는 검사로, 24가지 범주의 641개의 어휘능력을 검사하고, 문법과 문장 사용 능력을 같이 검사한다. 검사결과를 바탕으로 백분위수(%ile)를 산출할 수 있으며, 10%ile 이하에 해당하는 경우 어휘발달에 적신호가 켜졌다고 해석할 수 있고, 25%ile 미만에 해당하는 경우 지속적인 모니터링이 필요하다고 해석할 수 있다(배소영, 곽금주, 2011).

TIP

K M-B CDI 검사의 경우, 단순히 어휘를 나열한 검사가 아닌 범주로 나누어져 있으므로, 검사를 통해 아동이 특히 더 취약한 어휘 범주를 알 수 있다. 따라서 이는 아동의 어휘능력 향상을 위한 지도 시, 활용할 수 있는 자료가 된다.

예를 들어, 아동이 탈것, 동물, 음식 등과 같이 명사에 해당하는 어휘 지식은 괜찮은 편이지만 동사나 형용사에 대한 어휘 지식은 낮은 것으로 평가되었다면 아동의 언어지도 계획 시, 동사나 형용사의 어휘 지식을 향상시키는 것을 목표로 할 수 있다. 문장 수준으로 표현을 하기 위해서는 서술어에 해당하는 동사와 형용사에 대한 지식이 필요하기 때문이다.

3) 취학 전 아동의 수용언어 및 표현언어 발달 척도(Preschool Receptive & Expressive Scale: PRES)

취학 전 아동의 수용언어 및 표현언어 발달 척도(이하 PRES)는 2세에서 6세에 해당하는 취학 전 아동의 수용언어 및 표현언어 능력을 측정하기 위해 고안된 검사이다(김영태, 성태제, 이윤경, 2003). 인지개념 및 의미론, 음운론, 구문론, 화용론을 포함한 언어 이해와 표현 영역을 모두 검사할 수 있으며, 아동이 직접 검사에 참여하는 검사도구이다.

획득점수를 기초로 수용언어발달연령, 표현언어발달연령, 통합언어발달연령을 산출할 수 있으며, 백분위수(%ile)를 산출할 수 있다.

4) 수용 및 표현어휘력 검사(Receptive and Expressive Vocabulary Test: REVT)

수용 및 표현어휘력 검사(이하 REVT)는 2세 6개월에서 16세 이상 성인의 어휘능력을 측정하기 위해 고안된 검사도구이다(김영태, 홍경훈, 김경희, 장혜성, 이주연, 2009). 수용어휘와 표현어휘 각각을 나누어 검사를 시행하며, 아동이 직접 검사에 참여한다. 수용어휘 검사는 4개의 그림 중에서 검사자가 말하는 어휘를 가리키면 되고, 표현어휘 검사는 그림에 해당하는 어휘를 말하면 된다. 검사에 사용되는 어휘는 명사, 동사, 형용사, 부사를 포함하여 총 186문항씩으로 구성되어 있다. 검사결과는 획득점수를 기초로 언어연령, 백분위수(%ile), 표준편차(SD)를 산출하여 아동의 어휘능력을 해석할 수 있다.

TIP

REVT 검사도구가 개발되기 이전에는 그림어휘력검사(Peabody Picture Vocabulary Test-Revised: PPVT-R) 도구를 사용하여 어휘능력을 평가하였다. PPVT는 REVT와 다르게 수용어휘능력만을 측정하는 검사도구이며, 검사연령도 2세에서 8세 아동만을 대상으로 한다. REVT와 동일하게 획득점수(원점수)를 기초로 언어연령과 백분위수를 산출하여 해석이 가능한데, REVT의 개발로 현재 현장에서는 많이 활용하고 있지는 않다.

5) 구문의미이해력 검사(Korean Sentence Comprehension Test: KOSECT)

구문의미이해력 검사는 만 4세에서 9세(초등학교 3학년) 아동의 구문의미이해력을 측정하기 위해 고안된 검사도구로(배소영, 임선숙, 이지희, 장혜성,

2004), 1994년도에 발간된 「문장이해력 검사」를 수정 · 보완한 검사도구이다. 문장의 의미를 이해하는 능력을 측정하는 검사도구이므로, 아동에게 검사자가 목표문장을 들려주고 3개의 그림 중에서 하나의 그림을 가리키도록 해서 검사를 진행한다. 한국어의 구문 구조와 문법형태소에 대한 문항, 문항 및 문장 내 하나 또는 두 개의 어휘에 대한 이해와 비유 또는 유추적 의미 파악에 근거한 다양한 유형의 문장 유형으로 구성되어 있으며, 총 57개의 검사 문항으로 이루어져 있다.

검사결과는 원점수를 기초로 연령에 따른 백분위수(%ile)와 학년에 따른 백분위수(%ile)를 산출하여 아동의 구문이해 능력을 해석할 수 있다.

표 4-1 영 · 유아시기에 활용할 수 있는 표준화된 언어검사도구

검사도구명	주요 특징
영 · 유아 언어발달 선별검사(SELSI)	• 언어능력 평가 • 수용언어/표현언어 • 부모보고검사
한국판 맥아더 베이츠 의사소통발달 평가(K M-B CDI)	• 어휘능력 평가 • 수용어휘/표현어휘 • 부모보고검사
취학 전 아동의 수용언어 및 표현언어 발달 척도(PRES)	• 언어능력 평가 • 수용언어/표현언어 • 아동 직접 평가
수용 및 표현어휘력 검사(REVT)	• 어휘능력 평가 • 수용어휘/표현어휘 • 아동 직접 평가
구문의미이해력 검사(KOSECT)	• 문장이해능력 평가 • 아동 직접 평가

3 비표준화된 언어검사방법

앞서 살펴본 바와 같이, 비표준화된 언어검사의 대표적인 방법으로 자발화분석 방법에 대해 살펴보도록 하겠다.

1) 발화 표본 수집

분석에 앞서 우선은 아동의 발화를 수집해야 하는데, 자유 놀이나 대화, 이야기 등을 통해 아동의 발화를 수집할 수 있다. 말 샘플의 표본은 김영태(2014)는 70~100개 발화가 적당하다고 보았고, Mclean & Snyder-Mclean(1978)은 50~100개로 제안하고 있다.

하지만 어린이집이나 유치원에서 교사가 장애아동을 대상으로 자발화분석을 할 때 일반적으로 발화 표본을 얻기가 쉽지는 않다. 그 이유는 자발적으로 발화를 하지 않는 장애아동들도 많으며, 반복적인 구어만을 사용하는 장애아동들도 많기 때문이다. 그럼에도 불구하고, 최대한의 표본을 수집해서 분석을 해보는 것은 IEP를 계획하고 실행하는 데 도움이 된다.

2) 발화 표본의 기록 및 전사

언어표본을 기록하는 방법으로는 즉석에서 받아쓰는 방법, 오디오 녹음 후 전사하는 방법, 비디오 촬영 후 전사하는 방법 등이 있다(김영태, 2014). 실질적으로 정확한 분석을 위해 가장 좋은 방법은 비디오 촬영을 활용하는 것이다.

즉석에서 받아쓰는 경우는 모든 발화를 다 받아 적기 어렵고 아동이 이를 의식할 수도 있기 때문이다. 그리고 오디오의 경우 거의 모든 발화를 전사할 수는 있으나 아동의 표정이나 반응을 민감하게 분석하기 어려운 단점이 있다. 비디오를 활용할 경우, 모든 발화를 전사할 수 있을 뿐만 아니라 평가자가 놓친 아동의 반응 또한 살펴볼 수 있는 장점이 있다. 교육기관의 교사는 동영상 촬영이 어렵다면 자유 놀이 시간을 활용하여 아동의 발화를 일화기록과 유사하게 최대한 자세히 기록해서 분석해도 유용한 자료로 활용할 수 있을 것이다.

전사는 정확한 분석을 위해 되도록이면 당일 전사하는 것이 가장 좋고, 발화 분석 시 노래하기나 숫자 세기 등과 같은 자동 구어(automatic speech)는 제외하고 분석해야 한다(김영태, 2014). 예를 들어, 아동이 교사의 지시에 잠시 기다리기를 하는 동안 "하나, 둘, 셋, 넷, 다섯, 여섯, 일곱, 여덟, 아홉, 열"이라고 했다면 이는 발화 분석에서는 제외해야 한다. 그 이유는 주로 1~2어절로 대화를 하는 장애아동이 기다리기를 하는 동안 1~10까지 자동 구어로 수 세기를 했을 때 이를 발화로 치면 이 아동은 가장 길게는 10어절의 문장을 사용할 수 있다고 분석해야 한다. 이는 정확하지 않은 결과이며, 아동이 평균적으로 어느 정도의 발화길이(또는 문장길이)를 사용하는지 알아볼 때에도 부정확한 결과를 도출하게 한다.

3) 발화 분석

아동의 발화를 전사한 후, 이를 활용하여 아동의 언어능력을 분석할 수 있다. 앞서 배웠던 언어의 5가지 구성요소인 음운론적 · 형태론적 · 구문론적 · 의미론적 · 화용론적 능력에 대한 분석이 가능하다. 이에 대한 내용은 교사가 현장에서 활용할 수 있는 내용 위주로만 제시하고자 한다.

(1) 음운론적 분석

음운론적 분석을 통해서는 아동의 말소리 발달 능력과 말소리에 장애가 있는지 여부를 분석해 볼 수 있다. 주의할 점은 아동의 발음이 틀릴지라도 아동이 발화한 발음 그대로를 전사해서 분석해야 한다는 것이다. 예를 들어, 아동이 '사과'를 '따과'라고 했다면 '따과'라고 전사한 후 분석해야 한다.

앞서 1장에서 한국어의 음소에 대해 설명하면서, 한국어에는 19개의 자음이 있으며 자음 중 초성에는 /ㅇ/이 올 수 없고, 종성에는 /ㄱ, ㄴ, ㄷ, ㄹ, ㅁ, ㅂ, ㅇ/ 7개의 소리만 올 수 있다고 하였다. 따라서 우리는 단어에서 어두초성이나 어중초성에는 18개의 자음을 사용해서 발화하고, 종성에서는 7개의 자음만을 사용해서 발화한다. 이를 활용하여 아동의 발음능력을 분석해 볼 수 있는데 다음의 표를 활용하면 분석이 용이할 수 있다.

표 4-2 어두초성, 어중초성, 종성의 자음 목록

어두초성(18개)	어중초성(18개)	종성(7개)
ㄱ, ㄴ, ㄷ, ㄹ, ㅁ, ㅂ, ㅅ, ㅈ, ㅊ, ㅋ, ㅌ, ㅍ, ㅎ, ㄲ, ㄸ, ㅃ, ㅆ, ㅉ	ㄱ, ㄴ, ㄷ, ㄹ, ㅁ, ㅂ, ㅅ, ㅈ, ㅊ, ㅋ, ㅌ, ㅍ, ㅎ, ㄲ, ㄸ, ㅃ, ㅆ, ㅉ	ㄱ, ㄴ, ㄷ, ㄹ, ㅁ, ㅂ, ㅇ

예를 들어, 아동이 "바나나 주떼요.", "밥 머거떠요."라고 발화했다면 이 아동은 어두초성 /ㅂ/, 어중초성 /ㄴ/, 어두초성 /ㅈ/, 어중초성 /ㄸ/, 어두초성 /ㅂ/, 종성 /ㅂ/, 어두초성 /ㅁ/, 어중초성 /ㄱ/, 어중초성 /ㄸ/를 산출할 수 있는 것이다. 이를 위에 있는 표를 활용하여 아동이 어두초성, 어중초성, 종성 각각의 위치에서 산출할 수 있는 소리와 그렇지 않은 소리에 어떤 것이 있는지 분석할 수 있다.

아래 **표 4-3**에 표시한 것처럼 아동이 산출할 수 있는 자음에 표시를 하면 된다('-'을 그어도 되고, 'X' 표시를 해도 된다. 방식은 자유롭게 하면 된다). 이렇게 표시를 하면 아동이 산출할 수 있는 자음에는 무엇이 있는지 없는지를 알 수 있다.

표 4-3 아동이 산출할 수 있는 어두초성, 어중초성, 종성의 자음 목록

어두초성(18개)	어중초성(18개)	종성(7개)
ㄱ, ㄴ, ㄷ, ㄹ, ~~ㅁ~~, ~~ㅂ~~, ㅅ, ~~ㅈ~~, ㅊ, ㅋ, ㅌ, ㅍ, ㅎ, ㄲ, ㄸ, ㅃ, ㅆ, ㅉ	~~ㅋ~~, ~~ㄴ~~, ㄷ, ㄹ, ㅁ, ㅂ, ㅅ, ㅈ, ㅊ, ㅋ, ㅌ, ㅍ, ㅎ, ㄲ, ~~ㄸ~~, ㅃ, ㅆ, ㅉ	ㄱ, ㄴ, ㄷ, ㄹ, ㅁ, ~~ㅂ~~, ㅇ

그 다음으로 아동이 발음에 문제를 보이는지 아닌지 분석해 볼 수 있다. 위의 아동이 발화한 예를 통해 살펴보면, "바나나 주떼요."의 정확한 발음은 "바나나 주세요."이다. 아동은 "주세요"를 "주떼요"라고 했으므로 어중초성 /ㅅ/를 /ㄸ/로 대치하는 오류를 보인다고 분석할 수 있다. "밥 머거떠요."의 정확한 발음은 "밥 머거써요(표기는 '먹었어요'이지만 이의 발음은 '머거써요'이므로 이를 기준으로 분석해야 함)"이므로 어중초성 /ㅆ/를 /ㄸ/로 대치하는 오류를 보인다고 분석할 수 있다. 자음뿐만 아니라 모음에 대한 분석도 가능한데 이는 조음·음운장애에서 자세히 다루기로 하겠다.

이처럼 음운론적 분석에서는 아동이 한국어에 있는 말소리를 산출할 수 있는지, 그리고 발음에 문제를 보이는지에 대한 분석이 가능하고 이를 기반으로 지도 계획을 세울 수 있다. 또한 자폐스펙트럼장애아동의 경우에는 독특한 억양을 사용하는 경우가 많은데 이에 대한 내용도 음운론적 분석에 기록하여 활용할 수 있다.

(2) 형태/구문론적 분석

아동의 평균발화길이를 산출하여 아동의 구문능력, 즉 문장사용능력을 알아볼 수 있다. 쉽게 말해서 평균적으로 어느 정도 길이의 문장을 사용해서 발화를 하는지를 알아볼 수 있다는 것으로 형태소나 낱말, 어절을 활용하여 분석할 수 있다. 평균발화길이를 알아보기 위해서 현장에서 교사들이 쉽게 사용할 수 있는 방법은 어절을 활용하는 것이다. 어절의 총합을 아동의 전체 발화 수로 나누면 평균어절길이를 산출할 수 있다.

평균어절길이=어절의 총합/아동의 전체 발화 수

예를 들어, 아동이 15개의 발화를 하였고 각 발화의 어절을 합하였더니 총 어절 수가 30이 나왔다면 30/15=2.0으로 평균어절길이는 2어절이 된다. 이를 해석하면 아동은 평균적으로 2어절의 문장을 사용한다고 해석할 수 있다. 이를 또래의 평균과 비교하여 아동의 구문발달이 정상발달을 하고 있는지 지체되어 있는지를 파악할 수 있다.

이의 분석을 위해서는 다음의 **표 4-4**를 활용할 수 있다.

표 4-4 어절에 따른 평균어절길이

연령(개월)	또래의 평균어절길이			예측어절길이
	평균	-1SD 수치	-2SD 수치	
27	1.81	1.29	0.77	1.76
30	1.90	1.53	1.16	1.91
33	2.14	1.74	1.34	2.06
36	2.18	1.78	1.38	2.21
39	2.36	1.84	1.32	2.36

연령(개월)	또래의 평균어절길이			예측어절길이
	평균	-1SD 수치	-2SD 수치	
42	2.40	1.79	1.18	2.51
45	2.67	2.13	1.59	2.66
48	2.72	2.01	1.30	2.81
51	3.06	2.43	1.80	2.96
54	3.04	2.22	1.40	3.11
57	3.39	2.61	1.83	3.26
60	3.40	2.53	1.66	3.41

출처: 김영태(2014). 아동언어장애의 진단 및 치료(2판). p. 366.

예를 들어, 위의 아동이 48개월의 아동이었다면 48개월 아동의 평균어절길이는 2.72이기 때문에 이 아동은 또래 평균에 비해 낮고, -1SD와 -2SD 사이에 속하므로 구문발달이 약간 지체되었다고 해석할 수 있다.

TIP

또래의 평균어절길이와 비교해서 구문능력을 해석할 수도 있지만, 앞서 배운 언어발달시기와 연결해서 해석하는 것도 가능하다. 예를 들어, 48개월의 아동이라면 기본문법 세련기에 해당하는 시기로 이 시기의 아동들은 단문뿐만 아니라 복문까지도 산출할 수 있는 시기이다. 즉, 길이가 긴 문장을 사용하는 시기인데 평균적으로 2어절의 문장을 사용한다면 이는 낱말조합기 시기의 문장사용능력에 해당하므로 구문발달에서 지체를 보인다고 해석할 수 있다.

형태론적 분석에서는 아동이 사용하는 문법형태소를 분석해 볼 수 있다. 하지만 교사는 간단하게 아동이 얼마나 다양한 문법형태소를 사용하는지 정도만 분석을 해보면 도움이 될 것이다.

(3) 의미론적 분석

의미론적 분석에서는 아동이 사용하는 어휘다양도를 분석해 볼 수 있다. 어휘다양도는 말 그대로 얼마만큼 다양한 어휘를 사용하는지에 대한 분석으로(김영태, 2014), 다음의 예를 보면 이해가 쉬울 것이다. 얼핏 보면 A 아동과 B 아동의 발화능력은 비슷해 보인다. 완전한 문장을 사용하고 있으며 문장의 길이도 비슷하다. 하지만 그 내용을 살펴보면, 거짓말을 하지 말아야 된다는 주장을 하면서 A 아동은 계속해서 반복적인 어휘만을 사용하고 있는 반면, B 아동은 다양한 어휘를 사용하여 자신의 주장을 펼치고 있다.

A) 아니, 왜 거짓말을 하지? 나는 거짓말이 싫어. 거짓말은 정말 안 했으면 좋겠어. 어쩜 거짓말을 하니? 거짓말 정말 싫어.

B) 남을 속이는 것은 좋지 않아. 용서받기 어려운 일이야. 살면서 하지 말아야 할 일 가운데 하나라고 생각해.

출처: 고은(2016). 의사소통장애아 교육(2판). p. 164.

따라서 아동이 발화한 어휘를 분석해 볼 필요가 있는데 아동이 사용한 다른 낱말 수를 아동이 사용한 총 낱말 수로 나누면 어휘다양도를 알 수 있다.

어휘다양도=아동이 사용한 다른 낱말 수/아동이 사용한 총 낱말 수

교육현장에서는 어휘다양도를 산출하는 것이 쉽지 않다. 따라서 아동이 발화한 낱말을 품사별로 분석해 보는 것이 도움이 되는데, 이때 9품사를 기준으로 분석할 수 있다. 9품사에는 명사, 대명사, 수사, 동사, 형용사, 관형사, 부사, 조사, 감탄사가 있으며, 이의 빈도수를 적어 분석할 수 있다. 예를 들어, 만약 분석

을 했는데 아동이 명사만을 위주로 사용하고 동사나 형용사의 빈도수가 적다면 동사나 형용사를 사용할 수 있도록 지도할 수 있다. 동사나 형용사는 문장에서 서술어에 해당하는 품사이므로 이에 대한 지도도 간과해서는 안 된다. 또는 아동이 유아임에도 불구하고 낱말조합기의 문장 특성만을 보인다면 문장에서 조사를 사용하도록 지도할 수 있다.

(4) 화용론적 분석

화용론적 분석에서는 아동이 얼마나 자발적으로 발화를 하는지 아닌지를 분석해 볼 수 있고, 얼마나 다양한 언어기능을 사용하고 있는지를 분석할 수 있다.

우선 아동이 자발적으로 발화를 하는 빈도와 모방을 하는 빈도를 산출하고, 이를 비율(%)로 환산한 후 비교해 볼 수 있다.

다음으로 원활한 의사소통을 하기 위해서는 다양한 언어기능을 사용해야 하는데, 언어기능 분석을 위해 활용할 수 있는 분석표에는 2가지 유형(초기 구어기능 분석, 대화기능 분석)이 있다. 장애아동들의 경우 의사소통 기능의 유형도 제한적이고 사용 빈도도 적기 때문에 초기 구어기능 분석표를 이용하여 분석하면 된다. 분석내용은 다음 **표 4-5**와 같다.

표 4-5 초기 구어기능 분석

구분	내용
명명 (labeling)	아동이 현재 조작하거나 감지하고 있는 사물의 이름을 댄다. 예: 자동차를 가리키며 "자동차"
반복 (repeating)	상대방 말의 일부 또는 전부를 따라 한다. 예: 어른이 "빨간 모자"라고 했을 때 "모자"라고 한다.
대답 (answering)	상대방의 질문에 대답한다. 예: 어른이 "몇 살이야?"라고 했을 때 "세 살" 하고 대답한다.
행동요구 (requesting action)	상대방이 어떤 행동을 취하도록 한다. 예: "과자 주세요."
대답요구 (requesting answer)	상대방의 대답을 요구한다. 예: 공을 들어 올리며 "공?" 한다.
부르기 (calling)	상대방의 주의를 끌기 위한 말이나 음운 패턴 예: 장난감을 가리키며 "엄마" 하고 부름으로써 엄마가 다가오게 한다.
인사 (greeting)	상대방에게 자신의 도착이나 출발을 알린다. 예: "안녕", "빠이빠이"
저항 (protesting)	어떤 것을 싫어하거나 불허한다는 것을 나타낸다. 예: 고개를 저으며 "싫어", "안 돼"
연습 (practicing)	앞의 문장과 연결되지 않는 말을 독백처럼 한다. 예: 아빠가 없는데도 "아빠, 아빠" 하며 중얼거린다.

출처: 김영태(2014). 아동언어장애의 진단 및 치료(2판). p. 379~380에서 수정발췌.

장애아동들의 경우, 특히 발달수준이 현저하게 낮거나 자폐스펙트럼장애가 의심된다면 반드시 화용론적 분석을 실시할 필요가 있다. 이러한 아동들의 경우, 초기 구어기능 분석을 해보면 매우 제한적으로 의사소통 기능을 사용하고 있는 경우가 많다. 일과나 수업에 참여시키기 위해서는 교사-아동 간의 상호작용이 기반이 되어야 하고 상호작용을 하기 위해서는 최소한 초기 구어기능 표에 제시된 의사소통 기능들을 자발적으로 사용하는 능력이 있어야 한다. 의사소통 기능 사용 능력이 향상되면 이전보다 원활한 상호작용이 가능해지고 교사가 제시하는 놀이나 활동에 참여할 가능성이 높아지며 이를 통해 언어습득이나 학습이 가능해진다. 따라서 교사의 말에 반응을 하지 않고, 지시도 불이행하며 놀이나 활동에 참여하지 않는 아동이 있다면 화용론적 분석을 통해 IEP 의사소통 영역의 목표를 아동이 사용하지 않는 의사소통 기능 향상에 두는 것이 현장에서 많은 도움이 될 것이다.

2
PART

언어장애의 유형별 특성 및 지도방법

CHAPTER 05

말 늦은 아동과 단순언어장애아동

학습 목표

1. 말 늦은 아동과 단순언어장애의 정의를 설명할 수 있다.
2. 말 늦은 아동과 단순언어장애의 언어적 특징을 구술할 수 있다.
3. 말 늦은 아동과 단순언어장애의 평가방법을 설명할 수 있다.
4. 말 늦은 아동과 단순언어장애의 언어지도방법을 익혀 활용할 수 있다.

1 말 늦은 아동과 단순언어장애아동의 이해

1) 말 늦은 아동과 단순언어장애아동의 정의

일반적으로 '말이 느리다'라는 의미는 연령이 같은 또래의 발달과 비교했을 때 아동의 생활연령에 비해 언어발달이 느린 경우를 말한다. 언어발달에서 '느리다'라는 개념은 크게 두 가지로 나누어 살펴볼 수 있는데 우선 일반적인 언어발달 과정을 따라가기는 하나 자신의 연령 수준보다 낮은 수준을 보이는 것을 의미한다. 그리고 또 다른 의미로 언어발달의 하위영역에서 질적으로 다른 발달 양상을 보이는 것을 의미하기도 한다.

보통 표준화된 언어검사 결과를 토대로 언어발달지체와 언어발달장애를 구분한다. 검사결과 −1SD~-2SD에 속하면 언어발달지체, -2SD 이하에 속하면 언어발달장애로 진단한다. 하지만 이때 유의할 점은 영유아 시기에 있는 아동들은 단순히 언어평가 결과 수치만으로 진단을 내려서는 안 된다는 것이다. 예를 들어, 수용언어 능력은 또래들과 비슷한 수준이지만 표현언어 능력이 −2SD 이하인 경우, 이 수치를 가지고 무조건 언어발달장애로 진단을 내려서는 안 된다. 그 이유는 아동의 표현언어 능력이 낮은 이유를 파악(예: 아동이 말을 할 필요가 없는 언어적 상황, 주변 사람들의 낮은 언어 자극 등)해서 적절한 언어 중재가 제공되면 또래만큼 언어발달이 회복되는 경우도 있기 때문이다. 따라서 영유아시기에는 표준화된 평가 결과와 적절한 언어 중재가 제공되었음에도 불구하고 발달에 회복이 어려운 경우에만 '언어발달장애'로 진단을 하는 것이 바람직하다.

이처럼 연령이 어린 아동의 경우 명확하게 언어발달지체와 언어발달장애를 구분하는 것은 쉽지 않다. 특히 언어발달 초기 단계에서 발달의 어려움은 서로 비슷한 양상을 보이기도 한다. 그러나 언어적 발달 특징은 연령이 높아짐에 따라 점차 다른 양상을 보이는데, 대부분 언어발달장애를 지닌 아동은 시간이 지나도 스스로 또래만큼 언어발달이 회복할 수 없는 언어구조상의 결함을 보이는 아동들이 많다.

사례

지윤이는 28개월 된 여아로, 지윤이가 주로 표현하는 말은 '어', '아'와 같은 모음이고, 가끔 옹알이와 같은 자음과 모음으로 연결한 소리를 내요. 지윤이가 할 줄 아는 낱말은 '엄마', '맘마'이고 그 외 표현하는 낱말은 없어요. 지윤이 어머님 말씀으로는 출산 전후 특별한 문제 없이 자연분만했고 기기, 앉기, 걷기와 같은 신체발달도 또래와 비슷하게 발달했다고 해요. '지윤아'라고 이름을 부르면, 부르는 사람 방향으로 뒤를 돌아보기도 하고, 다른 사람과 눈 맞춤도 괜찮아요. 교실 내에서 또래가 보이는 행동을 지윤이도 따라 하거나 먼저 행동하는 경우도 있어요. '공 가져와'와 같은 지시수행도 가능한 것을 보면 언어 이해에도 별다른 문제가 없는 듯 보이는데, '어어' 등으로 소리를 내거나 원하는 물건을 손으로 가리키는 식의 표현 이 외에는 다른 언어 표현을 하지 않아요.

위의 지윤이 사례와 같이 취학 전 어린이집이나 유치원에서 만나는 아동 중 언어발달이 느린 영유아의 대다수는 언어발달 장애보다는 또래보다 언어표현에만 어려움을 보이는 언어발달지체인 경우가 많다. 지윤이처럼 수용(이해)언어 능력에는 문제가 없어 보이고 단순히 표현하는 어휘가 제한적인 경우라면 아동 주변의 언어환경을 살펴보는 것이 바람직하다. 만약 호명에 반응하지 않거나 의사소통 의도가 낮은 경우에는 단순히 언어발달 측면만 살펴보는 것이 아니라 다른 발달영역도 더 세밀한 관찰이 필요하다.

전형적인 발달을 보이는 아동은 대개 생후 24개월 정도가 되면 약 50~100개의 낱말을 표현할 수 있다. 표현언어 능력을 기준으로 약 10명 중 한두 명 정도는 이러한 발달 기준에 도달하지 못한다고 한다(Reilly et al, 2010). 이러한 영유아발달 시기에 특별한 신체발달에는 눈에 띄는 문제가 없는데도 불구하고 표현언어가 또래보다 느린 아동을 '말 늦은 아동(late-talker)'이라고 한다. 다시 말해 말 늦은 아동은 만 3세 미만의 또래가 보이는 표현언어발달 성취에 어려움을 보이는 영유아를 지칭한다.

말 늦은 아동에 관한 정의는 학자들마다 견해의 차이를 보이지만 일반적으로 생후 24개월 정도부터 말 늦은 아동을 확인할 수 있다. 말 늦은 아동들은 24개월에도 엄마, 아빠만 표현할 수 있거나, 30개월 정도인데도 두 단어 조합이 전혀 나타나지 않는 경우를 말한다. 말 늦은 아동의 진단기준에는 다음과 같은 것들이 있다(심현섭 외, 2017).

- 18~32개월에 단어조합을 못하거나 표현어휘능력이 또래 아동의 10%ile 이하에 해당하는 경우
- 2세 표현어휘 수가 50개 미만이거나 단어를 조합하지 못하는 경우
- 18~23개월에 명료하게 발음하는 단어의 수가 10개 이하 혹은 24~34개월에 사용하는 단어의 수가 50개 미만이거나 단어조합을 못하는 경우

일반적으로 '말 늦은 아동'은 표현어휘발달에서 지연을 보이는 발달 초기의 아동을 일컫는 용어이므로 수용언어발달 수준은 판별요인으로 고려하지 않는다. 또한 많은 학자들이 이러한 '말 늦은 아동'의 연령 범위를 대략 만 3세까지 포함하고 있는 이유는 만 3세 이전에는 표현어휘를 제외한 다른 발달영역에 대해서 정확한 진단을 내리기가 어려우며, 언어발달이 또래수준으로 도달할 수 있는 자연적인 성숙의 가능성이 있기 때문이다.

말 늦은 아동 중, 36개월 이상이 되었을 때 약 25~35%는 언어발달이 회복되지 않는데 이러한 아동을 단순언어장애(Specific Language Impairment: SLI)라고 한다. 반면 약 86%정도는 또래와 언어발달상의 차이가 나지 않을 만큼 회복된 아동으로 이러한 아동은 말이 늦게 트인 아동(late bloomer)이라고 한다(Leonard, 1998).

단순언어장애아동은 말 늦은 아동과 마찬가지로 신체, 청각, 인지, 정서 등

언어발달영역 외에 다른 발달영역은 또래와 발달정도에서 차이가 나타나지 않는다. Leonard(1998)가 제시한 단순언어장애아동의 진단기준은 다음과 같다.

- 표준화된 언어검사에서 -1.25SD 이하에 속함
- 비언어성 지능검사결과가 85 이상임
- 청력검사에서 이상이 없고 최근 중이염에 걸린 적이 없어야 함
- 신경학적인 이상이 없어야 함
- 구강구조 및 구강운동기능에 이상이 없어야 함
- 사회적 상호작용에 어려움이 없어야 함

말 늦은 아동과 단순언어장애아동의 정의는 학자마다 견해에 차이가 있지만 공통적으로 제시하는 진단기준은 다음 **표 5-1**과 같다.

표 5-1 말 늦은 아동과 단순언어장애아동 진단기준

	말 늦은 아동	단순언어장애아동
연령	18개월에서 만 3세 미만	만 3세 이상
표현언어	백분위수 10%ile 이하 또는 표준편차 −1SD 이하	표준편차 −1.25SD 이하 또는 표현언어발달연령이 생활연령에 비해 1년 이상 지체
공통기준	지능, 청력, 시력, 신경학적 손상, 구강구조 등의 신체적, 정신적인 결함이 없어야 함	

TIP

현장에 나가보면 장애아동들이 주로 진단을 받아오는 것이 '언어발달지체'이다. 그 이유는 영 · 유아시기에 타 장애의 경우(예: 지적장애, 자폐성장애 등) 명확한 진단을 내리기가 어려워 특정 장애로 단정 짓기 어렵기 때문이다. 그래서 가장 명확하게 진단을 내리는 것이 언어발달지체인데, 대다수 장애아동들은 언어발달에서는 분명한 지체를 보이는 경우가 많다. 특히 초임교사의 경우 단순히 '언어발달지체'라는 장애명만을 보고 아동을 만났을 때 당황하는 경우가 많은데, 이 아동들 중에는 타 장애를 동반하고 있는 경우가 많기 때문이다. 따라서 교사는 단순히 장애명만을 보고 아동을 판단해서는 안 된다.

2 말 늦은 아동과 단순언어장애아동의 발생 원인

언어발달상에 문제가 있는 아동은 영아기부터 다음과 같은 특징들이 나타난다.

- 옹알이 시기부터 발성이 적게 나타난다(음성 놀이 또한 적게 나타남).
- 말(구어)보다 몸짓이나 손짓 등의 제스처를 사용하는 경우가 더 빈번하다.
- 구어뿐만이 아니라 몸짓이나 손짓 등을 통해 의사소통을 하고자 하는 의도를 표현하지 않기도 한다.
- 첫 낱말(예: 엄마, 아빠 등)을 시작하는 시기가 늦게 나타난다.
- 또래 아동이 문장을 표현하는 시기에도 한 단어 시기를 오랫동안 지속하기도 한다.

말 늦은 아동과 단순언어장애아동의 언어발달 습득에 영향을 주는 요인은 크게 기질 등과 같이 선천적으로 지니고 태어나는 내적인 요인과 아동의 주변 환경으로부터 영향을 받는 외적인 요인으로 구분할 수 있다.

1) 내적 발생 요인

말 늦은 아동과 단순언어장애아동의 내적 발생 요인에는 아동의 성별, 언어장애의 가계력(history), 기초언어처리 능력(예: 빠른연결 능력, 음운인식 능력, 음운작업 기억 등) 등이 있다.

일반적으로 아동의 성별에 있어서 남아가 여아에 비해 언어문제가 더 많이 나타난다고 보고되고 있다. 또한 언어문제의 가계력이 있는 경우에도 가계력이 없는 아동에 비해 언어문제의 출현율이 높게 나타난다. 유전적 요인인 가계력은 말 늦은 아동의 언어장애 지속에 대한 예측요인으로 보기도 한다.

말 늦은 아동 및 단순언어장애아동의 내적인 발생 요인 중 어휘 습득에서 중요한 역할을 하는 기초언어처리 능력 또한 언어발달지체에 영향을 준다. 만 2세에서 3세 정도의 아동은 새로운 낱말을 습득할 때 낱말과 낱말이 가리키는 대상물의 의미를 빠르게 연결함으로써 짧은 시간에 새로운 낱말을 많이 습득한다. 예를 들어, 고래, 상어, 해마 스티커가 있을 때, 교사가 바다 그림에 '해마' 스티커를 붙이자고 제시하는 상황일 때 아동이 기존에 고래와 상어의 이름을 알고 있다면 고래, 상어 스티커를 제외하고 해마 스티커를 선택하면서 해마라는 새로운 단어를 습득하게 된다. 또래보다 언어가 느린 아동은 이러한 빠른 연결(fast mapping) 능력에서 어려움을 보인다.

음운인식은 어휘 속에 들어 있는 소리들을 지각하고 그 소리들에 대하여 말할 수 있으며 조작할 수 있는 능력이다. 음운인식 능력은 언어뿐만 아니라 읽기, 쓰기 능력과도 관련이 되는데, 음운인식 능력이 있다는 것은 쉽게 말해 들려온 말소리를 머릿속에서 조작할 수 있다는 것이다. 그런데 단순언어장애아동들은 말소리를 처리하는 능력인 음운작업기억에서 결함을 보이며, 음운을 처리할 수 있는 작업 용량 또한 작아서 말소리를 처리하는 속도도 느리다(백경아, 황보명, 2011).

따라서 단순언어장애아동이 가지고 있는 기초처리언어능력의 어려움이 언어발달지체를 유발할 수 있다.

2) 외적 발생 요인

말 늦은 아동 및 단순언어장애아동의 외적 발생 요인은 아동의 언어발달에 영향을 미치는 환경적 변인들로, 부모의 가정소득 수준이나 부모교육 수준과 같은 사회경제적 지위(SES), 부모와 아동의 상호작용 방식, 부모의 발화 양, 부모의 양육 스트레스, 한국어가 미숙한 다문화가정환경, 장애부모 가정환경 등이 있다.

우선 부모의 사회경제적 지위(SES)에 따라 아동의 경험의 질이나 양이 달라질 수 있는데, 부모의 사회경제적 지위(SES)가 낮고 교육수준이 낮을수록 부모가 아이들에게 덜 말하는 경향이 있다고 한다(백미정, 2006).

부모가 아동과 상호작용하는 방식도 아동의 언어발달에 영향을 미칠 수 있다. 부모와의 상호작용을 통한 언어적 경험은 아동이 자연스러운 환경에서 명시적인 지시 없이 어휘와 구문을 쉽게 습득할 수 있도록 도움을 준다. 즉, 부모가 아동의 언어 수준과 비슷한 언어적 자극을 주거나 아동의 언어 수준보다 약간 높은 수준의 언어적 자극을 주는 것은 아동의 언어발달에 도움을 준다.

주 양육자인 어머니의 발화 양도 아동의 언어발달에 영향을 미친다. 어머니의 언어 자극이 많을수록 아동의 언어발달에 긍정적인 영향을 미친다. 말 늦은 아동과 일반아동의 주 양육자 간의 발화 양을 비교해 보면 말 늦은 아동의 주 양육자의 발화 빈도수는 일반아동 주 양육자의 발화 빈도수보다 낮은 것으로 나타나고 있다. 하지만 언어적 자극이 부족한 경우 외에도 지나치게 아동에게 언어적 자극이 많거나(예: 불필요할 정도로 부모가 계속 말하는 상황, 아동 발달에 비해 긴 문장으로 발화 등), 아동에게 표현할 기회를 주지 않고 아동의 눈빛만 보고 아동의 요구를 들어주거나 아동이 해야 할 말을 주변 성인이 대신 말하는 경우에도 아동의 언어발달에 부정적인 영향을 미칠 수 있다.

주 양육자의 낮은 발화 빈도는 정서적 어려움으로 인해 나타나기도 한다. 예를 들어 주 양육자인 아동의 어머니가 우울감이 있다면 자발적으로 아동에게 제공하는 발화 양도 적게 나타날 것이다. 또한 이러한 정서적 어려움은 주 양육자만의 어려움이 아니라 아동에게도 전이되기도 하는데 임상에서 간혹 자발화가 거의 없고 의사소통 의도가 낮거나 반응성이 떨어지는 아동을 만나게 되면 가장 먼저 주 양육자가 정서적 어려움은 없었는지 묻는 이유이기도 하다. 사례마다 다르긴 하지만 임상에서 만난 언어발달이 또래보다 느린 대다수 아동의 어머니들은 출산 후 우울감을 경험한 적이 있다고 보고하는 경우가 많다.

한국어가 미숙한 다문화가정 환경도 아동의 언어발달에 영향을 미치는 환경 변인 중 하나이다. 우리나라 다문화가정은 이중언어 환경이기보다는 언어자극 결핍 환경에 좀 더 가깝다고 할 수 있다. 즉, 다문화가정아동의 경우에는 불충분하게 제공되는 언어적 환경으로 인해 언어 및 의사소통의 문제가 나타날 수 있다.

마지막으로 장애를 가진 부모는 장애로 인해 자녀에게 언어환경을 제공하는 데 있어 제한이 있을 수 있다. 비장애인부모에 비해 자녀들에게 적절한 양육과

교육환경을 제공하지 못할 가능성이 있다. 따라서 시각, 청각, 뇌병변 등의 장애를 가진 부모의 자녀들은 언어발달을 위한 충분한 언어환경을 제공받지 못하는 어려움으로 인해 언어발달에 영향을 받을 수 있다.

3 말 늦은 아동과 단순언어장애아동의 언어발달 평가

말 늦은 아동들이 보이는 초기 표현언어 발달의 지체는 유아기 및 학령기에 이르는 아동의 언어발달 전반에 영향을 미치는 주요 요인이 되므로, 이를 조기에 진단하고 적합한 중재를 제공하는 것이 중요하다. 언어발달평가는 공식적인 평가와 비공식적인 평가로 이루어진다. 취학 전에 실시할 수 있는 공식적인 검사인 표준화된 평가도구에 대한 내용은 앞서 제4장 언어발달검사에서 제시된 내용을 참고하기 바란다.

영유아의 언어발달을 평가할 때 가장 중요한 부분은 표준화된 평가로만 아동의 언어발달수준(예: 언어발달연령)을 파악하는 것이 아니라 아동이 생활하는 일상적인 다양한 환경(예: 놀이 환경, 대화 상대자 등)에서 나타나는 모습을 관찰하고 의사소통 의도와 발달 정도를 함께 파악하는 것이 바람직하다.

이를 역동적 평가라고 하며, 취학 전 교육기관에서 관찰을 토대로 활용할 수 있는 평가도구로는 의사소통 및 상징행동척도(Korean Communication and Symbolic Behavior Scales Developmental Profile: K CSBS DP)와 영유아진단평가 및 프로그램 체계(Assessment, Evaluation, and Programming System for

Infant and Children: AEPS) 등이 있다.

1) 한국형 의사소통 및 상징행동척도(Korean Communication and Symbolic Behavior Scales Developmental Profile : K CSBS DP)

의사소통 및 상징행동척도(이윤경, 이효주, 최지은, 2019)는 초기 의사소통 발달을 살펴볼 수 있는 검사도구로, 아동이 일상에서 사용하는 언어적, 비언어적 의사소통능력을 평가하는 방법이다. 따라서 부모와 아동 간의 상호작용 상황에서 양육자가 아동을 관찰하고 평가한다. 평가내용은 의사소통행동, 사회적 행동, 놀이행동으로 구성되어 있으며 주 양육자가 아동이 어떻게 의사소통하는지 질문지를 통해 평가하고 구조화되지 않은 놀이상황에서 평가한다.

2) 영유아진단 평가 및 프로그램 체계(Assessment, Evaluation, and Programming System for Infant and Children : AEPS)

영유아진단 평가 및 프로그램 체계(이하 AEPS)(이영철, 허계영, 이상복, 정갑순 공역, 2008)는 교육진단도구로, 아동의 현 발달수준을 파악하고 이를 통해 개별 아동에게 발달적으로 적절한 교수목표를 계획할 수 있도록 돕는 도구이다.

AEPS의 검사 대상은 0세에서 6세 장애위험 영유아나 장애로 진단받은 영유아 모두에게 사용할 수 있다. AEPS는 지침서에 나와 있는 준거를 바탕으로 아동을 관찰, 직접적인 사정, 부모 상담 등을 토대로 문항을 전혀 수행할 수 없으면 0, 일관되게 수행하지 못하면 1, 일관되게 수행할 수 있으면 2점으로 점수화하여 기록한다. AEPS는 발달영역별로 문항이 구성되어 있어 언어발달영역이 포함되어 있는 사회-의사소통발달영역의 문항에 있는 준거를 토대로 아동의 수행여부를 체크한 후, 언어발달정도를 파악하고 중재하는 데 활용할 수 있다.

AEPS의 장점은 문항별로 명확한 준거가 제시되어 수행 여부를 결정하는 데 도움을 주고, 점수 기록 및 진도 점검 체계의 사용방법이 쉽다. 또한 장애영유아를 위한 개별화교육계획의 현행수준을 파악하는 교육진단도구로 개발되어 있기 때문에 위계가 있는 검사 문항들을 토대로 장단기 목표 수립의 예를 제공하고, 중재, 진도 점검 등과 연계를 위한 많은 지침 제공한다는 데 큰 장점이 있다. AEPS는 가족보고서 양식이 따로 제시되어 있어 가족의 요구를 파악하는 데 참고할 수 있다.

그러나 AEPS의 단점으로 평가 문항이 발달영역으로 구성되어 있고 위계로 만들어진 문항이다보니 평가내용이 방대하기 때문에 교사가 검사도구를 능숙하게 체크하고 활용하려면 많은 연습과 준비가 필요하다.

다음 **그림 5-1**은 AEPS의 평가영역 문항 중 사회-의사소통영역의 일부분이다.

사회-의사소통영역

S = 채점약어	N = 참조
2 = 일관성 있게 준거 수행 1 = 일관성 없이 준거 수행 0 = 준거 수행하지 못함	A = 도움이 제공되었을 때 B = 행동이 방해되었을 때 D = 직접 검사 M = 수정/변형 Q = 수행능력의 질 R = 보고

이름 : ______________________

	검사기간: 검사일자: 검사자:	____ ____ ____		____ ____ ____		____ ____ ____		____ ____ ____	
	IFSP /IEP	S	N	S	N	S	N	S	N
A. 사회-의사소통적 상호 작용									
1 알리고, 지시하고, 질문하고, 예상하고, 상상하고, 애정 및 감정을 표현하기 위해 단어, 구, 문장 사용하기(p.212)									
1.1 예상하는 결과 표현을 위해서 단어, 구, 문장 사용하기									
1.2 가장된 물체, 사건, 사람을 기술하기 위해 단어, 구, 문장 사용하기									
1.3 자신 혹은 타인의 애정/감정을 명명하기 위해 단어, 구, 문장 사용하기									
1.4 지나간 사건을 설명하기 위해 단어, 구, 문장 사용하기									
1.5 타인에게 요구하고 명령하기 위해 단어, 구, 문장 사용하기									
1.6 정보 획득을 위해 단어, 구, 문장 사용하기									
1.7 알리기 위해 단어, 구, 문장 사용하기									
2 대화 규칙 사용하기(p.214)									

그림 5-1 AEPS 평가영역 중 사회-의사소통영역 문항의 예

출처: 이영철 외 공역(2008). AEPS(부록 유아관찰자료 기록양식). p. 48.

4 말 늦은 아동과 단순언어장애아동의 언어발달 중재

1) 의사소통 수준에 따른 언어발달 촉진방법

언어발달이 느린 아동의 언어발달을 촉진하기 위해서는 우선 아동의 의사소통 발달단계와 아동이 현재 보이는 발달수준을 파악해야 한다. 의사소통 수준에 따른 특성 및 언어발달 촉진 방법(국립특수교육원, 2016, 재인용)은 언어표현이 전기에 해당하는 의도 이전 단계, 의도 산출 단계와 한 낱말 단계, 낱말 조합 단계로 나누어 살펴볼 수 있다.

(1) 의도 이전 단계

의도 이전 단계에 있는 아동은 다른 아동과 상호작용 시도가 거의 없으며 혼자 놀이를 한다. 주로 울음, 미소, 바라보기 같은 행동으로 느낌은 표현하지만 전달하려는 목적을 가진 행동은 하지 못하며 의도적으로 의사소통하지 않는다.

의도 이전 단계의 언어발달 촉진은 아동의 의도 없는 행동에 교사가 의도를 부여해 주고, 적절한 몸짓과 낱말을 함께 표현해 준다. 이때 아동의 의도를 증진시킬 수 있도록 아동이 좋아하는 선호도를 파악하고 활용하는 방법이 의도를 높여 줄 수 있는 방법 중 하나다. 예를 들어 **그림 5-2**에서 아동이 자동차를 아무런 의도 없이 그냥 멍하니 바라보고 있으면 **그림 5-3**처럼 교사가 손가락으로 가리키며 "차" 또는 "빠방"이라 말하고, 자동차를 가져다 아동 손에 쥐어 준다.

그림 5-2 의도 이전 단계 아동

그림 5-3 의도 이전 단계에서의 언어발달 촉진

(2) 의도 산출 단계

의도 산출 발달 단계에 있는 아동은 원하는 것이 있을 때 손을 잡거나 끌어서 의사소통한다. 눈 마주치기, 삽기놀이 같은 신체놀이를 계속하자고 요구하며 익숙한 지시에 가끔 따를 수 있다. 또한 익숙한 일상행동(예: "치카치카 하자"라고 말하면 칫솔을 가지고 양치질을 한다.)의 단계를 이해한다.

의도 산출 단계에 있는 아동에게 제공할 수 있는 언어발달 촉진 방법은 아동이 의사를 표현하는 몸짓이나 발성을 교사가 상황에 맞는 적절한 낱말로 들려준다. 이때 교사는 말하는 단어의 음절과 문장의 길이가 너무 길지 않도록 가능한 음절 수가 짧은 단어로 아동이 표현해야 할 단어를 제공하는 것이 중요하다. 예를 들어 아동이 물을 달라고 손가락을 가리킬 때 교사는 "물"이라고 말하고, 물을 준다.

TIP **아동의 의사소통 수준 파악을 위한 관찰 전략: OWLing 활용하기**

- 지켜보기(Observing)란 아동이 흥미를 느끼는 것을 알아내기 위해 아동을 가까이에서 지켜보는 것을 의미한다. 지켜볼 때는 아동이 왜, 어떠한 방법으로 의사소통하는지, 무엇에 반응하는지를 파악해 보자.
- 기다리기(Waiting)란 아동이 자기만의 방식으로 메시지를 보낼 때까지 충분히 기다려 주는 일이다. 기다리기 단계에서는 교사의 말을 아동이 흡수하고 생각할 기회를 주자.
- 들어주기(Listening)란 아동이 하는 소리, 단어, 문장 등을 주의 깊게 듣고 아동이 이미 습득한 부분과 도와주어야 할 부분에 대해 파악하는 것을 의미한다. 특히 아동이 반향어를 사용한다면 들어주기는 아동이 반향어를 어떤 맥락에서 사용하는지를 파악하는 데 매우 중요하다.

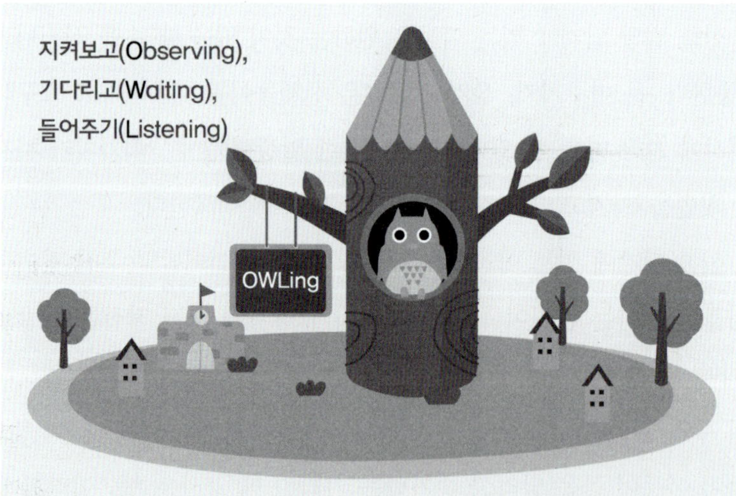

그림출처: 게티이미지뱅크(https://www.gettyimagesbank.com)

출처: 펀서스먼(2017). 우리아이언어치료 부모가이드. p. 87에서 재인용.

(3) 한 낱말 단계

한 낱말 단계에 있는 아동은 제스처나 한 단어의 말을 사용하여 요구하기(예; 음식, 장난감, 사회적 게임 등)를 하기도 하고, 간단하고 익숙한 문장을 이해한다. 또한 시각적 단서가 없이 익숙한 사물의 이름을 이해하고 질문에 간단하게 '응, 아니요' 등의 대답을 할 수 있다.

한 낱말 단계에 있는 아동의 언어발달 촉진 방법 중, 가장 쉬우면서도 보편적으로 활용할 수 있는 방법으로 '확대하기'가 있다. '확대하기'는 아동이 한 말이나 행동에 의미를 더하여 시범을 보이는 방법이다. 또한 이 단계에 있는 아동에게는 2~3 낱말 길이의 문장으로 대화를 할 수 있도록 유도한다. 예를 들어 아동이 물을 달라고 "물"이라고 말하면 교사는 "물 줘?" 또는 "물 주세요."라고 말해 주며 물을 준다.

(4) 낱말 조합 단계

낱말 조합 단계에 있는 아동은 한 낱말 단계에 있는 아동보다 상호작용의 지속시간이 길며, 주고-받기(turn-taking)의 횟수가 길어진다. 아동은 낱말 또는 짧은 문장으로 요구, 저항, 인사, 관심 끌기, 질문하기, 답하기 등의 의사소통을 한다. 낱말 조합 단계라고 해서 모든 아동이 조사까지 사용한 완벽한 문장을 사용하는 것은 아니다. 두 낱말 이상의 낱말 조합이 가능한 경우에도 초기 발달에서는 전보문식의 문장을 표현하기도 한다.

낱말 조합 단계에서의 언어발달 촉진은 아동이 한 말에 교사가 한두 낱말을 덧붙여주어 문법적으로 보완해 주거나, 의미적으로 관련된 말을 덧붙여 어휘 지식과 문장의 길이를 점차 늘려 준다. 예를 들어, 그림 5-4와 같이 아동이 멍멍이에게 물을 주고 싶은데 물을 내밀며 "이거 멍멍이"라고 한다면 교사는 정확한 정보를 넣고 "멍멍이 물 줘."라고 말해 주며 물을 준다. 그리고 이 단계에서 교사는 아동과 짧은 문장으로 대화가 유지될 수 있도록 지원한다.

그림 5-4 낱말 조합 단계에서의 언어발달 촉진

TIP 언어발달이 느린 아동과의 상호작용 시 고려할 점

1. 아동이 자기중심적 단계에 있는 경우, 직접적으로 지원해 줄 성인이 필요하다.

아동의 의사소통 수준이 첫 번째인 의도이전 단계에 해당된다면, 심도 있게 관찰하여 의사소통을 직접적으로 도와주어야 할 성인이 꼭 필요하다. 하지만 모든 상황을 도와주기보다는 아동이 의사소통을 시도할 수 있도록 자연스러운 기회를 제공해 주어야 한다.

2. 혼자놀이만을 고집하더라도 아동의 눈높이에 맞춘 개입이 필요한 경우도 있다.

아동이 상호작용의 욕구를 보이지 않더라도 적절하게 개입하여 지원해야 한다. 이러한 상황을 만드는 것이 개입을 위한 첫 단추가 된다. 만약 놀이 상황에서 혼자서만 놀이하려는 아동이 있다면, 교사는 눈을 낮춰서 아동이 놀이하는 방식을 유심히 관찰하고 교사도 같은 방법으로 놀이하면서 같은 것에 관심을 가질 수 있도록 해야 한다.

3. 아동의 반응을 충분히 기다려 주어야 한다.

너무 성급하게 지원하기보다는 천천히 아동의 의사소통 의도를 파악하면서 시간을 주어야 한다. 또 질문이나 지시를 너무 많이 하지 말고 아동이 주도하여 상호작용하는 것을 따르도록 해야 한다.

4. 아동의 의사소통 의도를 공감해서 확장해 주는 것도 필요하다.

아동이 언어로 의도를 표현하려고 할 때에는 구체적인 말로 칭찬해 주고, 아동의 표현을 확장시켜서 정확하게 표현해 줄 수 있어야 한다. 예를 들어, 아동이 바깥놀이 시간에 꽃을 보며 '이거' 한다면, 교사는 "꽃" 또는 "꽃이 있네"라고 표현해 줄 수 있다. 아동이 "이뻐"라고 말하면, 교사는 "꽃이 알록달록 참 예쁘다. 예뻐." 또는 "분홍색 꽃잎이 예쁘다. 예뻐." 하고 확장해서 표현해 줄 수 있다.

출처: 김정완(2009). 언어발달을 돕는 우리 아이 언어지도. 한국학술정보.

2) 어휘 및 언어발달 촉진 기법

아동은 말소리와 그것이 가리키는 대상을 연결하여 이해하면서 어휘를 습득한다. 따라서 아동이 들은 말소리를 정확히 인지하고 들리는 말소리가 가리키는 대상이 무엇인지 정확히 알 수 있도록 해주는 것이 아동이 어휘를 빠르고 정확하게 학습하도록 돕는 방법이다.

이때 반응중심의 중재전략이 필요하다. 반응적 중재 접근법에서는 영유아에게 목표행동을 제시하고 이를 따라 하도록 유도하기보다는 목표어휘를 자연스럽게 시범 보이는 것을 강조한다. 예를 들어, 한 단어 수준으로 표현하는 아동이 역할놀이 공간에서 과일모형을 자르고 있는 놀이를 하고 있다면 이때 아동의 행동을 살펴보고 아동이 하는 행동인 과일을 자르고 있는 행동을 "잘라", "싹뚝 싹뚝", "썰어" 등으로 언어화해 줄 수 있다. 이처럼 교사가 아동이 하는 행동을 언어적으로 들려주는 방법을 평행적 발화라고 한다.

그림 5-5 평행적 발화의 예

마찬가지로 같은 놀이를 하더라도 아동이 단어를 이해하고 표현할 때 한 단어가 아닌 두 단어 조합이 나오는 초기 시기라면 한 단어로 언어화해 주는 방법에서 단어와 단어의 연결을 문법적으로 확장해 주거나 의미적으로 확대해 줄 수 있는 방법을 사용할 수 있다. 아동이 사과모형을 자르고 있을 때 교사는 아동이 들을 수 있도록 "사과 잘라.", "사과 싹뚝 잘라." 등으로 문장을 한 단어보다는 길게 표현할 수 있도록 확장해 준다. 따라서 아동이 같은 놀이활동을 하고 같은 행동을 한다고 하더라고 언어발달 촉진기법들을 통해 다양하게 아동에게 언어발달을 자극해 줄 수 있다.

반응중심 중재전략을 중심으로 한 어휘 및 언어발달 촉진 기법은 아래 표 5-2와 같다.

표 5-2 어휘 및 언어발달 촉진기법

기법	방법	예시
모방	아동의 말을 교사가 따라 말해준다. 아동의 말을 그대로 모방해서 아동에게 자신의 말이 전달되었다는 것을 알려준다.	아동: "빵빵" 교사: "빵빵"
혼잣말 기법	교사가 하고 있는 것, 보고 있는 것, 생각하는 것 등에 대해 말해준다.	교사: (아동이 자동차를 미는 교사를 보고 있을 때 장난감 자동차를 밀며) "자동차를 밀어."
평행적 발화	아동이 하고 있는 것, 보고 있는 것, 먹고 있는 것에 대해 말해준다.	아동: (탬버린을 흔들고 있는 상황) 교사: "탬버린" 또는 "흔들어.", "찰찰찰", "탬버린 흔들어."
확장	아동이 한 말을 좀 더 길게 문법적으로 보완하여 들려준다.	아동: (엄마 인형에게 과자를 내밀며) "엄마 까까 먹어." 교사: "엄마가 까까 먹어요."
확대	아동이 한 말과 의미적으로 관련이 있는 말을 덧붙여준다.	아동: "이거 꽃" 교사: "그렇지. 빨간 꽃이 있네."
선택 질문	'예/아니요' 질문보다는 아동에게 말할 수 있는 기회를 더 주는 선택 질문을 사용한다.	교사: "우유 줄까? 까까 줄까?"(선택형) 아동: "까까."
동사 활용	동사는 다양한 활용형태를 들려준다. 단, 행동을 함께 하며 들려준다.	교사: (부엌놀이, 과일 자르면서)"잘라.", "자르자.", "잘랐다."
구체어 사용	이거, 저거, 그거와 같은 대용어 대신 구체적 낱말을 사용하여 아동에게 말해준다.	교사: 이거 저기 넣자(X) "라면 냄비에 넣자." / "냄비에 넣어."
기능적 칭찬	아동의 행동에 대해 단순히 '잘했어'라는 칭찬보다 감탄사나 놀라는 억양으로 아동의 행동을 말로 표현해 준다.	교사: (아동이 뚜껑을 열었을 때) "잘했어."(단순 칭찬) "우와, 뚜껑 열었네."(언어촉진적)
대체	아동의 말이 적절한 낱말, 문장으로 표현될 때까지 고쳐나가도록 유도한다. 아동이 적절히 이어 말하지 못할 경우, 교사가 적절한 형태를 들려준다. 자기 말이 틀려서 수정해 준다는 느낌이 들지 않도록 자연스럽게 대화를 이어간다.	아동: "그거 먹어." 교사: "그게 뭔데?" 아동: "빵." 교사: "빵을 어떻게 했다고?" 아동: "빵 먹어." 교사: "아, …… 빵 먹어?"

출처: 국립특수교육원(2016). 장애영유아 양육길라잡이(제 2권 발달장애). p. 35에서 재인용.

CHAPTER 06

지적장애아동

학습 목표

1. 지적장애의 정의를 설명할 수 있다.
2. 인지적 결함이 언어발달에 미치는 영향을 설명할 수 있다.
3. 지적장애아동의 의사소통 지도방법을 익혀 활용할 수 있다.

1 지적장애 정의

지적장애란 지적기능과 적응행동의 어려움이 함께 존재하여 교육적 성취에 어려움이 있는 사람을 말한다(장애인 등에 대한 특수교육법, 2007). 장애인복지법(2019)에서는 정신발육이 항구적으로 지체되어 지적 능력의 발달이 불충분하거나 불완전하고, 자신의 일을 처리하는 것과 사회생활에 적응하는 것이 상당히 곤란한 사람으로 정의하고 있다.

지적장애 진단기준을 살펴보면, 첫째, 인지적 수준이 평균 이하이어야 한다.

즉, 지능검사 결과 -2표준편차 이하에 있어야 한다. 지능검사에서 -2표준편차 이하라고 한다면 지능지수 70 이하가 여기에 해당한다. 둘째, 적응행동상의 결함을 보여야 한다. 적응행동이란 일상생활에 필요한 적응기술을 의미하며, **표 6-1**과 같이 개념적, 사회적, 실제적 영역으로 나눌 수 있다. 적응행동의 결함 또한 적응행동검사도구를 통해 측정할 수 있으며, 적응행동검사(KISE-SAB)에서 하나의 영역이나 전체 검사의 적응행동지수가 -2표준편차 이하에 있는 경우를 말한다. 따라서 지적장애로 진단되었다는 것은 인지발달뿐만 아니라 적응행동에서도 역시 어려움을 보인다는 것이다.

표 6-1 적응행동기술 영역

개념적 영역: 언어, 읽기와 쓰기, 돈 개념, 자기 지시
사회적 영역: 인간관계, 책임감, 자존감, 순수함, 속기 쉬움, 규칙 따르기, 법 지키기, 희생당하지 않기
실제적 영역: 일상생활 활동, 일상생활의 도구적 활동, 직업기술, 안전한 환경 유지하기

TIP

어린이집이나 유치원에 있는 장애 영유아들도 언젠가는 성인이 되어 지역사회 안에서 독립된 한 명의 개인으로 살아가야 한다. 적응행동기술의 경우, 일반적으로 발달하는 아동들은 간접경험이나 우연학습, 그리고 1~2회 정도의 명시적인 교육으로도 충분히 적응행동기술을 습득할 수 있지만, 장애가 있는 아동들의 경우에는 명시적이고 반복적인 교육 없이는 간단한 기술조차 습득하기 어려운 경우가 많다. 따라서 이러한 기술을 자동적으로(automatic) 수행할 수 있을 때까지 지도가 필요하며, 아무리 장애아동이 실수를 하고 실패를 하더라도 어린 시기부터 교육을 하는 것이 중요하다. 즉, 영유아를 지도하는 교사와 부모는 이러한 적응행동기술 목록에 무엇이 있는지를 살펴보고 어린 시기부터 이를 지도할 필요가 있겠다.

2 지적장애 원인

1) 유전적 요인

유전적 요인으로 대표적인 것이 염색체 이상이다. 수정 후에 배아는 상염색체(22쌍), 성염색체(1쌍)로 이루어져 있으며, 상염색체에는 번호가 붙여져 있다. 이러한 염색체가 불완전하거나 염색체 수에 이상이 있을 때 특정 증후군(syndrome)을 가지고 태어나며 지적장애를 동반하는 경우가 많다.

(1) 상염색체 이상

상염색체 이상인 경우의 대표적인 것만 살펴보기로 하겠다. 다운증후군(Down syndrome)은 21번 염색체가 3개인 경우이며, 에드워드증후군(Edwards syndrome)은 18번 염색체가 3개인 경우이다. 프라더윌리증후군(Prader-Willi syndrome)은 아버지 유전으로 15번 염색체의 일부가 소실된 경우이고, 안젤만증후군(Angelman syndrome)은 어머니 유전으로 15번 염색체 일부가 소실된 경우이다. 윌리엄스증후군(Williams syndrome)은 유전적 돌연변이로 대체로 7번 염색체 일부가 탈락한 경우이다.

상염색체 이상으로 인한 각 증후군(syndrome) 아동의 인지 및 언어발달 특성을 간략히 살펴보면 다음과 같다.

표 6-2 상염색체 이상으로 인한 각 증후군 아동의 인지 및 언어발달 특성

구분	내용
다운증후군	• 대략 70%는 지능지수가 20～40 • 발음이 명확하지 않고, 언어발달이 느림.
에드워드증후군	• 심한 지적장애 • 구순열 및 구개열, 발달지연
프라더윌리증후군	• 지능지수는 45～105, 평균 65정도 • 40%정도는 정상에 가까운 지능수준을 보임. • 영아기, 근이완으로 인한 구강운동기술과 언어발달 지연으로 발음에 문제를 보이고, 언어표현에서 지연을 보임.
안젤만증후군	• 심한 지적장애 • 언어장애, 낱말을 전혀 사용하지 못하거나 극히 적은 수만 사용
윌리엄스증후군	• 지능지수는 20～60, 평균 58정도 • 말하기 능력은 좋은 편이나 시각, 공간지각능력은 많이 부족함.

(2) 성염색체 이상

성염색체 이상으로 인한 증후군에는 클라인펠터증후군이 있으며, 이 증후군은 성염색체가 XXY이다(정상 XY). 클라인펠터증후군은 지적장애인 중 1%에서 볼 수 있으며, 언어지연과 읽기장애 등의 주요 증상을 보인다. 터너증후군도 있는데 이 증후군은 성염색체가 X로 되어 있다(정상 XX). 터너증후군은 주로 학습장애를 많이 보이며, 시공간 지각력, 수학능력, 기억능력, 주의집중력 등에서 어려움을 보인다(송준만 등, 2012).

2) 임신 중 요인

출산 전 산모가 풍진과 매독에 걸렸을 경우 태아에게 영향을 줄 수 있다. 그러나 풍진은 예방접종으로 출현율이 현저하게 감소하였으며, 매독은 임신 4개

월 이내에 치료를 받게 되면 감염을 예방할 수 있다.

3) 출산 중 요인

분만과정에서 태아가 산소를 충분하게 공급받지 못하여 뇌세포가 손상될 경우, 그리고 조산과 저체중아인 경우는 발달상의 장애를 가져올 수 있다.

4) 출산 후 요인

출산 후에 바이러스 감염으로 예를 들면 뇌막염이나 뇌염 등으로 뇌손상이 발생한 경우 또는 외상으로 인해 뇌조직이 손상된 경우에도 지적장애 발생 위험률이 높다. 그리고 아동이 학대, 방임 등과 같은 극단적인 양육환경에 놓여 있을 때에도 지적장애를 초래할 수 있다.

3 지적장애아동의 일반적 특성

1) 운동적 특성

(1) 대근육 발달

지적장애아동은 대근육의 움직임에 있어서 지연이 나타날 수 있다. 일반 아동들은 평균 12개월에 걷지만, 지적장애아동은 9~18개월 사이에 걷는다고 보고되고 있다. 다운증후군 아동의 경우 평균 24개월에 걷는다고 보고되고 있지만, 범위가 12~65개월 사이로 다운증후군 아동마다 개인차가 크다.

(2) 소근육 발달

지적장애아동은 소근육 운동, 즉 주로 손을 움직이는 기술에 어려움이 많다. 소근육이 발달하고 있다는 것은 운동기능이 통합되고 있으며, 중추신경계가 성숙되고 있음을 알려주는 것이다. 그러나 지적장애아동은 근육 반응의 지연과 근육의 협응이 어려우며 민첩성이 떨어지고, 지구력이 부족하다.

2) 인지적 특성

(1) 기억

지적장애아동은 저장되는 정보의 양이 일반 아동보다 현저하게 적다. 지적장애의 기억 전략을 살펴보면, 자발적으로 전략을 사용하는 데 미숙함을 보인다. 예를 들어, 정보를 기억하기 위해 저장하고자 하는 정보에 집중하고, 시연전략을 사용하는 데 어려움을 나타낸다.

(2) 주의집중

감각기억에서 단기기억으로 전이되려면 선택적인 주의집중이 필요하다. 즉, 부적절한 자극은 제외하고 목표 자극에만 집중해야 한다. 지적장애아동의 경우 선택적 주의집중에 어려움을 보이고, 주의집중 시간도 짧다. 그리고 한 과제에서 다음 과제로 이동하는 주의집중의 전환에도 어려움을 보인다.

(3) 모방학습능력

사람이 사회 속에서 일어나는 것들을 자연스럽게 학습한다는 것은 다른 사람의 행동을 주의 깊게 관찰하고, 그것을 모방함으로써 일어나게 된다. 하지만 지적장애아동은 주위 사람들의 행동을 세밀하게 관찰하지 못하고, 그것을 기억하는 데 어려움을 보인다.

(4) 일반화

일반화란 특정 자극에 대해 보인 반응이 그와 유사한 자극 상황에서도 동일한 반응이 일어나는 것이다. 즉, 일반 아동의 경우 일반화가 가능하여 학습한 내용을 다른 상황에서도 활용할 수 있게 된다. 그러나 지적장애아동은 학습된 내용을 다른 환경에서 일반화하는 능력이 현저하게 부족하다.

3) 사회 · 정서 및 행동적 특성

(1) 사회적 기술

지적장애아동은 타인을 심하게 거부하거나 낯선 사람에게도 지나치게 친밀감을 보이는 모습을 보일 수 있다. 지적장애아동은 낮은 사회적 기술로 인해 타인과 관계를 맺고 유지하는 능력이 매우 부족하다.

(2) 행동적 특성

자기를 통제하는 능력은 인지적으로 성숙해지면서 가능해진다. 하지만 지적장애아동의 경우 인지능력이 성숙하지 못해 낮은 자기통제능력을 보일 수 있다.

즉, 미성숙으로 인해 주의가 산만하거나 충동적이며 공격적인 행동을 보일 수 있다.

(3) 학습된 무기력 상태

지적장애아동은 인지발달과 적응행동상의 어려움으로 세상 밖에서 지속적인 실패를 경험하게 된다. 이러한 누적된 실패감은 낮은 학습 동기와 무기력감에 빠지게 하여 학습을 더 곤란하게 만든다.

4 지적장애아동의 언어적 특성

1) 인지적 결함이 언어발달 및 의사소통에 미치는 영향

지적 능력의 발달이 불충분할 경우 당연히 언어발달의 지연이 뒤따라올 수밖에 없다. 인지발달과 언어발달은 서로 밀접하게 영향을 주면서 발달하기 때문이다. 이러한 인지적 결함으로 인한 언어발달의 지연이 단순히 느림으로 나타날 수도 있고(사례), 또래와 다른 모습으로 느껴질 때도 있다.

사례

영진이는 만 3세 5개월 남아예요. 1년 전에 첫 낱말을 산출하였는데 아직 '엄마'만 표현할 수 있어요. 거의 손가락으로 가리키기를 하면서 자신의 의도를 표현하고, 몸짓, 눈짓으로 의도를 표현하고 있어요. 하지만 다행히도 요즘에는 영진이가 교사와 부모가 반복하여 제시하는 한 단어를 모방하기 시작했어요. 발음이 명확하지는 않지만, 모방할 때마다 많이 칭찬해 주고 있어요. 일상적으로 반복되는 간단한 질문에 '예, 아니요' 대답도 종종 해요. 또래보다 매우 느리지만, 그래도 조금씩 조금씩 나아지는 모습을 보니 기쁘네요.

☞ 사례에 있는 영진이는 일반적인 언어발달 과정을 따라가고 있지만 발달 속도가 현저히 느린 경우이다. 즉, 생활연령은 만 3세 아동이지만 현재 보이는 언어발달 수순은 만 1세 수순을 보이고 있어 언어발달에 지연을 보이는 것으로 판단할 수 있다. 하지만 일반적인 언어발달 과정상의 첫 낱말 시기에 보이는 특징들을 보이고 있으므로 발달 특성에 있어 다른 양상을 보이는 것은 아니다.

인지능력의 결함으로 지적장애아동은 언어 및 의사소통에 문제를 보인다. 10살이 되기 전에는 주로 양적인 차이로 말 속도, 발화길이, 발화량에서만 차이가 있다. 하지만 10살 이후에는 일반 아동과 질적인 차이를 보여 대부분의 대화 상대자가 일반 아동과는 다르다고 인식하기 시작한다.

지적장애아동의 약 50%는 수용언어와 표현언어 능력이 아동의 인지능력과 유사하다(Miller et al., 1981). 어떤 경우에는 인지능력보다 수용언어와 표현언어 능력이 떨어지는 경우도 있다. 또는 수용언어능력과 인지능력은 유사하지만, 표현언어능력이 이보다 더 떨어지는 경우도 있다. 이러한 인지능력과 언어 간의 관계는 아동의 연령이 높아지면서 변화될 수도 있다. 그 이유는 지적장애아동도 인지능력이 전형적인 발달을 보이는 아동들과 마찬가지로 어느 정도 언어 경험을 통한 성숙요인이 작용하기 때문이다.

2) 지적장애아동의 언어 특성

(1) 구문 및 형태발달 특성

지적장애아동의 구문 및 형태발달은 일반 아동의 발달 순서와 유사하지만, 그 발달 속도가 느리다. 예를 들면 일반적으로 발달하는 4세 아동은 문장에서 주격 조사와 종결어미를 사용하지만, 동일한 연령의 지적장애아동의 경우 두 단어만 연결하는 모습을 보일 수 있다. 이러한 격차는 연령이 증가하면서 더 커지게 된다. 일반 아동은 5~6세경에 조사와 어미의 사용이 활발하게 나타나지만, 지적장애아동이 낱말만 배열하는 모습에 사람들은 그 차이를 금세 알아차리게 된다. 이처럼 지적장애아동은 구문 및 형태 측면에서 발달상의 지연을 보여, 주로 짧은 문장을 사용하거나 문법형태소 사용에 많은 오류를 보인다.

대부분의 지적장애아동은 또래보다 구문발달에서 매우 지연되는 모습을 보이지만, 각 유형에 따라 다른 특성을 보이기도 한다. 예를 들어, 윌리엄스증후군의 경우 구문발달이 정신연령(mental age)과 유사하거나 더 높게 나타나기도 하고, 취약X증후군은 구문 이해능력은 정신연령과 유사하지만, 구문 표현능력은 정신연령보다 상당히 낮다고 보고되고 있다(Abbeduto & Hagerman, 1997).

(2) 음운발달 특성

지적장애아동의 음운발달 또한 지연되는 경우가 많다. 모든 지적장애아동이 조음장애를 나타내는 것은 아니지만, 지적장애아동의 경우 일반 아동과 비교하였을 때 더 빈번하게 조음장애를 보인다. 특히 중도 이상의 지적장애아동은 영유아 시기에 발성도 적고, 옹알이에서 보이는 자음 산출도 한정적이다. 음운발달이 지연될 경우 가장 자주 보이는 조음오류는 자음 생략이지만, 아동 개인마다 그 오류 유형은 다양하다.

그리고 지적장애아동이 구개파열이나 작은 구강구조에 비해 큰 혀, 높은 입천장 등과 같은 기질적인 문제를 가지고 있거나, 청력 손상이 있는 경우 조음 발달이나 음운 습득에 더 어려움을 보인다.

TIP

지적장애아동의 경우 발음이 부정확한 경우가 많다. 10장에서 살펴보겠지만 조음장애를 치료하기 위해 자주 사용하는 방법은 아동이 정확하게 발음하지 못하는 음소(말소리)를 정확하게 산출할 수 있도록 음소 차원에서 지도하는 것이다. 하지만 여기서 주의해야 할 점은 각 말소리가 조음되는 위치와 방법을 지도할 때 일반 아동은 자신의 혀 움직임이나 조음 방법 등에 대해 인식하고 연습을 하면서 자기 피드백을 통해 점점 정확한 위치를 잡아가면서 조음을 한다. 하지만 지적장애아동의 경우 이러한 자기 피드백을 통한 수정이 어려운 경우가 많다. 그래서 발음이 부정확한 지적장애아동을 지도할 때에는 음소 차원에서 지도하기보다 정확하게 산출할 수 있는 어휘를 늘려주는 것이 말 명료도 향상에 도움이 되는 경우가 많다.

(3) 의미발달 특성

지적장애아동은 매우 느린 속도로 어휘를 발달해 나간다. Berglund 등(2001)은 스웨덴의 다운증후군 336명의 아동을 연구했는데, 이 중 10%는 1세에 인식 가능한 단어를 표현하기 시작하였고, 80%는 2세에 단어를 사용하기 시작했다. 그리고 10~20%는 3세까지도 10단어 미만을 사용하였으며, 일부 아동은 5세까지도 전혀 말을 시작하지 못하였다.

영유아 시기 어휘 습득은 양육자와의 대화에서 어휘를 접하고 그 의미를 빠르게 이해하는 능력이 필요한데, 지적장애아동의 경우 일반 아동에게 보이는 재빠른 연결(fast mapping)을 통한 풍부한 어휘 습득 시기가 눈에 띄게 나타나지 않는다. 이처럼 양적인 측면에서도 어려움이 있지만, 하나의 낱말이 가진 여러 의미를 이해하고 사용하는 데도 긴 시간이 걸린다. 그리고 관용어, 속담 등과 같은 비유적 언어의 이해가 느리고, 상황 속에서 적절한 어휘 사용에도 어려움을 보인다.

(4) 화용발달 특성

지적장애아동은 영유아 시기에도 일반 아동보다 더 느린 화용발달 특성을 보인다. 일반 아동의 경우 8~12개월경에 행동을 요구하는 몸짓이나 상대방의 주의를 끌기 위한 서술적 몸짓이 나타나지만, 지적장애아동의 경우 또래 집단보다 몸짓 사용빈도가 낮고 몸짓 유형도 다양하지 않다. 특히 중도 이상의 지적장애아동의 경우에는 늦게까지 몸짓 산출이 나타나지 않고 몸짓 유형도 매우 제한적이다.

대화의 순서 지키기에서는 큰 어려움이 없지만(Abbeduto & Rosenberg, 1980), 새로운 정보를 추가하여 화제를 확장하지 못한다. 그리고 대화 상대자의 정서를 잘 판단하지 못하여 대화 시 부적절한 반응을 보이기도 하고, 상대방을 고려하지 않고 이미 언급된 한 가지 주제만 반복적으로 이야기하는 구어적 보속 현상이 나타나기도 한다.

또한 대화 상황에서 상황 정보가 충분하지 않아도 상대방에게 정확한 정보를 요구하는 명료화 능력도 많이 부족하여 소극적으로 대화에 참여하는 특성을 보인다. 대화 내용을 이해하지 못한 경우 명료화 요구를 하지 않는 경향이 있으므로 지적장애아동에게 교사나 부모가 이야기한 내용을 이해했는지 물어볼 때 '예/아니요'로 대답할 수 있는 질문이 아니라 구체적인 내용을 답해야 하는 질문을 통해 아동이 상대방의 이야기를 이해했는지 확인해 볼 필요가 있다.

지적장애아동의 화용능력은 연령이 증가하면서 향상되지만, 위에서 살펴본 바와 같이 또래 아동보다 지연된 모습을 보인다.

5 지적장애아동에게 도움 제공하기

지적장애아동은 의사소통 능력을 습득하는 데 어려움을 보인다. 하지만 이 아동들의 의사소통 능력은 경도부터 최중도까지 다양하다. 즉, 음성언어와 문자언어 학습이 가능한 지적장애아동도 있으며, 비구어적인 의사소통만 가능한 지적장애아동도 있다. 따라서 지적장애아동의 언어발달 정도, 인지 수준, 중복장애 여부 등에 따라 의사소통 방법을 결정하고 지도할 필요가 있다.

1) 인지 수준별 의사소통 제공 방법

최중도 지적장애아동에게는 좀 더 명확하게 비구어적 의사소통을 촉진하기 위해 약속된 몸짓, 손가락으로 지적하기 등을 활용하여 의사소통 의도를 표현하도록 도와야 한다. 이때 최중도 지적장애아동은 실생활에서 의사소통하는 데 필요한 기술을 먼저 가르쳐야 한다. 아동의 언어 수준만 고려하기보다는 지금 생활 속에서 많이 사용되는 말을 먼저 습득하도록 이끌어야 한다.

경도 수준의 지적장애아동에게는 언어의 구성요소인 음운, 의미, 구문, 화용론적인 측면에서 결함을 보이는 부분들을 보완하여 좀 더 향상된 의사소통을 할 수 있도록 도와야 한다. 지적장애아동에게 무엇을 가르칠 것인가는 일반적인 언어 발달 지표를 기준으로 해서 아동의 발달 순서에 따라 순차적으로 지도한다. 즉, 교사는 아동의 의사소통 수준을 파악하여 만약 아동이 아주 제한적으로 한 낱말 수준을 보인다면 처음에는 한 낱말 수준으로 제시하다가 차츰 낱말과 낱말을 연결하여 두 낱말을 조합하여 문장을 표현하도록 유도해야 한다.

2) 인지 기능을 고려한 의사소통 방법

앞서 지적장애아동의 인지적 특성들을 살펴보았다. 지적장애아동의 의사소통 능력을 증진시키기 위해서는 이러한 인지적 특성을 고려하여 지도할 필요가 있다.

지적장애아동에게는 의사소통 지도 시 전달 내용을 긴 문장보다는 짧은 1~2개의 단어로 명확하게 제시하는 것이 바람직하다. 언어적 정보를 제시할 때 아동의 집중력을 방해하는 불필요한 자극은 제거해 주는 것이 좋다. 지적장애아동의 경우 주의집중시간이 짧기에 효과적인 강화 활동을 제공하면 아동의 집중시간과 동기를 높일 수 있다.

개념학습을 할 경우에 청각적 구어로만 제시하기보다는 다른 시각, 촉각적 정보도 함께 활용하는 것이 좋으며, 주기적으로 반복해 주어 개념을 잘 형성할 수 있도록 도와야 한다(과잉학습). 그리고 지적장애아동은 배운 내용을 다른 상황에서 일반화하는 것이 어렵기에 아동을 만나는 교사, 부모뿐만 아니라 모든 사람이 언어 촉진자가 되어 주어야 한다. 그런데 언어 촉진자가 되어야 할 교사, 부모가 장애아동에게 명령과 지시를 더 많이 사용한다는 보고가 있다. 물론 이러한 명령과 지시는 아동의 언어적 능력이 향상되면서 덜 지시적인 모습을 보이기는 하지만(Abbeduto & Hesketh, 1997), 교사와 부모가 아동에게 진정한 언어 촉진자가 되기 위해서는 언어적인 미숙함에 과잉보호하고 있는지, 아동에게 대화 시작의 기회를 제공하고 있는지 등을 점검할 필요가 있다.

지적장애아동에게 효과적인 의사소통 전략으로는 신체접촉, 음악 등이 있다. 지적장애 영아의 경우 일상적으로 안고, 만지고, 목욕시키고, 기저귀를 갈아주면서 구어 자극을 끊임없이 제공하는 것이 좋다. 영아뿐만 아니라 지적장애 유아도 이러한 일상생활 안에서 신체접촉을 하면서 그에 알맞은 언어를 제공하는 것이 매우 중요하다. 그리고 음악은 많은 지적장애아동들에게 의사소통 능력을 증진시킬 수 있는 효과적인 방법이다. 음악을 통해 운율을 경험하고 다양한 소리를 발견하고 모방할 수 있으며, 노래 가사 속에 어휘가 포함되어 있어 다양한 어휘를 습득할 수도 있다. 이때 노래와 함께 율동을 함께 제시하면 더 효과적이다.

그리고 지적장애아동의 경우 모든 감각에 대한 반응이 느리기에 교사는 아동의 반응을 기다려 주어야 하며, 아동이 습득할 때까지 자극을 지속적으로 반복해서 제공할 수 있는 인내심이 절대적으로 필요하다.

3) 일상적인 일과 안에서 상호작용을 통한 의사소통 능력 향상 기법

아동이 무언가에 관심이 있거나 장난감을 가지고 놀고 있을 때가 바로 교사가 언어발달을 촉진할 수 있는 적절한 시점이다. 함께 공동으로 집중(joint attention) 할 수 있는 기회가 주어졌을 때 교사는 아동에게 언어적 모델링을 제공하는 것이 중요하다. 언어적 모델링을 제공하는 기법은 다양하며, 아래 예시와 같은 것들이 있다(이 외에도 표 5-2에 있는 기법들을 활용할 수 있음). 이러한 여러 기법을 제시할 때 주의할 점은 낱말 간의 경계를 분명히 하면서 느리게 천천히 말을 해주어야 한다. 그리고 아동의 언어발달 수준에 맞추어 언어적 모델링을 제공해야 한다. 예를 들어, 한 낱말 수준의 아동에게 문법적으로 복잡한 세 낱말 이상의 문장을 표현한다면 아동의 이해 수준을 넘는 것이기에 언어학습에 전혀 도움이 되지 못한다.

〈언어적 모델링 기법의 예시〉

- **혼잣말하기**: 교사가 하고 있는 것, 생각 등을 말한다.
  예) 아동이 풀을 붙이는 교사를 바라보고 있으면 "풀로 붙여."라고 말한다.

- **평행적 발화**: 아동이 하고 있는 것, 생각 등을 말하여 준다.
  예) 아동이 블록을 쌓고 있으면 교사가 다가가 "블록 쌓아."라고 말한다.

- **확장**: 아동이 한 말을 문법적으로 수정하여 말한다.
  예) 아동이 "숟가락 먹어."라고 하면 교사가 "숟가락<u>으로</u> 먹어."라고 말한다.

- **확대**: 아동이 한 말에 의미적으로 관계가 있는 말을 덧붙여 말한다.
  예) 간식 시간에 나온 빵을 보며 아동이 "빵"이라고 할 때, 교사가 "빵 <u>먹어</u>." 또는 "<u>초코</u> 빵이지."라고 말한다.

4) 특정 언어 접근법

(1) 환경중심접근법(milieu language intervention)

환경중심접근법은 아동의 관심과 흥미에 따라 언어 중재를 실시하는 것이다. 환경중심접근법은 '자극-반응-강화'에 의해서 이루어진다. 여기에서의 자극은 일방적인 교사의 말이 아니라 아동의 관심을 표현하게 하는 것이고, 강화는 일정한 것이 아니라 아동의 반응과 기능적으로 연관된 것이다. 일반적으로 사용하는 먹을 것과 같은 물질이나 토큰을 강화제로 사용하는 것이 아니라 예를 들어, 아동이 손이 닿지 않는 곳에 있는 놀잇감을 달라는 요구를 했다면 아동이 원하는 놀잇감을 즉시 제공하는 것이 강화제가 되는 것이다.

환경중심접근법의 기법에는 아동중심의 시범기법, 시간지연 기법, 선반응 요구-후시범 기법, 우발학습이 있으며, 이러한 기법을 활용하면서 아동의 언어습득을 지도할 수 있다.

표 6-3 환경중심접근법의 기법 및 적용 예시

〈환경중심접근법의 기법〉

- 아동중심 시범기법: 아동의 관심이 어디를 향하는지 관찰하다가 물건이나 행동에 참여할 경우 적절한 언어적 모델링을 제공한다.
- 시간지연 기법: 아동과 함께 활동하면서 아동의 반응을 3~5초 기다린다.
- 선반응 요구-후시범 기법: 함께 활동하면서 아동의 반응을 요구한 후에 시범을 보인다.
- 우발학습: 아동이 우연히 일어나는 의사소통 기회를 활용하여 언어 훈련을 실시하는 것이다.

〈적용 예시〉

아동이 높은 곳에 위치한 비행기를 가지고 싶은데 가만히 있으면
교사: (아동의 눈을 맞추며 3~5초 정도 기다림) ▶ 시간지연 기법
교사: (기다려도 아동 반응이 없으면) "뭐 가지고 싶어?"라고 물어봄.
아동: (반응 없이 가만히 있음.)
교사: "비행기 주세요."라고 시범을 보임.
아동: "비행기 주세요."라고 모방함. ▶ 선반응-후시범 기법

우연학습 기회가 제공되지 않을 경우 '변형된(또는 강화된) 환경중심 언어중재'를 활용한다. 교사는 아동이 참여할 수 있도록 환경을 조성할 수 있다. 의사소통을 촉진할 수 있는 환경을 조성하기 위해서 아동이 좋아하는 자료와 활동을 제공해야 하며, 도움이 필요한 상황, 기대하지 않은 엉뚱한 상황 등을 조성하여 우연학습이 일어날 수 있도록 한다. 예를 들면, 다음과 같은 상황이 있다.

- **도움이 필요한 상황:** 아동이 좋아하는 소리가 나는 장난감의 배터리를 제거한 후 아동에게 제공한다. 그러면 아동은 "켜주세요"를 연습할 수 있다.
- **기대하지 않은 엉뚱한 상황:** 아동이 좋아하는 치카치카 놀이를 하는데 칫솔 대신 빗을 제공한다. 그러면 아동은 "칫솔 주세요"를 연습할 수 있다.

(2) 스크립트 활용

스크립트, 즉 대본을 만들어 지적장애아동의 언어능력을 향상시킬 수 있다. 예를 들어, 햄버거 가게 놀이 대본을 만들어 보고 교사는 아동과 상호작용하면서 사회에서 요구되는 적절한 의사소통능력을 배울 수 있도록 돕는다. 즉, 자주 발생하는 구조화된 상황들을 활용하여 실제로 상호작용하면서 어휘와 문장을 습득하게 할 수 있다.

스크립트 상황은 아동에게 일상적인 상황이며 통일된 주제를 가져야 한다. 그리고 논리적인 순서에 의해 구성되어 활동의 결말도 예견 가능해야 한다. 그래야 상황 이해를 위해 관심을 기울이기보다는 표현해야 하는 언어에만 집중할 수 있다. 스크립트를 만드는 과정은 **표 6-4**와 같다.

표 6-4 스크립트 만들기 절차

① 단기적인 목표 언어를 선정한다. ② 아동에게 익숙한 일상적인 활동을 선택한다. ③ 선택한 스크립트 안에 넣을 하위 행동을 나열한다. ④ 하위 행동마다 구체적인 목표 언어를 계획한다. ⑤ 목표 언어를 유도하는 구체적인 상황과 발화를 계획한다.

〈예시〉 아이스크림 가게 스크립트의 예

– 최근에 한 낱말로 종종 자신의 요구를 표현하는 아동을 대상으로 적용한 예

- 단계는 가게에 들어가기, 주문하기, 계산하기, 가게에서 나오기로 구성한다.

  들어가기: 교사가 "안녕하세요."라고 말하면, 아동은 "안녕하세요."라고 인사한다.

  주문하기: 교사가 "무엇을 드릴까요?"라고 말하면, 아동은 아이스크림 그림을 보며 손가락으로 가리킨다.

  계산하기: 교사가 "5000원입니다."라고 말하면, 아동은 (종이)돈을 주며 "여기요."라고 말한다.

  가게에서 나오기: 교사가 "손님 고맙습니다."라고 말하면, 아동도 "고맙습니다."라고 한다.
- 처음에는 동일한 형태로 반복하면서 모델링을 제공한다.

처음에는 계획된 동일한 형태로 반복하여 아동에게 들려주지만, 그 이후에는 아동의 말을 유도하면서 기다리는 것이 중요하다. 아동이 반응이 없으면 단서(의문사 질문)를 제공하고 또다시 아동의 반응을 기다려 본다. 기다려도 반응이 없으면 모델링을 제공하면서 계획했던 대로 진행한다. 예를 들어, 아동이 먹고 싶은 아이스크림을 가리킨 후, "5000원입니다."라고 말을 해도 가만히 있으면, "돈을 내야 아이스크림을 먹을 수 있어."라고 교사가 말을 해 준 후, 아동의 반응을 기다린다. 아동이 돈을 그냥 내면 "여기요."라고 말을 하도록 교사가 모

델링을 해주고 모방을 하도록 한다.

그리고 아동의 반응이 정확해지면 스크립트를 확장하여 지도할 수도 있다. 예를 들어, 아이스크림 가게 놀이를 하다가 배가 고픈 상황을 연결해 햄버거 가게 놀이로 연결하여 확장된 놀이를 할 수 있다. 이 상황에서 햄버거나 음료수의 종류(이름)나 주문할 때 사용하는 언어 등 새로운 어휘와 언어를 습득할 수 있다.

Key Point

지적장애뿐만 아니라 앞으로 학습하게 될 각 장애 영역에서 제시하는 언어 중재 방법들은 해당 장애 유형만 적용할 수 있는 중재방법들이 아니다. 각각의 장애아동이 보이는 특성에 맞게 중재방법들을 선택해서 활용하면 되는 것이다.

☞ 예를 들어, 지적장애아동을 위한 언어 중재방법으로 제시한 스크립트 활용 방법은 지적장애아동을 위해서만 활용할 수 있는 방법이 아니라 단순언어장애아동, 자폐스펙트럼장애아동, 뇌성마비아동, 청각장애아동 모두에게 적용할 수 있는 방법이다.

CHAPTER 07

자폐스펙트럼장애아동

학습목표

1. 자폐스펙트럼장애의 정의 및 진단기준을 설명할 수 있다.
2. 자폐스펙트럼장애아동의 일반적 특성을 설명할 수 있다.
3. 자폐스펙트럼장애아동의 언어발달 특성을 설명할 수 있다.
4. 자폐스펙트럼장애아동의 의사소통 지도방법을 익혀 활용할 수 있다.

1 자폐스펙트럼장애 정의

자폐스펙트럼장애(autism spectrum disorder: ASD)는 사회성에서 가장 심각한 결함을 보이는 신경발달장애이다. 장애인 등에 대한 특수교육법(2007)에서는 사회적 상호작용과 의사소통에 결함이 있고 제한적이고 반복적인 관심과 활동을 보임으로써 교육적 성취 및 일상생활 적응에 도움이 필요한 사람으로 정의하고 있다.

과거 DSM-Ⅳ-TR(2000)에서는 '전반적 발달장애'라는 장애명을 사용하면서 다섯 가지 하위유형으로 분류하여 자폐성 장애(Autistic disorder), 아스퍼거증후군(Asperger syndrome), 아동기 붕괴성 장애(Childhood disintegrative disorder), 레트 장애(Rett's disorder), 달리 분류되지 않는 전반적 발달장애(Pervasive developmental disorder not otherwise specified: PDD-NOS)로 구분하였다.

하지만 DSM-5(2013)로 개정되면서 '전반적 발달장애'라는 용어 대신 '자폐스펙트럼장애'를 새로운 진단명으로 공식 사용하고 있으며, 레트 장애는 DSM-5의 진단 범주에서 제외되었다. 그리고 기존의 아스퍼거장애, 비전형적 발달장애(PDD-NOS), 아동기 붕괴성 장애는 진단명이 없어지고 자폐스펙트럼장애의 범주로 포함되었으며, 사회적 의사소통에 결함을 보이지만 자폐스펙트럼장애의 다른 진단 항목을 만족하지 않는 경우에는 사회적(화용론적) 의사소통장애로 분류하고 있다.

이러한 진단명인 자폐스펙트럼장애는 자폐 증상을 보이는 사람들 가운데, 아주 가벼운 상태의 자폐 증상을 보이는 사람을 한쪽 끝에, 다른 끝에는 전형적이고 심한 형태의 자폐 증상을 보이는 사람을 두고, 그 둘을 연속선상으로 연결한 사이에 다양한 증상들과 기능 수준을 보이는 자폐증 군의 사람들이 존재한다고 간주하는 것이다(방명애 외, 2018).

DSM-5에서 제시하고 있는 자폐스펙트럼장애의 진단기준은 **표 7-1**과 같다.

표 7-1 자폐스펙트럼장애 진단기준

A. 다음의 세 가지 항목이 다양한 맥락에서, 현재 혹은 이전부터 사회적 의사소통과 사회적 상호작용의 지속적인 결함을 보인다(항목별로 제시된 예는 이해를 돕기 위한 설명으로 반드시 확인되어야 하는 예는 아니며 다양한 범위를 보인다).

1. 사회 및 정서적 상호성에서의 결함(예: 비정상적인 사회적 접근과 주고받는 일반적인 대화의 실패, 관심 · 정서 · 애정 등을 다른 사람과 공유하는 데 제한, 사회적 상호작용을 시작 및 반응하는 데 어려움 등)
2. 사회적 상호작용을 위해 사용하는 비언어적 의사소통 행동에서의 결함(예: 언어 및 비언어적 의사소통을 통합적으로 사용하는 데 어려움, 눈 맞춤과 몸짓과 같은 비언어적 행동에서의 비정상성, 몸짓의 이해 및 사용의 결함, 안면 표정과 비언어적 의사소통에서의 전반적 결함 등)
3. 사회적 관계를 만들고 유지하고 이해하는 데 결함(예: 다양한 사회적 맥락에 맞게 행동하는 데 어려움, 상상 놀이를 공유하거나 친구를 만드는 데 어려움, 또래에 대한 관심이 없음 등)

B. 제한적이고 반복적인 행동, 흥미, 활동을 보이며, 이는 다음 중 적어도 두 가지가 현재 또는 이전부터 지속적으로 나타난다.

1. 상동적이거나 반복적인 동작, 사물 또는 말의 사용(예: 단순한 상동적인 동작, 장난감을 길게 줄 세우기, 사물 흔들기, 반향어 사용, 특이한 어구의 사용 등)
2. 동일성에 대한 고집, 판에 박힌 일과에의 집착, 언어 또는 비언어적 행동의 의례적(예배의식과 같은) 패턴(예: 작은 변화에도 과도하게 불안해함, 전이의 어려움, 경직된 사고 패턴, 판에 박힌 인사하기, 매일 동일한 일과 또는 동일한 음식 섭취에 대한 요구)
3. 정도나 초점이 비정상적인 매우 제한적이고 한정된 흥미(예: 특이한 사물에 대한 강한 집착이나 몰두, 과도하게 한정된 흥미에의 몰두 등)
4. 감각 자극에 대한 둔감 혹은 민감 반응 또는 환경의 감각 양상에 대한 특이한 감각적 관심(예: 고통 또는 온도에 대한 분명한 무감각, 특정 소리나 감각에 대한 혐오적 반응, 과도하게 냄새를 맡거나 과도하게 사물을 만짐, 빛이나 움직임에 대한 시각적 강한 흥미 등)

C. 증후가 초기 발달 시기에 나타나야만 한다(그러나 발달 시기별 사회적 요구가 제한된 능력을 초과할 때까지는 증후가 충분히 나타나지 않을 수도 있다. 또는 이후의 발달 시기에 학습된 전략으로 인해 증후가 가려져서 나타나지 않을 수도 있다).

D. 증후가 사회적, 직업적 또는 현재 기능수행의 다른 중요한 영역에서 임상적으로 유의미한 손상을 일으킨다.

E. 이러한 어려움은 지적장애나 광범위성 발달지연으로 설명할 수 없다. 지적장애와 자폐스펙트럼장애는 흔히 동시에 나타나며, 지적장애와 자폐스펙트럼장애로 동시에 진단이 되려면 사회적 의사소통이 일반적인 발달에서 기대되는 수준보다 낮아야만 한다.

출처: 신현기 외 역(2014). 자폐스펙트럼장애 학생 교육의 실제(개정판), p. 24~25.

2 자폐스펙트럼장애 원인

자폐스펙트럼장애의 원인으로 정확히 알려진 바는 없다. 다만 유전적 요인, 생화학적 요인, 신경계 이상 등의 여러 요인이 자폐성 장애를 유발하는 것으로 추정하고 있다.

유전적 요인을 살펴보면, 실제 가족 내에 자폐성 장애가 있는 경우 그 출현율이 높은 것으로 보고되고 있으며, 자폐성 장애를 가진 일란성 쌍둥이의 일치율은 60~90%이다. 하지만 유전적 요인만이 자폐성 장애를 유발하는 것은 아니다.

생화학적 요인으로 신경전달물질인 세로토닌이 과다 분비되어 뇌기능을 자극하는 것으로 알려져 있는데, 자폐성 장애아동의 약 1/3이 세로토닌이 과다 분비되고 있다고 한다. 그리고 신경계의 이상이 자폐성 장애를 유발한다고 주장하기도 한다. 편도체 이상으로 감정이 없는 것처럼 행동하고, 해마의 이상으로 새로운 정보를 기존의 정보와 연합하여 기억하는 데 문제를 보일 수 있다고 주장한다.

하지만 그 어떠한 요인도 뚜렷하게 입증된 바는 없으며 여러 요인이 자폐성 장애를 유발하는 것으로 추정하고 있을 뿐이다.

3 자폐스펙트럼장애아동의 주요 특성

자폐스펙트럼장애라는 장애명에서 알 수 있듯이 'spectrum'이라고 불릴 정도로 아동마다 증상이 다양하다. 그러나 자폐스펙트럼장애가 지닌 특성을 표 7-2

와 같이 크게 두 가지로 나누어 살펴볼 수 있다.

표 7-2 자폐스펙트럼장애의 주요 특성

1) 사회적 상호작용 및 의사소통의 결핍
- 영유아기에는 사회적 미소를 보이지 않거나, 성인이 놀아주려 해도 관심이 없고, 안기려는 행동을 보이지 않을 수 있음.
- 눈을 잘 못 마주침, 부자연스러운 표정과 제스처

2) 행동, 관심, 활동의 반복적, 상동적 양상

첫째, 자폐스펙트럼장애는 사회적 상호작용에서 질적 결함을 보인다. 눈 맞춤을 피하고, 이름을 부르면 적절한 반응을 보이지 않는다. 그리고 성인이 쳐다보거나 명명한 사물에 공동 주의 집중하기 어렵다. 생활연령에 따라 언어능력이 성숙되어 가더라도 관심 있는 주제에 대해 단순한 사실만 공유하려 할 뿐이고 다른 사람의 시선이나 관심을 자신이 흥미 있는 곳으로 유도하지 못한다. 이러한 사회적 상호작용의 질적 결함은 의사소통 기술의 결함과 자연스럽게 연결된다. 의사소통은 사회적 상호작용의 산물이기에 자폐스펙트럼장애아동의 의사소통발달에 영향을 준다. 초기 의사소통을 관찰하면, 자폐스펙트럼장애아동은 의사소통 주제와 관련 없는 것에 눈을 응시하고 말소리가 아닌 다른 소리에 더 관심을 보인다. 일반 아동의 경우 손으로 가리키기 등을 통해 자신의 의도를 표현하지만, 자폐스펙트럼장애아동은 이러한 의사소통 의도가 잘 나타나지 않는다.

둘째, 자폐스펙트럼장애아동은 반복적이고 상동적인 행동 양상을 보인다. 끊임없이 반복적인 행동을 하고 비정상적인 감각 반응을 보일 수 있다. 혀 굴리는 소리나 의미 없는 소리를 반복하는 음성 상동 행동과 몸을 앞뒤로 흔들거나 눈 앞에서 손가락 흔들기, 팔을 흔드는 행위 등의 상동 행동이 나타날 수 있다.

자폐스펙트럼장애아동의 42~80%가 이러한 감각추구 행동을 보인다(Robertson & Baro-Cohen, 2017). 그리고 사물의 특정 부분에 흥미를 보이거나(예: 자동차를 주고받기보다 굴러가는 자동차 바퀴에 집중하기), 일반 아동과는 다르게 상대방의 눈보다는 입, 어깨, 몸에 집중하는 모습을 보인다. 자폐스펙트럼장애아동의 이러한 특성은 단순히 행동 특성상의 문제로만 남는 것이 아니라 언어습득이나 새로운 것을 학습하는 데 방해가 되는 요인이 되기도 한다.

4 자폐스펙트럼장애가 언어 및 의사소통에 미치는 영향

자폐스펙트럼장애의 사회적 상호작용의 질적 결함은 언어발달에도 역시 매우 큰 장애를 가져온다. 함묵증을 보이는 아동, 반향어가 두드러지는 아동, 어느 정도 의사소통이 가능하지만 적절하게 언어를 사용하지 못하는 아동 등 자폐스펙트럼장애아동의 언어발달 양상은 매우 다양하다.

사례1

수인이는 만 4세 남아예요. 수인이는 어린이집에서 좋아하는 활동을 할 때만 참여하고, 대부분 혼자 자동차 바퀴가 굴러가는 것을 보거나 자동차 줄 세우기 등을 하면서 지내요. '음마(엄마)' 외에는 표현할 수 있는 단어가 없고, 손, 실로폰 막대 등을 눈앞에서 정신없이 움직이는 것을 좋아해요. 그래도 수인이가 좋아하는 자동차를 가지고 함께 공동 집중할 수 있는 놀이 시간을 짧게라도 가지려고 노력했더니 지금은 자동차 주고받기가 가능해져서 많이 기뻐요.

사례2

영진이는 만 5세 남아예요. 영진이는 어린이집에 도착하자마자 좋아하는 블록 놀이에만 몰두해요. 교사와 친구에게 원하는 것이 있으면 눈은 마주치지 않고 "줄래."라고 말해요. 특정 상황이 되면 교사가 늘 하는 말(예: 이제 정리 시간이에요.)을 교사보다 먼저 해서 모두 즐겁게 웃기도 해요. 교사는 영진이가 하는 반향어와 단조로운 음도의 발성 그리고 좋아하는 놀이에만 몰두하는 것을 어떻게 도와주어야 할지 많이 고민이 된다고 해요.

1) 언어발달 이전기

일반 아동의 경우 언어가 발달하기 이전에 비구어적 의사소통인 얼굴 표정, 몸짓 등을 활용하여 양육자와 상호작용하는 모습을 보인다. 그러나 자폐스펙트럼장애아동은 언어발달 이전부터 이러한 비구어적 언어 수단을 사용하는 데 제한적이거나 잘 나타나지 않는다.

2) 함묵증

자폐스펙트럼장애아동의 경우 유아기에 함묵증을 보이는 경우가 많다. 함묵증에는 전혀 소리를 내지 않고 언어 이해력이 거의 없는 완전 함묵증, 자기자극 소리(소리 유희)를 동반하고 매우 제한적인 언어 이해력을 가지는 기능적 함묵증 그리고 요구나 거부 등의 어휘가 충분하지는 않지만 비교적 발달된 언어 이해력을 보이는 준함묵증이 있다(Schuler, 1979).

자폐스펙트럼장애아동에게서 나타나는 함묵증이 언제 사라지고 언어적 표현이 나타날 것인가는 이 시기에 가장 큰 고민거리이다. Bartak와 Rutter(1976)는 지능 수준에 따라 함묵증의 소멸 시기를 예측하였는데, 지능이 70 이상인 경우는 2세 6개월에, 지능이 70 이하인 경우에는 4세 7개월 정도에 함묵증이 사라지고 조금씩 언어적 표현이 나타난다고 보았다. Nishimura 등(1987)은 지능이 70 이하인 경우 4세까지 함묵증을 보인다고 하였다. 보통 5~6세가 넘어도 함묵증이 지속된다면, 생활연령이 높아져도 매우 제한된 어휘와 언어능력을 가지는 것으로 보고되고 있다(Layton & Baker, 1981).

3) 반향어

자폐스펙트럼장애아동들이 함묵증을 벗어나면 대개 반향어가 나타난다. 반향어는 전에 들은 단어 또는 문장을 반복하는 것으로, 즉각반향어(immediate echolalia), 지연반향어(delayed echolalia), 변조된 반향어(mitigated echolalia)가 있다.

표 7-3 반향어의 유형

유형	내용	예시
즉각반향어	화자의 말을 듣고, 자폐스펙트럼장애아동이 바로 따라 하는 것	교사가 "밥 먹자."라고 하면 아동이 "밥 먹자."라고 말하는 것
지연반향어	자폐스펙트럼장애아동이 과거에 들었던 말을 그대로 반복하는 것	교사가 "밥 먹자."라고 하면, 교사가 예전 점심시간에 했었던 말을 그대로 표현하는 것으로 아동이 "골고루 먹자."라고 말하는 것
변조된 반향어	자폐스펙트럼장애아동이 화자의 말을 그대로 반복하는 것이 아니라 자기 나름대로 바꾸어 말하는 것	교사가 "너 했어?"라고 물어보자 이를 그대로 "너 했어?"라고 하는 것이 아니라 "나 했어?"라고 말하는 것

일반 아동도 언어발달 초기에 반향어가 나타나지만, 빠르게 언어를 발달해 나가면서 이러한 특성은 눈에 띄지 않게 된다. 그러나 자폐스펙트럼장애아동은 반향어가 꽤 오랜 시간 동안 나타나며 이로 인해 과거에는 반향어를 제거해야 할 문제로만 생각한 적도 있었다.

최근에는 반향어를 강박적이고 반복적인 행동 특성의 형태로 보거나 언어 이해력이 부족하여 나타나는 현상으로 본다. 그리고 화자의 구어를 분석하지 않고 통째로 외워버려 유연성 있게 구어를 습득하지 못하기 때문에 나타나는 것으로 생각하고 있다. 자폐스펙트럼장애아동은 정보를 받아들일 때 정보를 분석하지 못하고 큰 덩어리로 받아들이기 때문에 언어규칙을 습득하는 데 어려움을 보이기도 한다(Prizant, 1983).

반향어를 주로 산출하는 자폐스펙트럼장애아동과 의사소통하기 위해 의미 있는 구어 산출만을 유도하거나 기다린다면 의사소통이 거의 이루어지지 않을 수 있다. 따라서 최근에는 반향어를 문제가 있는 행동으로 보는 관점에서 벗어나 자폐스펙트럼장애아동과 의사소통을 지속시킬 수 있는 하나의 과정으로 생각하고 있으며, 반향어를 자연스럽게 대화 상황을 이끌 수 있는 발판으로 인식하고 있다.

즉각반향어의 경우 언어적 이해가 전혀 없이 비상호적으로 또는 상호적으로 나타나는 경우도 있고, 언어적 이해는 어느 정도 이루어지면서 비상호적 또는 상호적으로 나타나는 경우도 있다(Prizant 등, 1981).

- 언어적 이해가 전혀 없이 비상호적으로 나타나는 반향어: 아무런 의도나 목적 없는 형태로 나타남.
- 언어적 이해는 전혀 없지만 상호적으로 나타나는 반향어: 상호작용 시 자신의 차례를 채우는 기능(turn-taking)을 함.

- 언어적 이해는 있지만 비상호적으로 나타나는 반향어: 연습 및 자기규제의 기능을 함.
- 언어적 이해가 있고 상호적으로 나타나는 반향어: 진술, 긍정 대답, 요구 등의 기능을 함.

Prizant와 Duchan(1981)은 지연반향어의 기능을 표 7-4와 같이 분류하였다.

표 7-4 지연반향어의 기능

지연반향어 기능	정의
비목적적	아무 목적 없이 자기자극적이다.
상황연상	물건, 사람, 행동 등에 의해 유발된다.
연습하기	문장을 연습하듯이 반복한다. 대체로 낮고 작은 소리로 하는 경향을 보인다.
자기지시하기	활동하기 전 또는 활동 중에 작은 소리로 중얼거린다. 자신의 행동을 통제하기 위한 것으로 보인다.
비상호적 명명하기	행동이나 사물을 명명하며, 스스로에게 말하는 것처럼 보이며 의사소통 의도가 있는 것으로 보이지 않는다.
순서 지키기	의사소통 의도가 있다기보다는 대화 상황에서 자신의 순서를 채우는 것으로 보인다.
발화완성하기	상대방에 의해 시작된 말에 반응하여 그 발화를 완성하는 것으로 보인다.
상호적 명명하기	일반적으로 몸짓을 동반하며 활동, 물건을 명명한다.
정보 제공하기	상대방에게 정보를 제공한다.
부르기	상대방의 주의를 끌거나 상호작용을 하기 위해 사용하는 것으로 보인다.
수긍하기	상대방의 말에 수긍하기 위한 것으로 보인다.
요구하기	원하는 물건을 얻기 위한 것으로 보이며, 원하는 물건을 바라보며 말한다.
저항하기	다른 사람의 행동에 저항하기 위한 것으로 보이며, 이러한 반응을 통해 상대방의 행동을 막는 결과를 보인다.
지시하기	다른 사람의 행동을 지시하고 통제하기 위한 것으로 보인다.

출처: 김영태(2014). 아동언어장애의 진단 및 치료(2판). p. 123에서 수정발췌.

4) 언어영역별 특성

자폐스펙트럼장애아동의 언어적 특성을 음운론, 형태론, 구문론, 의미론, 화용론적 특성으로 나누어 살펴보도록 하겠다. 언어의 각 영역 중, 자폐스펙트럼장애아동이 가장 두드러지는 결함을 보이는 것은 화용론적 측면이다.

(1) 음운발달 특성

음운발달 측면에서 음소 습득은 다른 언어 영역에 비해 우수한 편이다. 특히 반향어의 경우 명료도가 매우 높다. 어떤 경우에는 너무 지나치게 정확하게 발음하여 구어의 자연스러운 흐름을 방해하기도 한다.

자폐스펙트럼장애아동은 발화 시 독특한 특성을 보이는 경우가 많은데, 구어 발화 시 두드러진 특징으로 감정이 없는 단조로운 구어를 사용하거나, 억양, 장단, 강세와 같은 초분절적 자질을 활용하여 자연스럽게 표현하지 못한다. 또한 음성적 특성으로 자폐스펙트럼장애아동은 음도가 높은 편이고, 상황적 단서를 인식하지 못해 부적절하게 큰소리를 내기도 하고, 속삭임처럼 매우 작은 소리를 사용하기도 한다. 음질의 문제로 목쉰소리, 거친소리, 과대 비음화 경향이 있기는 하지만 모든 자폐스펙트럼장애아동에게 나타나는 문제는 아니며, 아동 개인마다 개인차가 크다.

TIP

간혹 자폐스펙트럼장애아동의 말을 명확하게 알아듣지 못하는 경우가 있다. 이때 발음이 부정확해서라기보다는 자폐스펙트럼장애아동들이 사용하는 독특한 억양이나 강세, 부적절한 쉼(pause) 등으로 인해 아동의 말을 알아듣기 힘든 것이다. 이 경우 자폐스펙트럼장애아동이 발음에 문제가 있다고 오인해서는 안 된다.

(2) 형태 및 구문발달 특성

형태발달 측면에서 일반 아동에 비해 자폐스펙트럼장애아동들이 다소 지체되어 있을 뿐이고, 독특한 패턴이나 특성을 보이지는 않는다. 이러한 특성 역시 자폐스펙트럼장애아동 개인마다 보이는 양상이 달라 한마디로 정의 내리기는 쉽지 않다. 공통적으로 보이는 특성은 문법형태소의 사용빈도가 낮고, 오류율이 높다는 것이다.

구문발달 측면에서도 일반 아동과 비교하여 구문발달에 지체를 보이지만 독특한 양상을 보이는 것은 아니다. 단지 일반 아동에 비해 발화 구문 길이가 짧고, 문장구조가 단순하며, 한정적인 형태만을 사용하는 모습을 보인다. 문법형태소 사용에 어려움을 보여 문장을 산출할 때도 낱말과 낱말을 결합한 전보문식 형태를 많이 사용한다. 그리고 자폐스펙트럼장애아동은 유연성 있게 문장을 사용하기보다는 고정된 형식으로 마치 문장을 통째로 삼킨듯하게 표현하는 모습을 보인다. 예를 들어, 컵에 있는 물이 넘쳐흐를 때 그것을 보고 "물이 졸졸졸 졸"이라고 하거나 그네에 대해 이야기할 때 교사가 "그네 탔어?"라고 물어보면 "빙글빙글 돌아요."라고 대답을 한다.

(3) 의미발달 특성

의미발달 측면에서 살펴보면, 초기 어휘습득에 있어 일반 아동은 사회적으로 경험한 낱말들(예: 엄마, 없어, 안녕 등)이 먼저 나타나지만, 자폐스펙트럼장애아동은 초기 습득 어휘의 대부분이 음식물, 색깔, 숫자, 철자 등 명사가 대부분이다. 특히 감정과 관련된 어휘를 습득하고 사용하는 데 어려움을 보이며, 공손한 표현, 간접적인 표현, 은유적인 표현을 이해하거나 사용하는 것에도 매우 큰 어려움을 보인다. 언어적 표현이 어느 정도 가능한 아동도 TV 광고, 동요 등은 잘 외우지만, 의사소통 상황에서 그러한 언어를 적절하게 사용하지는 못한다.

(4) 화용발달 특성

자폐스펙트럼장애아동이 가장 큰 결함을 보이는 영역이 화용론적 측면이다. 우선 자폐스펙트럼장애아동은 대화를 시작하고 유지하는 데 결함을 보인다. 자폐스펙트럼장애아동은 다른 사람과 의사소통하려는 의도가 낮아 자발적으로 대화하려는 시도가 적고, 타인의 관심을 인식하여 함께 나누기보다는 자신의 관심거리에만 한정되어 말하는 경향 때문에 대화 유지가 어렵다. 그리고 타인과 시선 맞추기가 어려워 대화를 언제 시작해야 하는지, 화제를 언제 바꾸어야 하는지, 그리고 대화를 언제 끝내야 하는지에 대해 혼란스러워하는 모습을 자주 보인다. 따라서 어떤 경우에는 지나치게 질문하거나, 자신의 말만 장황하게 늘어놓기도 하고, 또 다른 경우에는 타인과 의사소통 교대활동(turn-taking)이 전혀 나타나지 않는다. Paccia-Cooper 등(1981)은 자폐스펙트럼장애아동이 시작한 발화의 20% 이상이 타인의 말을 중단시키는 적절치 못한 것이었고, 53%만이 주제와 연관된 것이었다고 하였다. 이는 상대방의 감정을 인식하지 못하여 주제를 전환하거나, 타인이 무엇을 원하고 어떤 주제에 관심이 있는지 민감하게 반응하기 어렵기 때문이다.

다음으로 의사소통 기능 측면에서도 결함을 보이는데 자폐스펙트럼장애아동은 주로 물건 및 행동 요구하기, 저항하기 등의 제한된 의사소통 기능만을 사용하는 경향이 있는 것으로 나타났다(Wetherby & Prutting, 1984). 자폐스펙트럼장애아동과 수용언어능력이 유사한 일반 아동의 경우 정보제공하기, 자랑하기, 평하기, 조절하기 등의 다양한 의사소통 기능이 나타나지만, 자폐스펙트럼장애아동은 이러한 기능들이 다양하게 나타나지 않았다. 의사소통 기능은 사회적 소통을 통해 습득하는 것이기에, 의사소통 의도가 적은 아동들의 경우 이러한 기능을 습득하는 데 오랜 시간이 걸릴 수 있다.

TIP

유아시기에 있는 자폐스펙트럼장애아동은 어린 시기부터 어린이집이나 유치원, 언어치료와 같은 수업을 통해 교사가 말을 하면 반응을 해야 한다는 것을 잘 알고 있다. 그래서 자폐스펙트럼장애아동과 대화나 수업을 해보면 "네"라는 대답을 매우 잘한다. 그런데 이는 진정한 대답하기(기능)가 아닌 경우가 많다. 따라서 교사는 자폐스펙트럼장애아동의 의사소통 기능을 분석할 때 이를 주의할 필요가 있다. 즉, 맥락에 맞지 않게 또는 아동이 좋아하지도 않으면서 "네"라고 대답하는 경우는 '대답하기'라고 판단을 하지 말고 '의례적 반응'으로 판단을 해야 한다. 예를 들어, 책 읽기를 좋아하지도 않고 관심도 없는 자폐스펙트럼장애아동에게 "책 읽기 좋아?"라고 물으면 "네"라고 대답할 것이다. 이는 대답하기가 아닌 의례적 반응이고, 많은 자폐스펙트럼장애아동들이 이러한 의례적 반응을 많이 한다. 그래서 간혹 어린이집이나 유치원 교사들이 자폐스펙트럼장애아동의 의사소통 능력을 평가할 때 '대답'은 잘한다라고 잘못 평가를 내리는 경우가 있는데, 이는 의례적 반응으로 하는 '네'를 대답하기로 분석해서이다. 그렇다고 모든 '네'를 의례적 반응으로 분석해서는 안 되며, 주의 깊은 관찰을 통해 대답하기와 의례적 반응을 구별하여 IEP를 계획할 필요가 있다.

* **대답하기:** 상대방의 질문에 대답
* **의례적 반응:** 앞선 발화에 부합되지 않는, 단순한 의례적 반응

5 자폐스펙트럼장애아동에게 도움 제공하기

1) 언어발달 수준에 따른 접근방법

자폐스펙트럼장애아동은 다양한 수준의 언어발달을 보일 수 있다. 이때 아동의 언어발달 수준에 따라 의사소통 지도 방향이 달라져야 한다. 아동의 언어발달 수준을 무발화 아동, 주로 반향어를 사용하는 의사소통이 제한된 아동, 기본적인 구어 사용이 가능하지만 구어습득이 지연된 아동, 정상적으로 구어를 습득한 것으로 보이지만 메타화용능력이 제한된 아동으로 나누어 살펴볼 수 있다.

(1) 무발화 아동

먼저 무발화 수준(최소발화)의 아동의 경우 보완대체의사소통판이나 제스처 등을 통해 의사소통을 표현하도록 돕는다. 이러한 무발화 수준의 경우 심한 지적장애를 동반한 경우가 많으며, 의사소통 의도를 보이지 않는 경우가 많다. 따라서 우선은 아동의 의도를 파악하여 좀 더 관습적인 방법으로 표현하도록 유도하고, 구어 자극을 지속적으로 제공하는 것이 바람직하다. 예를 들면, 하고 싶지 않을 때 소리를 지르는 아동의 경우 눈을 맞추며 "싫어요."라고 말해 주면서 고개를 가로젓는 행동을 하도록 이끌어 준다.

아동의 언어는 즐거운 상호작용이어야 한다. 따라서 초기에 아동의 관심에 따라 상호작용 기회를 만드는 것이 중요하다. 아동의 의도 없는 행동에 의미를 부여해서 적절한 낱말로 표현해 주고, 아동이 자신의 요구를 몸짓으로 보여줄 때 교사는 적절한 낱말로 바꾸어 표현해 주어 아동 수준에 적합한 언어적 모델링을 제공해 주어야 한다.

〈바람직한 상호작용 예〉

- 아동이 보고, 만지고, 귀 기울이는 것이 무엇인지 살펴보고, 아동이 말하고자 하는 바를 이해하고 적절한 단어로 표현해 준다.
- 예를 들어, 아동이 삐뽀 소리를 내며 달려가는 소방차 장난감을 가만히 보고 있을 경우, 교사는 "삐뽀삐뽀"라고 표현한다. 아동이 반응을 보이지 않아도, "삐뽀삐뽀"라고 말하며 장난감을 아동에게 건네준다. 잠시 기다려도 아동이 소방차 놀이를 하지 않을 경우, 교사가 소빙차 장난감을 움직이며 "삐뽀삐뽀" 소리를 내어 본다. 장난감을 통해 상호작용을 할 수 있도록 교사와 아동이 번갈아서 장난감을 움직여 보는 놀이를 한다.

(2) 반향어를 사용하는 아동

주로 반향어를 사용하면서 의사소통이 제한된 경우 반향어를 제거해야 할 목표가 아닌 의사소통을 하고자 하는 기능으로 고려해야 한다. 따라서 반향어에 주의를 기울여 바람직한 의사소통 기능으로 전환해 주는 것이 필요하다. 반향어 초기에는 즉각적이고 반사적으로 따라 하다가, 조금씩 인지 기능과 의사소통 기술이 향상되면서 이전에 들은 말을 유사한 상황에서 따라 말하거나 들은 말을 낱말이나 문장형태로 바꾸어 표현하기도 한다.

즉각반향어를 사용하는 아동의 경우 반향어를 활용하여 그 상황에 어울리는 말을 할 수 있도록 돕는다. 예를 들면, 교사가 "이거 뭐지요?"라고 하면 아동이 "이거 뭐지요?"라고 똑같이 반복할 것이다. 이때 교사는 그 상황에 어울리는 말로 다시 표현한다. 교사가 "이거는 색연필이에요."라고 다시 표현한다면, 아동은 "이것은 색연필이에요."라고 모방할 것이다. 지연반향어의 경우에도 반향어를 활용하여 상황에 적절한 말로 다시 표현해 준다. 예를 들면 교사가 "점심시간이에요."라고 했을 때, 아동은 "꼭꼭 씹어 먹어야지!"라고 한다. 이때 교사는 "점심 먹어요. 그래요 밥 먹을 때는 꼭꼭 씹어 먹어요."라고 표현한다.

표 7-5 반향어를 사용하는 아동을 위한 의사소통 방법 및 예시

반향어를 사용하는 아동의 언어발달을 촉진해 주기 위해서는 일단 아동이 표현한 반향어의 의도를 파악하는 것이 중요하다. 의미를 파악한 후에 적절한 문장으로 다시 알려주고, 아동이 모방하거나 반응할 시간을 기다리는 것이 필요하다. 이때 아동이 그대로 따라 하면서 유의미한 상황 속에서 이해하고 표현하도록 이끈다.

〈즉각반향어〉를 사용하는 아동의 예

교사: (아동의 그림을 보며) 수박이야?
아동: (교사의 말을 그대로 따라서 말하여) 수박이야.
교사: 수박 그렸어요.
아동: (교사의 말을 그대로 따라서 말하며) 수박 그렸어요.

〈지연반향어〉를 사용하는 아동의 예

아동: (점심시간이 되었음을 인식하고 선생님과의 책 읽기가 끝나지 않았는데) 점심시간이니까 도시락 꺼내요.
교사: 그래, 점심시간이야. 점심 먹고 싶어.
(아동이 반응할 수 있는 시간을 준다.)
아동: 점심 먹고 싶어.
교사: (웃으며) 그래, 책 다 읽고 점심 먹자.

(3) 구어습득이 지연된 아동

기본적인 구어사용이 가능하지만 구어습득이 지연된 아동의 경우에는 대체로 반향어를 오랜 기간 거치지 않고 구어를 습득한 경우이다. 이 아동들에게서는 주로 화용론적 오류와 의미적 오류가 많이 관찰된다. 따라서 이러한 수준을 보이는 아동들은 지속적으로 어휘를 습득하고 이를 일반화하여 사용할 수 있도록 지도해야 한다. 또한 구어습득이 어느 정도 이루어져 있으므로 이를 또래들이나 주위 사람들(교사, 부모 등)과 활용할 수 있도록 지도하는 것이 좋다.

어린이집이나 유치원과 같은 교육기관에서는 교사와 아동 간의 일대일 지도 상황뿐만 아니라 또래 교수를 활용하거나 또래들과 놀이를 할 수 있도록 지원해 주면서(예: 놀이 시간에 친구들을 볼 수 있도록 방향을 틀어주기, 아동이 해야하는 말 모델링해주기 등) 화용론적 능력을 향상시킬 필요가 있다.

(4) 메타화용능력이 제한된 유아

정상적인 구어습득을 보이는 화용능력이 제한된 아동으로, 이전에 아스퍼거 증후군으로 진단받았던 아동의 경우 대화 시 말 주고받기, 주제 유지하기, 주제 조절하기 능력이 부족하다. 간접적인 표현(비유나 은유)의 이해가 어렵고, 대화에서 타인의 감정을 추론하는 데에도 어려움을 보인다.

이러한 어려움을 가진 아동에게 교사는 사회적 상황에서 적절한 말과 행동으로 시범을 보이거나, 아동에게 꼭 필요한 상황이야기를 만들어 들려주는 활동을 통해 타인의 감정을 이해하는 능력을 향상시킬 수 있다. 예를 들면, '00이는 기린반이에요. 영희가 00이에게 색연필을 빌려주었어요. 이때 00이는 영희에게 '고마워'라고 말해요. 영희가 웃어요.'라는 상황이야기를 통해 타인의 감정을 추론하는 것을 배울 수 있다.

상황이야기를 만드는 방법과 구체적인 예는 다음 **표 7-6**과 같다.

표 7-6 상황이야기 만드는 방법 및 예시

- 사회적 이야기의 주제는 어린이집에서 아동이 적응하지 못하는 주제를 선정한다.
- 주제가 선정되면 관찰을 통해 주제와 관련된 아동의 문제 상황을 파악한다. 문제 상황을 설정하고, 타인에 대한 인식, 그리고 어떻게 반응하는 해야 하는지 문장으로 구성한다(Gray, 1998).
- 사회적 상황이야기는 설명문, 지시문, 조망문 세 가지 문장으로 구성된다.
- 설명문(descriptive sentence)은 시작 부분에서 주로 사용한다. 이야기의 배경과 사건의 원인을 설명한다.
- 지시문(directive sentence)은 유아에게 요구되는 반응(행동)을 진술하는 것으로 '나는 ....할 수 있다'로 표현한다.

- 조망문(perspective sentence)은 유아의 반응에 대한 다른 사람의 반응을 기술한다.
- 예를 들어 자폐스펙트럼장애아동이 선생님이 불러도 대답이 없는 경우 다음과 같은 상황이야기를 만들 수 있다.

나는 자동차 놀이를 하고 있어요.
선생님이(친구가) "OOO야" 하고 나를 불러요.
나는 "네. 선생님"이라고 대답하며 선생님의 얼굴을 살짝 보아요.
선생님은 내가 대답을 해서 매우 기뻐요.

	나는 자동차 놀이를 하고 있어요.
	선생님이(친구가) "OOO야" 하고 나를 불러요.
	나는 "네. 선생님"이라고 대답하며 선생님의 얼굴을 살짝 보아요.
	선생님은 내가 대답을 해서 매우 기뻐요.

2) 언어지도 프로그램

자폐스펙트럼장애아동을 위한 언어중재 프로그램 중 특정 한 가지 프로그램만이 효율적이라고 말할 수는 없지만, 여러 프로그램의 공통점은 아동에게 의사소통 기회를 제공하고 동기를 높일 수 있는 상황을 제공하는 것이다. 자폐스펙트럼장애아동에게 많이 사용되며, 잘 알려진 언어 중재 방법으로는 비연속개별시행교수, 그림교환의사소통체계, 중심축-반응훈련이 있으며, 이를 중심으로 살펴보고자 한다.

(1) 비연속개별시행교수

비연속개별시행교수(Discrete Trial Teach: 이하 DTT)는 행동주의 학습 원리를 바탕으로 이루어진 지도방법으로, 자폐스펙트럼장애아동에게 의사소통을 포함한 새로운 기술을 가르치기 위해 사용될 수 있다. 구조화된 환경에서 교사 주도로 교수가 이루어지며 아동이 반응을 정확하고 능숙하게 할 때까지 반복된 집중 연습을 하고, 즉각적인 강화를 제공하는 것이 특징이다.

DTT 시행 절차는 아동을 주의 집중시킨 후 변별자극을 제시하고, 아동이 반응을 하면 이에 대한 후속 결과로 피드백을 제공한다(이소현, 2007). 자극이 주어진 다음 아동이 정반응을 보이면 후속 결과로 강화물이 제공되고, 오반응을 보이면 교사가 촉구를 제공하여 아동이 촉구 없이 정반응을 보일 때까지 반복적으로 시도한다(진흥신, 2010). 그러고 나서 다시 교수를 시작하기 전에 짧은 휴식기를 가지고, 동일한 절차로 교수를 진행한다.

예를 들어, DTT를 적용하여 아동에게 '색깔'에 대해 가르치고자 한다면 다음과 같은 절차로 진행할 수 있다(방명애 외, 2018).

- 1단계
  - 교사는 빨간색과 파란색 블록 한 개씩을 아동 앞에 놓는다.
  - 교사가 아동에게 "빨간색 블록 주세요."라고 한다. (변별자극)
  - 아동은 교사에게 빨간색 블록을 준다. (아동 반응)
  - 교사는 아동에게 "그렇지. 잘했어요."라고 말한다. (후속 결과)
  - 다음 시도를 하기 전에 매우 짧게 멈춘다. (시행 간 간격)

- 2단계
  - 교사는 빨간색과 파란색 블록 한 개씩을 아동 앞에 놓는다.
  - 교사가 아동에게 "파란색 블록 주세요."라고 한다. (변별자극)
  - 아동은 교사에게 파란색 블록을 준다 (아동 반응)
  - 교사는 아동에게 "그렇지. 잘했어요."라고 말한다. (후속 결과)
  - 다음 시도를 하기 전에 매우 짧게 멈춘다. (시행 간 간격)

DTT를 적용할 때 교사는 원하는 반응만을 강조하기보다는 의사소통을 위한 기회로 이 방법을 활용해야 하며(Feng & McLaughlin, 2000), 그 예는 다음과 같다.

〈비연속 개별시도 교수의 예〉

'미래 시제'를 정확히 알려 주기 위해 교사는 다음과 같이 변별자극과 후속 결과를 제공할 수 있다.

교사: 내일 우리 어디에 가나요?

아동: 현장학습

교사: 아니, 우리 내일 어디에 갈 거예요? 우리는....

아동: 우리 현장학습

교사: 그래, 우리는 어디 갈 거예요?

아동: 우리 현장학습 갈 거예요.

교사: 우와! 맞았어. 우리 현장학습 갈 거예요.(이때 '갈 거예요'를 보다 강조해서 말한다)

(2) 그림교환의사소통체계

그림교환의사소통체계(Picture Exchange Communication System: 이하 PECS)는 자폐스펙트럼장애아동의 사회적 상호작용과 의사소통 능력을 향상시키기 위해 적용할 수 있는 지도방법이다. 보완대체의사소통의 한 방법이기는 하지만 원하는 물건을 가지기 위해 사물 그림을 교환해야 함을 아동에게 알려 주는 것으로, 아동이 의사소통 대상자에게 접근해야 하고 상호작용을 먼저 시작한다는 점에서 차이가 있다(방명애 외, 2018).

PECS는 6단계에 따라 진행한다. 1단계는 그림으로 교환을 수행한다. 2단계는 다양한 사람과 환경에서 자발적인 반응을 보일 수 있도록 한다. 3단계는 다양한 그림들을 식별한다. 4단계는 그림을 이용하여 문장을 만들고, 5단계는 그림을 이용하여 질문("무엇을 원하니?")에 대답한다. 6단계에서는 이전에 습득한 상호작용을 확장하는 것으로 '무엇을 원하니? 무엇을 보고 있니?' 등의 질문에 대답하도록 유도한다(이소현, 2007). 이때 1, 2단계에서는 두 명의 훈련자가 필요한데, 자폐스펙트럼장애아동은 자발적으로 그림을 교환하지 않을 것이기 때문에 교환의 개념을 습득할 수 있도록 교사 외에 반드시 촉진자가 필요하다(표 7-7 참고).

교사는 PECS를 연습할 수 있는 기회를 일과 중에 자주 제공해 주어야 하며, 이때 아동에게 말을 강요하지는 않지만 실제로 4단계로 접어들면 단어나 어절을 말하는 모습이 나타나기도 한다(Bondy & Frost, 1994).

표 7-7 PECS 1단계 적용 예시

- 아동이 좋아하고 원하는 물건(사전에 이미 관찰을 통해 알게 된 것)을 아동의 앞에 내려놓는다.
- 아동이 물건에 손을 뻗치면 촉진자는 아동의 손에 그림을 놓는다.
- 촉진자는 아동을 신체적으로 촉구하면서 그 그림을 교사에게 주도록 한다.
- 아동이 그림을 교환하면 교사는 말로 대답하면서 그림에 해당하는 물건을 보상으로 건네준다.

	아동이 좋아하는 사탕과 사탕 그림을 아동의 앞에 놓는다.
	아동이 사탕으로 팔을 뻗는다.
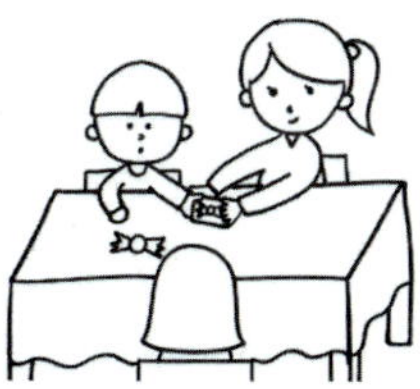	촉진자가 아동의 손에 사탕 그림을 올려놓는다.

	촉진자의 신체적 도움으로 아동이 교사에게 그림을 주도록 한다.
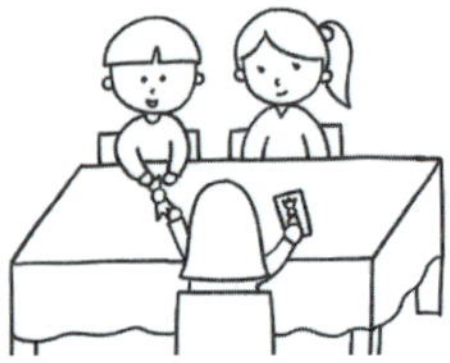	교사는 "사탕이 먹고 싶구나. 여기 있어."라고 말하면서 아동에게 사탕을 준다.

(3) 중심축-반응훈련

중심축-반응훈련(Pivotal Response Training: 이하 PRT)은 다른 영역에까지 긍정적 효과를 미칠 수 있는 중심적 역할을 하는 행동을 가르치는 방법으로, 자폐스펙트럼장애아동의 사회적 능력과 의사소통 능력 향상에 효과적인 지도방법으로 알려져 있다(방은, 최하영, 2018). PRT는 한 번에 하나의 목표 행동을 지도하는 것이 아니라 아동의 발달에 중심축이 되는 영역들을 지도하는 데에 중점을 둔다.

중심축-반응훈련 영역에는 다음과 같은 것들이 있다.

표 7-8 중심축-반응훈련 영역

구분	내용
동기유발	• 자폐스펙트럼장애아동이 무엇인가를 하고자 하는 동기를 가질 수 있도록 하는 것 • 동기유발방법: 아동의 관심 유발하기, 함께 조절하기, 아동의 선택 활용하기, 다양한 활동 · 교재 · 반응 활용하기, 습득된 과제와 유지 과제 같이 사용하기, 아동의 시도 강화하기, 즉각적이고 자연적인 강화 사용하기
복합단서에 반응하기	• 아동이 이미 습득한 중심행동을 여러 다양한 속성과 특징을 지닌 복잡한 요구에 반응하도록 하는 것 • 복합단서에 반응하기가 중심반응 중 하나인 이유는 많은 학습 상황에서 다양한 단서에 반응해야 하는 일이 많기 때문
자기관리	• 부모나 교사에 대해 의존하는 정도를 줄이고 스스로 행동하게 하려는 것 • 자기관리가 중심반응 중 하나인 이유는 자기관리기술은 여러 상황 속에서 많은 사람과 다양한 행동을 하도록 일반화를 촉진할 수 있으며, 다른 사람의 도움을 거의 받지 않고도 습득된 행동을 할 수 있기 때문
자발적으로 시작행동하기	• 사회적 상호작용 대상자에게 먼저 말을 걸거나 몸짓으로 의사소통을 시도하는 행동을 하게 하는 것 • 자발적 시작행동이 중심반응 중 하나인 이유는 스스로 시작하는 상호작용을 통해 학습이 일어나는 일이 많기 때문

출처: 방명애 외(2018). 자폐성 장애학생 교육. p. 90~95에서 수정발췌.

즉, 자폐스펙트럼장애아동의 동기를 강화하고, 다양한 단서와 자극에 반응할 수 있도록 하며, 시작행동과 자기관리 능력의 증가, 그리고 공감 능력을 향상시키는 데 초점을 두고 지도한다(Koegel & Koegel, 2006).

이 훈련이 효과적이려면 아동이 환경에 최소한의 관심을 가질 수 있어야 하고, 기본적인 모방 기술이 있어야 한다. 일과 안에서 적용할 수 있는 PRT의 예는 다음과 같다.

〈중심축-반응훈련 예시〉

예시 1. 아동은 자유놀이 시간에 정수기로 향한다. 이때 교사는 아동의 손을 잡고 "뭐 마시고 싶어?"라고 질문한다. 아동이 "물"이라고 대답하면, 교사는 컵을 아동에게 바로 건네준다. (동기유발, 자발적으로 시작행동하기)

예시 2. 아동이 화장실 문을 열었다 닫았다를 반복한다. 이때 교사는 부드럽게 아동의 어깨를 두드리며 "쉬하고 싶어? 응가하고 싶어?"라고 질문한다. 아동이 "쉬"라고 말하면, 교사는 "쉬하자."라고 말하며 화장실로 부드럽게 안내한다. (동기유발, 자발적으로 시작행동하기)

위의 예에서 알 수 있듯이 아동은 교사의 질문, 지시, 기회에 집중할 수 있어야 한다. 그리고 강화는 행동 직후에 주어져야 하고, 기대되는 행동과 관련성이 있어야 한다. 이처럼 중심축-반응훈련은 교사가 교육환경 안에서 하루 내내 자연스럽게 중재를 실시할 수 있다는 데 그 장점이 있다.

앞서 밝힌 바와 같이 모든 중재 프로그램이 모든 자폐스펙트럼장애아동에게 적절한 것도 또는 효과적인 것도 아니지만, 자폐스펙트럼장애아동을 위한 언어중재에서 기본적으로 중요한 것은 아동에게 의사소통 기회를 제공하여 소통하고자 하는 욕구를 높일 수 있어야 한다는 것이다.

CHAPTER 08

뇌성마비아동

학습 목표

1. 뇌성마비의 정의를 설명할 수 있다.
2. 뇌성마비아동의 말과 언어발달 특성을 설명할 수 있다.
3. 뇌성마비아동을 위한 보완대체의사소통을 이해하고 적용할 수 있다.

1 뇌성마비 정의 및 원인, 분류

1) 뇌성마비 정의

뇌성마비는 출생 전, 출생 시, 출생 후 뇌가 아직 미성숙한 시기에 뇌손상에 의해 발생하는 기능장애이다. 이때의 대뇌병변은 비진행성이며, 주로 운동기능에 장애를 보인다. 지능에 결함을 가지고 있기도 하고 언어장애, 감각장애를 동반하기도 한다. 뇌성마비가 다른 장애를 동반하는 중복장애를 살펴보면, 언어발달장애는 50%(말장애까지 포함한다면 90%), 인지장애는 65~75%, 시각장애는 50%, 청각장애는 1~2%이다(Feldkamp, 1996, 고은, 2014에서 재인용).

장애인 등에 대한 특수교육법(2007)에서는 지체장애와 뇌병변장애를 구분하지 않고 있지만, 장애인복지법(2019)에서는 뇌병변장애와 지체장애를 구분하고 있다. 특수교육 서비스를 받는 대부분의 지체장애아동은 뇌병변장애이고, 특히 뇌성마비아동이 대부분이다. 따라서 이 장에서는 영유아기에 출현율이 높은 뇌성마비를 중심으로 살펴보고자 한다.

2) 뇌성마비 원인

이러한 뇌손상은 출생 전, 출생 시, 출생 후의 원인으로 나누어 살펴볼 수 있다.

- **출생 전**: 임산부의 감염, 독성물질과 불필요한 엑스레이 과다 노출, 약물 복용 등
- **출생 시**: 조산, 무산소증, 출혈, 분만 사고 등
- **출생 후**: 뇌염 및 뇌막염으로 인한 감염, 고열성 질환, 뇌종양, 두부 외상 등

그러나 이처럼 뇌성마비의 원인이 출생 전, 출생 시, 출생 후의 뇌손상으로 인한 것이지만, 증후는 훨씬 더 늦게 확인되며, 뇌성마비의 1/3은 원인불명으로 그 원인을 알 수가 없다(Bowe, 2000).

뇌성마비를 조기에 진단할 수 있는 징후가 있는데, 의심되는 증상으로는 **표 8-1**에 제시한 증상들이 있다(정진엽 등, 2016). 의심되는 증후가 있다면 병

원을 찾아가 빠르게 진단을 받는 것이 좋고, 조속히 치료를 받게 된다면 이 아동이 가지게 될 기능적 어려움이 조금은 완화될 수 있다.

표 8-1 뇌 손상이 의심되는 증상

- 가장 처음에 나타날 수 있는 증상
  - 보챔, 기면(외부자극에 대한 반응성 감소로 수면 상태에 빠지는 현상)
  - 수유 곤란, 고개 가누기 어려움
  - 높은 음의 울음소리
  - 한쪽 팔과 다리를 잘 못 움직이는 비대칭적 운동, 비정상적 자세

- 운동발달 지연 현상
  - 머리 가누기(3개월), 뒤집기(4개월), 혼자 앉기(6개월), 일어나 앉기(8개월), 잡고 서기(8개월), 혼자 걷기(12개월)의 과정이 늦어지고 있는지 확인
  - 혼자 걷기 시작했을 때 뻣뻣하게 걷기, 까치발로 걷기, 가위 모양으로 걷기, 안짱걸음 등의 이상 보행을 하는지 확인

3) 뇌성마비 분류

뇌성마비는 마비 부위에 따라 그리고 운동장애 유형에 따라 분류할 수 있다. 먼저 마비 부위에 따라서 사지마비, 양마비, 편마비, 대마비, 삼지마비, 단마비로 나뉜다(국립특수교육원, 2016).

- 사지마비는 사지 전체가 마비된 것으로 특히 상지보다 하지가 더 심한 운동기능 장애를 보인다. 상지 운동통제능력이 어려워 머리 조절과 눈협응이 좋지 못하다. 사지마비의 경우 자조 기능이 발달하기가 어려워 타인의 도움을 받아야 한다.
- 양마비는 상지가 경도인 하지마비로 머리 조절이나 눈의 협응이 사지마비

보다 양호하다. 그리고 언어능력이 비교적 장애가 없는 아동과 유사하다.

- 편마비는 신체 한쪽이 마비된 것으로 주로 경직형에서 많이 나타난다.
- 대마비는 양쪽 하지만 마비된 것으로 주로 경직형에서 나타난다. 보행 시 도움이 요구되나 팔과 손의 움직임은 좋은 편이다.
- 삼지마비는 일반적으로 상지 한쪽과 양쪽 하지가 마비된 것을 말한다.
- 단마비는 사지 가운데 어느 한쪽만 마비된 것으로 주로 경직형에서 나타나며 뇌성마비에서는 가장 드물게 나타난다.

운동장애 유형에 따라서는 경직형, 불수의형, 운동실조형, 강직형, 혼합형으로 분류한다(국립특수교육원, 2016).

- 경직형(spastic type)은 대뇌피질 손상으로 과잉강직과 과잉경련이 일어난다. 몸 일부를 굽히려 할 때 몸 전체가 굽혀지고, 몸의 일부를 펴려고 할 때는 몸 전체가 펴지는 모습을 보이고, 어떤 자극에 대해 조절할 수 없는 경련이 발생한다. 가위 걸음(무릎과 무릎이 서로 부딪혀 걷는 형태)을 보이기도 한다.
- 불수의 운동형(athetoid type)은 대뇌 기저핵(basal ganglia) 손상으로 불필요한 과잉동작이 불수의적으로 일어난다. 정서적으로 불안할 경우 흔들거나 자극을 주면 특히 상지와 머리에서 불수의적인 움직임이 더 많이 발생한다.
- 운동실조형(ataxia type)은 소뇌 손상으로 몸 균형을 잡기 어렵고 방향과 균형 감각이 마비되어 서기는 가능하지만 보행이 어렵다. 따라서 걸을 때 방향 및 균형을 잡기 어려워 술에 취한 듯한 움직임을 보인다. 대체로 아동이 걷기 시작한 후에야 진단이 되며, 휴식 시 정상적인 모습을 보이지만,

심한 경우에는 진전(tremor)를 보일 수 있다. 무표정한 것이 특징이며 공간 인지능력이 지체되어 있다.

- 강직형(rigidity)은 근육 신축성이 상실되어 운동 시 저항이 매우 강하다. 언어나 동작이 둔하며, 인지 수준이 낮은 편이라 발달이 지연되고, 사회생활 적응도 어렵다. 혼합형(mixed)은 위의 두 가지 유형이 함께 나타나는 것으로, 예를 들어 불수의 운동이 주된 장애이면서 경직형 증상이 함께 나타날 수 있다.

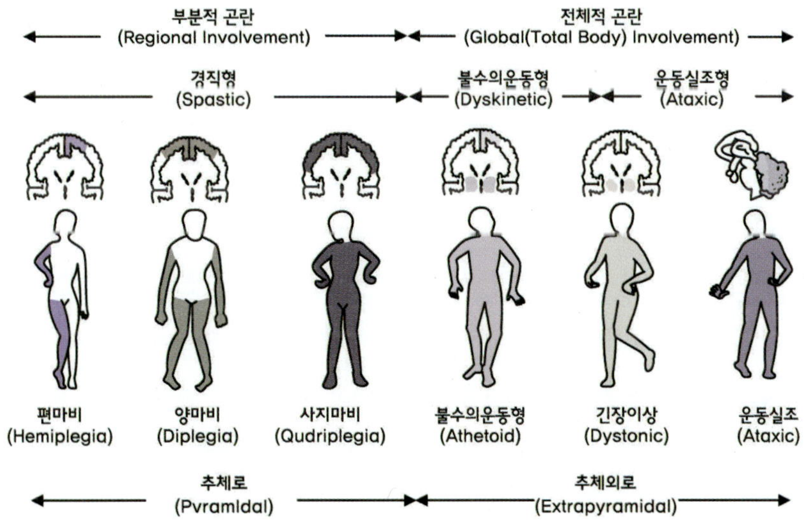

그림 8-1 뇌성마비 부위와 운동장애 유형별 분류

출처: 권순우 외(2017). 특수교육학개론. p. 213.

이처럼 뇌성마비아동은 대뇌 손상으로 인해 운동능력에 어려움을 보인다. 대체로 영아기에 사라져야 할 초기반사가 지속되기도 한다. 초기 원시 반사 유형에는 바빈스키 반사, 모로 반사, 잡기 반사, 걷기 반사, 척추 반사, 수영 반사가 있으며, 원시 반사의 특징은 표 8-2와 같다(곽노의 외, 2007).

표 8-2 원시 반사의 특징

반사	특징
바빈스키 반사	발바닥을 간지럽히면 발바닥을 쫙 펴는 반사. 생후 8개월~1년 사이에 사라짐.
모로 반사	큰소리가 나거나 안고 있는 자세가 갑자기 바뀌면 깜짝 놀라 구부리고 손과 발을 앞으로 뻗는 반사. 생후 6~7개월이 되면 사라짐.
잡기 반사	손바닥에 물체를 쥐어주면 꼭 쥐는 반사. 생후 3~4개월이 되면 의도적인 잡기행동으로 대체되고 점차 사라짐.
걷기 반사	신생아를 세워서 잡아주면 마치 걷는 것과 같은 동작을 반복하는 반사. 점차 의도적인 걷기 행동으로 대체됨.
척추 반사	손으로 등 위에서 아래로 그을 때 어느 한쪽으로 구부러지게 그으면 그쪽으로 움직이는 반사
수영 반사	물속에 있으면 수영하는 것처럼 팔다리를 움직이면서 호흡하는 반사. 생후 6~7개월 이후에 사라짐.

이러한 원시 반사는 근육의 저긴장성 또는 고긴장성을 보여 자발적인 움직임을 방해한다. 따라서 운동문제로 인해 아동이 즉각적으로 반응하는 것에 어려움을 보일 수 있기 때문에 교사는 아동이 반응할 시간을 충분히 주어야 한다. 그렇지 않으면 아동은 좌절하고 점점 반응하려고 하지 않을 수 있다. 그리고 아동의 불수의적인 움직임에 대해 부모, 물리치료사와의 소통을 통해 정확히 이해해야 할 뿐만 아니라 이러한 수의적인 움직임을 방해하는 반사적 행동을 어떻게 조절할 것인지에 대해서도 정보를 얻어야 한다.

특히 뇌성마비아동의 경우 안정된 자세를 유지하여 과제에 집중하도록 도와야 한다. 그래야 아동은 균형을 잡는 데 모든 에너지를 사용하지 않고 안정되고 균형 잡힌 자세에서 과제에 참여할 수 있게 된다. 그리고 부적절한 자세를 오래 유지할 경우 특정 근육이나 관절에 무리를 주기 때문에 반드시 안정되고 편안한 자세를 유지하도록 해주어야 한다(류수옥 역 등, 2010). 일반적으로 편안한 자세는 엉덩이와 무릎이 90도 각도를 유지하고 발은 발 받침대에 닿아야 한다.

그리고 아동이 활동할 수 있는 범위 안에서 과제에 최대한 참여할 수 있게 해야 한다. 이것은 아동의 운동능력과 관련이 있기 때문에 각 개별 아동의 수준에 따라 어떻게 참여시킬 것인가를 고민해야 한다. 예를 들면, 그림 그리기 활동에서 아동의 손가락 움직임이 원활하지 않다면, 주제에 어울리는 그림을 선택해 정해진 틀 속에 꾸미기를 하도록 유도한다. 아동의 자세와 운동 조절 방법에 대해서 부모, 물리치료사와 충분히 의논하고, 교사는 어떻게 자세를 조절하고, 과제활동과 집단활동 시 어떻게 참여시킬 것인지 고민해야 한다.

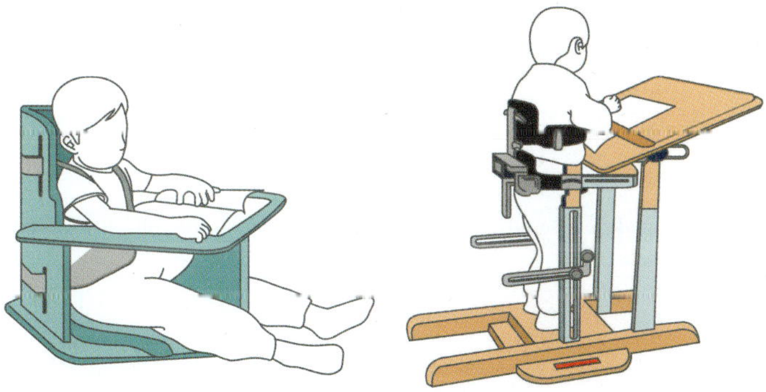

그림 8-2 뇌성마비아동에게 사용되는 앉기와 기립 지지대

출처: http://knat.go.kr/knw/home/knat_DB/mydb_assist.php?assist_num=3

2 뇌성마비아동의 일반적 특성

1) 지각 특성

뇌성마비아동은 특히 시지각적 처리에 어려움을 보인다. 따라서 사물의 공간 위치, 공간 관계 그리고 시각과 운동협응이 요구되는 소근육 발달이 지연된다.

먼저 사물의 크기와 위치를 지각하는 공간 위치 지각이 어렵다. 즉, 안과 밖, 위와 아래, 왼쪽과 오른쪽 등을 혼동하여 지각한다. 그리고 둘 이상의 물체 각각의 위치, 물체 상호 간 위치를 지각하는 공간 관계 지각이 어렵다. 이러한 공간 관계 지각의 문제는 아동이 사물에 잘 부딪히거나 넘어지게 하고, 구슬꿰기, 적목 쌓기 등의 활동을 어렵게 한다. 마지막으로 시각과 운동협응에 의존하여 발달하는 소근육 발달이 상당히 지연될 수 있다. 그래서 읽기, 쓰기, 일상생활하기에 어려움을 보인다.

2) 인지적 특성

뇌성마비아동은 의사소통이 제한되고 동작 표현을 할 때 제한적인 모습으로 인해 인지적 능력이 과소평가될 수 있다. 물론, 뇌성마비아동의 약 3/4은 평균 이하의 지능 수준을 보일 수 있지만(Batshaw et al., 2019), 뇌성마비아동 가운데 평균 또는 그 이상인 지능 수준을 가진 아동도 있다. 따라서 겉으로 보이는 신체적인 제한과 구어 표현의 어려움만으로 아동을 평가해서는 안 된다.

그리고 뇌성마비아동들은 제한된 활동과 그로 인한 경험의 부족으로 미성숙한 사고를 할 수 있으며, 대상에 대한 분석 및 종합하는 사고의 발달이 늦어질 수 있다. 따라서 외부 세계를 탐색할 수 있도록 부모, 교사의 도움이 필요하다.

3) 사회 · 정서 및 행동적 특성

뇌성마비아동이 가진 불리한 조건으로 인해 정서 행동 면에서 어려움을 보일 수 있다. 욕구불만이론 관점에서 뇌성마비아동은 기본적인 신체적 욕구뿐만 아니라 신체적 이동의 제한으로 사회적 참여가 어렵기 때문에 부정적인 자아개념과 공격적인 행동을 보일 수 있다. 인간은 타인보다 못하다는 열등감을 느낄 때 긴장하고 불안한 모습을 보인다(김춘경, 2006). 자신의 열등감이 반복적으로 확인되고 이것이 자신의 힘으로 극복될 수 없다고 느낄 때 만성적인 열등감, 패배감으로 이어진다. 이처럼 극복할 수 없다는 생각에 좌절감을 느끼고 부정적인 사고, 불안, 고집스러움이 나타날 수 있다.

또한 자신의 신체에 대한 느낌과 태도는 자아개념 형성에 영향을 미친다. 긍정적인 신체상은 행복과 관련이 있고, 부정적인 신체상은 낮은 자아개념, 고립, 의존성, 욕구불만 등을 발생시킬 수 있다. 그러므로 신체적인 문제로 인해 자신을 고립시키고, 욕구불만으로 인해 부정적인 자아 개념, 불안 등이 생기지 않도록 뇌성마비아동을 마주하는 주위 사람들의 태도가 매우 중요하다.

3 뇌성마비아동의 말 · 언어 특성

1) 뇌성마비아동의 언어 특성

뇌성마비아동의 의사소통의 어려움은 운동조절 문제 때문에 발생하고, 더 나아가 인지적인 어려움까지 함께 일어난다면 언어적 상호작용은 더 힘겨울 수밖에 없다.

앞서 2장에서 뇌의 구조와 기능에 대해 살펴보았다. 뇌성마비와 연관지어 살펴보면 뇌는 언어와 사고, 운동(움직임)을 담당한다. 따라서 뇌의 손상 범위와 정도에 따라 뇌성마비아동의 언어능력은 매우 큰 차이를 보인다. 말 산출뿐만 아니라 언어능력에서도 큰 결함을 보이는 아동이 있는가 하면, 말 산출에만 문제를 보이고 언어능력에는 결함을 보이지 않는 아동도 있다. TV와 같은 매체를 통해 몸을 움직이지 못하는 사람이 대학교를 무사히 마치고 대학원에 들어가 공부하는 모습을 볼 수 있는데 이 경우가 언어능력에는 결함을 보이지 않는 경우이다. 따라서 뇌성마비아동의 언어능력은 결함을 보이지 않는 수준부터 매우 큰 결함을 보이는 수준까지 다양한 언어능력을 보인다.

2) 뇌성마비아동의 말 특성

(1) 구어 산출의 어려움

뇌성마비아동의 의사소통 문제는 말산출과 관련이 있다. 구어표현을 하기 위해서 호흡 · 발성 · 조음기관, 신체적인 조건이 어우러져야 한다. 하지만 뇌성마비아동의 경우 이러한 각각의 기관과 신체의 과긴장 또는 불수의적인 움직임으로 인해 구어로 자연스럽게 자신의 생각을 표현하는 데 어려움이 생길 수 있다.

호흡 면에서 살펴보면, 호흡이 얕고(잦은 호흡), 수의적으로 호기 조절이 어렵다. 그리고 불규칙한 호흡으로 폐활량이 떨어지고 비정상적인 근육 움직임으로 인해 갑작스러운 폭발음이 유발될 수 있다.

발성기관 측면에서 보면, 후두괄약근에 경련이 생기거나, 괄약근 탄성이 부족하기도 하고, 여러 괄약근 운동 시 타이밍에 문제를 보이기도 한다. 또한 성대의 불수의적 움직임이 관찰되고, 성문을 닫아야 할 때 필요 이상의 노력이 요구된다.

조음기관 측면에서도 조음기관이 마비되거나, 불수의적인 움직임으로 혀, 입술, 턱 등을 조화롭게 움직이기가 어렵다. 혀의 경우 좌우로 움직이거나 혀를 들어 올리기, 혀 내밀기, 혀 당기기가 어렵다. 입술운동을 보면, 입술의 개폐, 입술 오므리기, 입술의 가장자리 당기기 등이 곤란하다. 턱 운동을 보면, 하악(아래턱)의 개폐 운동이 원시적인 반사운동에 의해 좌우되기도 하고, 계속 열린 상태로 있기도 한다. 얼굴의 안면근육의 불수의적인 움직임 때문에 입술, 눈 주위가 계속 실룩거리거나 비틀린다. 그리고 발화 시 완전한 입술 모양을 만들지 못한다.

사례

진수는 만 4세예요. 진수는 말을 하는 속도가 느리고, 힘이 들어가며 말이 스타카토처럼 자주 끊이져요. 또래 친구들처럼 긴 문장을 하시는 봇하지만, 한 낱말 수준의 문장을 끊어서 표현해요. 요즘 말을 하는 것이 매우 힘겨운지 의사소통하려는 욕구가 좀 줄어든 것 같아 안타까워요. 진수가 자신의 의견을 좀 더 편안하게 이야기할 수 있도록 보완대체의사소통을 사용하는 것이 어떤지 부모님과 상의해 보려고 해요.

(2) 뇌성마비 유형에 따른 말 산출 특성

뇌성마비는 운동장애 유형으로 분류하고, 그 유형에 따라 말 산출 특성을 살펴볼 수 있다(박순길, 전헌선, 2005; 이금숙, 유재연, 2008).

경직형은 과도한 근육 긴장으로 점진적이고 유연한 운동을 하기 어렵기에 구어가 폭발적인 특성을 보이고, 비정상적인 멈춤과 헐떡거리는 형태 또는 약하거나 실성증적인 음성 특성을 보이기도 한다.

불수의 운동형은 때와 장소에 따라 조음 명료도가 현저하게 변화되는 경우가 많고 조음오류 유형도 일정하지 않다. 목소리의 크기가 약하여 속삭이는 소리, 비정상적인 발성을 보여서 단어의 어미와 구의 마지막 단어가 종종 속삭이는 소리로 발성된다.

운동실조형은 구어가 느슨하고 리듬이 없는 특성을 보이며, 로봇이 말하듯 끊어지는 듯한 소리, 음절이 단절되는 발성을 보인다.

3) 비언어적 의사소통 수단의 어려움

뇌성마비아동의 의사소통에서 또 하나의 어려움은 얼굴 표정이나 몸짓을 사용해야 하는 움직임이 어려울 수 있다는 것이다. 이는 교사와 부모가 이해하지 못함으로 인해서 의사소통 단절이 일어나고, 이러한 경험이 빈번해지면 의사소통 시도가 줄어들고 결국 원활한 의사소통자가 되기 어려울 수 있다.

TIP

뇌성마비아동들은 정도의 차이는 있지만 모두 움직임(운동능력)에는 어려움을 보인다. 따라서 아동의 언어능력을 파악하거나 평가를 할 때, 이를 주의할 필요가 있다. 예를 들어, 아동의 이름을 부르는 것을 이해하고 반응할 수 있는지 알아보기 위해 "OO야" 라고 이름을 부르고 아동을 관찰했는데 아동이 반응이 없어 이 아동은 자신의 이름을 인식하지 못하고 반응하지 못한다고 함부로 평가해서는 안 된다. 그 이유는 만약 움직임의 제약이 많은 아동이었다면 이 아동은 자신의 이름을 부르는 소리를 듣고 팔을 들어 움직이려는 시도를 하고 있었는데 교사가 반응할 수 있는 충분한 시간을 주지 않았기 때문일 수도 있기 때문이다.

4 뇌성마비아동에게 도움 제공하기

1) 말 산출을 위한 기초능력의 강화

발화 시 기초능력을 강화하기 위해서 호흡훈련, 자세조정훈련이 필요하다. 호흡훈련은 불기 활동으로 호흡량을 증가시킬 수 있다. 예를 들면 촛불 불기, 비눗방울 불기, 바람개비 불기, 코끼리 코 불기, 도화지에 물감 불기 등을 통해 한 번에 낼 수 있는 호기량을 조금씩 늘릴 수 있다(고은, 2014).

자세조정훈련은 조음 시 적절한 자세를 취해 이상 반사 패턴을 억제할 수 있도록 도와주는 방법이다(유재연, 권도하, 1998). 예를 들어, 양순음의 경우 머리를 앞으로 숙여 양 입술의 폐쇄가 쉽게 이루어지도록 한다. 경구개음의 경우 머리를 앞으로 숙여 혀끝 부위가 경구개나 치조에 쉽게 가까워져서 혀가 조금만 움직여도 조음위치에 닿을 수 있도록 유도한다. 연구개음의 경우 목을 뒤로 젖혀 혀뿌리가 구강의 뒤쪽으로 위치하도록 돕는다. 이처럼 조음 시 적절한 자세를 통해 조금 더 조음위치에 가깝도록 도울 수 있다.

2) 언어발달 수준에 따른 언어적 자극

아동의 언어적 수준이 언어표현이전단계, 한낱말 단계, 낱말 조합 단계인지 파악한 다음 아동의 수준에 따라 언어적 자극을 제공한다. 아동이 언어표현이전단계, 즉 몸짓과 발성으로 의사소통하는 경우 뇌성마비아동이 사용하는 의사소통 기능이 한정적일 수 있기 때문에 다양한 의사소통 기능(요구하기, 거부하기, 선택하기, 반응하기 등)을 사용할 수 있도록 기회를 제공해야 하며, 일과 안에서 여러 놀이 활동을 통해 지도할 수 있다.

한 낱말 단계에 있는 아동의 경우, 일상생활에서 자주 사용하는 어휘를 습득하는 것을 목표로 지도한다. 이때 명사뿐만 아니라 서술어에 해당하는 어휘를 같이 지도해야 아동의 언어능력이 문장 수준으로 확장될 수 있다. 예를 들어, '과자, 물, 간식' 등과 같은 어휘뿐만 아니라 일상생활에서 자주 사용하는 '먹어, 넣어, 빼, 눌러, 좋아, 싫어' 등과 같은 어휘도 함께 지도해야 하며, 이를 연결하여 '물 먹어'와 같이 낱말 조합 단계로 나아갈 수 있도록 지도해야 한다.

3) 보완대체의사소통체계(Augmentative and Alternative Communication system: AAC)

보완대체의사소통체계(이하 AAC)는 구어를 통한 의사소통이 불가능하거나 심각한 어려움을 가지고 있어서 구어가 아닌 다른 의사소통 수단을 활용하는 것이다. 어떤 아동에게는 보완의사소통 수단이 되고, 어떤 아동에게는 대체의사소통 수단이 된다. 즉, 구어가 어느 정도 가능한 경우 몸짓, 표정, 컴퓨터 등과 같은 보조도구를 사용해서 자신의 욕구를 표현하는 것으로 이 경우에는 보완의사소통이 된다. 그리고 구어 사용이 심각하게 어려워 구어를 대신하여 그림, 글자 지적하기 또는 컴퓨터 등을 활용하여 의사소통하는 것이 대체의사소통이라고 할 수 있다. 따라서 이 두 가지의 의미가 합쳐져서 보완대체의사소통이라 불린다(박은혜 등, 2008).

AAC는 효율적으로 자신의 의도, 욕구를 타인에게 표현하여 세상과 소통하는 것에 목적을 두고 있다. 이를 통해 구어 및 의사소통을 발달시킬 수 있으며, 수업에 적극적으로 참여할 수 있게 하고, 의사소통 실패로 인한 좌절, 분노 등의 감정으로 일어나는 문제행동을 감소시킬 수 있다. AAC는 말을 전혀 할 수 없는 아동, 구어를 약간 사용할 수 있는 아동, 음성언어 사용이 너무 어려운 아동,

수술 등으로 일시적으로 구어 사용이 어려운 아동이 대상이 된다.

AAC 유형에는 비도구적 의사소통과 도구적 의사소통(전자식 의사소통, 비전자식 의사소통)이 있다. 비도구적 의사소통은 신체를 도구로 활용하는 것이다. 예를 들어, '예, 아니오'를 표시하기 위해 고개 끄덕이기와 흔들기, 눈동자를 위 아래로 올리기와 내리기, 간단한 수어 사용하기를 통해 가능하다. 이러한 신체 언어 사용은 쉽게 배울 수 있고, 의사소통 상대방에게 빠르게 전달할 수 있다. 하지만 대화 상대자도 AAC에 대한 지식을 가지고 있어야 하며, 추상적인 내용 전달이 어렵다는 단점도 있다.

도구를 활용하는 도구적 의사소통은 전자식 의사소통과 비전자식 의사소통으로 나누어 볼 수 있다. 전자식 의사소통은 IT기술, 음성합성기술로 인해 간편하게 터치를 통해 아동의 의도를 음성으로 출력할 수 있다. 또는 눈동자의 움직임만으로 자판 훑기를 통해 선택이 가능하기도 하다. 이처럼 의사소통 상대자가 AAC 지식을 가지고 있지 않아도 쉽게 의사소통할 수 있으며, 몸의 움직임이 매우 자유롭지 못한 아동인 경우 최소한의 움직임만으로 자신의 욕구를 표현할 수 있다는 장점이 있다.

그림 8-3 그림 상징 의사소통판

출처: 나의 AAC아동, 엔씨소프트문화재단, http://www.kshbs.or.kr/page/sub2_1

비전자식 의사소통은 음성출력이 되지 않는 도구이다. 의사소통판, 의사소통책 등으로 간편하게 제작할 수 있으며 사용법을 쉽게 배울 수 있고 제작 비용도 저렴하다.

의사소통책을 만들 때에는 아동의 인지능력에 따라 어떠한 상징체계를 선택할 것인지 결정해야 한다. 상징체계는 실물사진, 그림, 리버스, 블리스 상징을 사용할 수 있다. 상징을 포함한 모든 자료에는 상징물의 의미를 글자로 표시하여 대화 상대자가 쉽게 이해할 수 있도록 해야 한다.

의사소통판에 사용되는 상징 수(어휘 수)는 아동의 인지능력과 언어발달을 고려하여 결정하고, 어휘 수가 많은 경우에는 의사소통책을 만들어 준다. 이때 사용되는 어휘는 아동의 생활연령을 고려해야 하고, 또한 가정이나 어린이집, 유치원과 같은 교육기관에서 자주 사용되는 어휘를 사용해야 한다. 즉, 아동이 처한 환경에서 가장 효율성이 높은 어휘를 선정하는 것이 매우 중요하다. 특히 아동의 관심이 높은 어휘를 이용할수록 사용빈도가 높다. 또한 의사소통판과 의사소통책은 휴대가 간편해야 하며, 의사소통상대자도 쉽게 이해할 수 있도록 제작해야 한다. 제작 시 고려해야 점은 다음 **표 8-3**과 같다.

표 8-3 의사소통판 제작 시 고려할 사항

〈보완대체의사소통 선택 시 고려해야 할 점〉
- 아동의 언어수준: 일상생활 어휘를 어느 정도 이해하는지, 어떠한 의사소통 의도가 있는지 꼼꼼하게 관찰하여 보완대체의사소통 내용을 구성한다.
- 아동의 인지수준: 사물과 상징을 대응할 수 있는지 확인한다.
- 아동의 운동수준: 세부적인 신체 운동기능의 수준을 파악하여 손으로 직접 선택할 것인지, 눈동자의 움직임 등을 활용할 것인지 확인한다.
- 아동의 관심활동: 아동의 관심사와 실제 생활을 반영하도록 내용을 구성한다.

〈어휘 선택하기〉
- 아동의 핵심어휘 작성하기: 아동이 가장 관심이 많고 자주 요구하는 어휘를 선택하는 것이 초기 보완대체의사소통 사용을 높일 수 있기에 관찰을 통해 자주 사용되는 아동의 의사소통

요구와 어휘를 작성한다.
- 부수어휘 작성하기: 자주 사용되지는 않지만 연령, 관심사, 선호하는 장소 등에 사용할 어휘를 포함한다.

교사는 아동이 AAC를 통해 말을 정리하는 데 충분한 시간이 필요하다는 점을 잘 숙지하고, 아동이 전달하고자 하는 메시지를 이해하고 해석하려고 노력해야 한다. 왜냐하면 의사소통책, 음성출력기의 경우 단어로만 제시되는 경우가 많아 내용이 잘못 전달될 수도 있기 때문이다. 따라서 아동에게 개별 단어들을 재구성하여 질문하는 것도 좋고, 효과적인 의사소통을 위해 '예, 아니요'로 제한된 질문을 벗어나 개방적인 질문을 통해 언어능력을 높일 수 있도록 해야 한다.

CHAPTER 09

청각장애아동

학습목표

1. 청각장애를 정의하고 분류할 수 있다.
2. 청력검사 방법을 나열할 수 있다.
3. 청각장애아동의 언어발달 특성을 설명할 수 있다.
4. 보청기와 인공와우의 원리를 설명할 수 있다.
5. 청각장애아동의 의사소통 중재방법을 익혀 활용할 수 있다.

1 청각장애 정의 및 분류

1) 청각장애 정의

청각장애란 소리를 지각하는 신체 부위인 귀의 어느 한 부분에라도 문제가 생겨 소리를 듣지 못하거나 곤란을 겪는 상태를 말한다(국립특수교육원, 2016). 따라서 청각장애아동은 청각기관의 손상으로 듣기에 어려움이 생기는 아동이다. 특히 급속히 발달하는 영유아 시기의 청력손실은 앞으로 이들이 해내야 할 듣기, 말하기, 읽기, 쓰기 발달에 걸림돌이 될 수 있다.

2) 청각장애 분류

청각장애는 청각 채널을 사용할 수 있는 정도에 따라 크게 농과 난청으로 분류할 수 있다. 또한 청각장애는 청력손실 시기, 청력손실 정도, 청각기관 손상 부위에 따라 나누어 살펴볼 수 있다.

(1) 장애인 등에 대한 특수교육법

장애인 등에 특수교육법(2007)에서는 청각장애아동을 농과 난청으로 분류한다. 농이란 청력손실이 심하여 보청기를 착용해도 청각에 의한 의사소통이 불가능하거나 곤란한 상태를 말하고, 난청은 잔존청력을 가지고 있으나 보청기를 착용해야 청각을 통한 의사소통이 가능한 상태를 말한다.

(2) 청력손실 시기에 따른 분류

청력손실 시기에 따른 분류는 언어 전 청력손실(prelingually hearing loss)과 언어 후 청력손실(postlingually hearing loss)로 구분한다. 언어 전 청력손실은 언어를 학습하기 이전으로 3~5세 이전에 청력을 손실한 아동을 말한다. 언어 후 청력손실은 언어를 어느 정도 학습한 이후에 청력을 손실한 경우이다. 청력손실이 늦게 일어날수록 발전된 구화 언어능력을 보유할 가능성이 높으며, 당연히 구화를 선택하여 사용할 경향이 높다(Smith & Luckasson, 1995).

(3) 청력손실 정도에 따른 분류

순음청력검사를 실시한 결과인 순음역치평균으로 청력손실 정도를 분류할 수 있다. 정상청력, 미도난청, 경도난청, 중등도난청, 중등고도난청, 고도난청, 농으로 구분한다. 일반적으로 25dBHL 이하이면 정상청력을 의미하지만, 최근에는 25dBHL이 아닌 15dBHL을 기준으로 정상청력을 분류하고 있다(대한청각학회, 2017). 미도난청(16~25dBHL)의 경우라도 소음이 있는 환경에서는 의사소통에 어려움이 발생할 수 있기 때문이다. **표 9-1**을 살펴보면, 청력손실 정도에 따라 청각장애아동이 겪을 수 있는 의사소통의 어려움이 어느 정도인지 가늠해 볼 수 있다.

표 9-1 청력손실 정도와 의사소통 능력 간의 관계

난청 정도	순음역치평균	의사소통에 미치는 영향
정상	15dBHL 이하	의사소통에 영향을 주지 않는다.
미도난청	16~25dBHL	조용한 환경에서는 어려움이 없지만, 시끄러운 곳에서는 작은 말소리를 알아듣기 어렵다.
경도난청	26~40dBHL	조용한 곳이라도 희미하거나 먼 소리는 듣기 어려우며, 특히 교실에서의 토론에 참여하기가 쉽지 않다.
중등도난청	41~55dBHL	대화하는 말은 가까운 거리에서만 들을 수 있으며, 집단 활동에서는 의사소통의 어려움을 가진다.
중등도-고도난청	56~70dBHL	대화할 때 크고 분명한 말소리만 들을 수 있으며, 여러 명이 있을 때는 훨씬 어려움이 크다. 말할 때 다른 사람이 알아들을 수는 있지만 명료하지 않다.
고도난청	71~90dBHL	큰 소리로 말하지 않으면 대화하는 말을 알아듣기 어렵고, 알아듣는 경우에도 잘 못 듣는 단어가 많아진다. 또한 말명료도가 낮아져 다른 사람이 무슨 말인지 이해하기가 어렵다.

난청 정도	순음역치평균	의사소통에 미치는 영향
농(또는 최고도)	91dBHL 이상	아주 큰 소리는 들을 수 있지만, 대화하는 말은 전혀 들을 수 없다. 그리고 말명료도가 매우 낮아 대화 상대방이 이해하기가 매우 어렵다. 이 경우 수어가 주요 의사소통 수단이 될 수 있다

출처: 이소현, 박은혜(2011). 특수아동교육. p. 313에서 수정발췌.

(4) 청각기관 손상 부위에 따른 분류

청각기관 가운데 어느 부위가 손상되어 청력손실이 왔느냐에 따라 전도성(conductive hearing loss) 청각장애, 감각신경성 청각장애(sensorineural hearing loss), 중추성 청각장애(central hearing loss), 혼합성 청각장애(mixed hearing loss), 기능성 청각장애(functional hearing loss)로 분류할 수 있다.

외이와 중이의 병변으로 인해 청력손실이 온 경우에는 전도성(전음성) 청각장애라고 하고, 내이와 청신경계 이상으로 인해 청력손실이 온 경우에는 감각신경성(감음신경성) 청각장애라고 한다. 청신경이 연수에 들어가면서부터 대뇌피질 사이에 손상이 있는 경우에는 중추성 청각장애라고 한다. 그리고 위에 제시된 것 가운데 두 가지 이상이 혼합된 경우를 혼합성 청각장애라고 하는데, 주로 전도성 청각장애와 감각신경성 청각장애가 함께 있는 경우가 흔하다. 청각기관의 기질적인 문제 없이도 청력손실이 심인성으로 나타나는 경우가 있는데 이를 기능성 청각장애라고 한다(김영욱, 2007).

2 청각기관의 구조와 기능

청각기관, 즉 귀의 손상은 청력손실을 가져온다. 청각기관은 소리가 전달되는 순서에 따라 외이, 중이, 내이로 구분한다. 외이와 중이는 소리를 전달하는 전음기관이고, 내이는 소리를 감지하는 감음기관이다. 각 기관은 각각의 역할이 다르기에 한 기관만이라도 손상이 있으면 소리를 듣는 데 어려움이 생긴다.

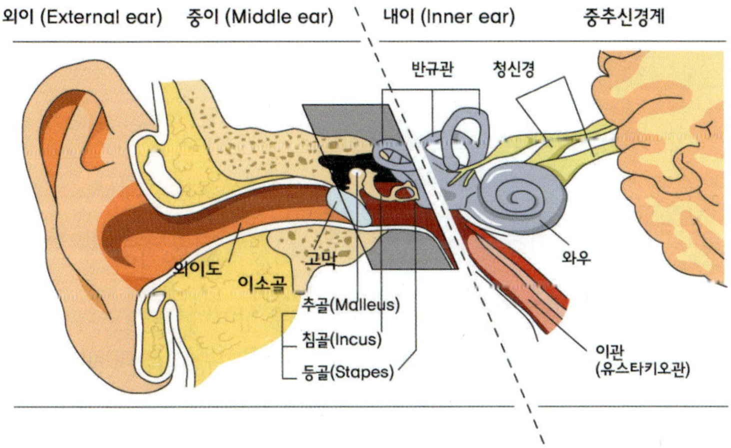

그림 9-1 귀의 구조

출처: https://www.g-health.kr/

1) 외이의 구조와 기능

외이(external car)는 소리를 모아 중이로 전달하는 역할을 한다. 외이의 구조에는 이개와 외이도가 있다. 이개는 소리를 모으고 소리의 방향을 지각하는 역할을 한다. 외이도는 외부로부터 이물질이 침입하는 것을 막고 공명기 역할을 한다. 성인의 경우 S자로 굽어 있으며, 길이는 3.0~3.5cm, 넓이는 0.7~0.9cm 이다.

TIP

연령이 증가함에 따라 귀의 크기도 변화한다. 어린 아동들의 경우, 이전에는 귀걸이형 보청기를 많이 했는데 그 이유 중의 하나는 어린아이가 성장함에 따라 이 외이도의 크기 변화에 따라 이어몰드 부분만 교체가 가능하기 때문이다.

2) 중이의 구조와 기능

중이(middle ear)는 외이도에서 전달받은 소리를 증폭시켜 내이로 전달하는 역할을 한다. 중이는 고막, 이소골, 이내근, 이관으로 이루어져 있다.

고막(tympanic membrane; eardrum)은 외이도와 고실(tympanum, tympanic cavity) 사이에 위치한 타원 모양의 3겹의 얇은 막(두께 0.1mm, 면적 약 85mm^2)이다. 중이를 보호하는 방어벽이며 음의 전도 역할을 한다.

이소골(auditory osscicle)은 3개의 작은 뼈(추골, 침골, 등골)들이 연결되어 있다. 고막에 붙어 있는 뼈는 추골(망치뼈, malleus)이고 추골의 한쪽 끝이 침골(지렛뼈, incus)로 이어진다. 그리고 침골은 등골(말굽뼈, stapes)과 연결되고, 마지막으로 등골판(등골의 밑바닥)이 내이의 난원창으로 연결된다. 추골, 침골, 등골은 소리를 내이까지 잘 전달하는 전음기능과 소리를 증폭(약 34dB 정도)시켜서 내이에 전달하는 기능을 한다.

이소골은 공기로 가득 차 있는 고실 내에 위치한다. 고실에는 이내근(auditory muscle)인 고막장근과 등골근이 있다. 이 두 개의 근육은 강한 음에 반사적으로 수축하여 내이를 보호하는 역할을 한다.

이관(auditory tube)은 유스타키오관이라고 불리며 고실과 비인강 사이에 위치하고 있다. 평소에는 닫혀 있다가, 연하, 하품, 재채기를 하면 이관이 열리면서 환기통로 역할을 하고, 고막 안과 밖의 기압을 일정하게 유지한다. 또한 고실의 분비액을 비인강으로 배출하는 통로 역할을 한다.

TIP

고실(중이강)은 기체로 가득 차 있는 빈 공간이다. 어린 아동들이 자주 걸리는 중이염은 말 그대로 이 안에 염증이 차는 것으로, 기체로 차 있어야 하는 공간에 농과 같은 액체가 찬다면 그 기능을 제대로 할 수 없을 것이다. 즉, 정확한 소리 전달에 문제가 발생하므로 만성 중이염을 앓는 경우 언어발달에 부정적인 영향을 미칠 수 있다.

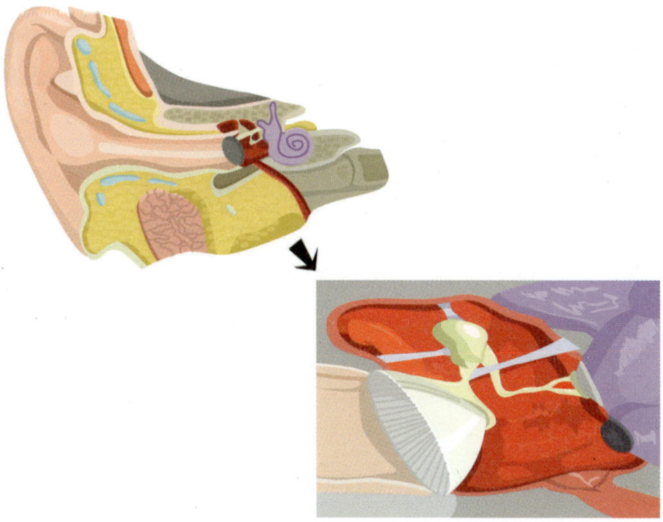

그림 9-2 중이의 구조

3) 내이의 구조와 기능

내이(inner ear)는 중이에서 전달받은 소리를 전기신호로 전환하는 역할을 한다. 내이에는 달팽이처럼 생긴 와우가 있다. 와우는 2.75 회전을 하고 있는 관으로 직경이 9mm, 높이는 5mm 정도이다. 둘둘 말린 와우를 펼쳐보면 마치 피아노 건반과 같은데, 와우 기저부는 고주파음을 받아들이고, 끝부분으로 가면서 저주파음을 받아들인다.

와우관을 자르면 위에서부터 아래로 전정계, 중앙계, 고실계로 나뉘며, 와우는 액체로 가득차 있다. 전정계와 고실계는 외림프액으로 채워져 있고, 중앙계에는 내림프액으로 채워져 있다. 중앙계와 고실계의 경계에 있는 기저막에 코르티기관이 있으며, 이 기관에는 유모세포가 있다. 그리고 이 유모세포 아래에 청신경 말초가 있는데, 유모세포의 움직임으로 인해 전기 신호가 발생되며 청신경을 통해 이를 뇌로 전달한다.

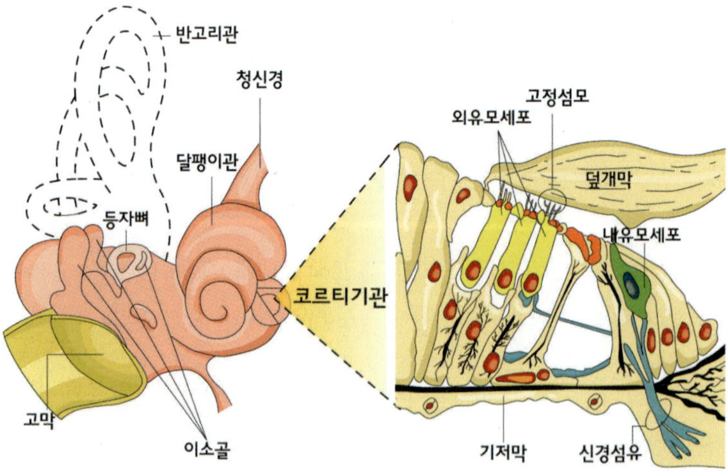

그림 9-3 내이의 구조

출처: http://dl.dongascience.com/magazine/view/S200506N039

4) 청각신경 및 중추의 구조와 기능

뇌에서 소리정보를 담당하는 곳은 측두엽으로, 뇌의 측두엽은 들려오는 소리의 의미를 이해하는 역할을 한다. 즉, 내이까지의 역할은 소리를 감지하는 것으로, 청신경으로 들어온 소리가 측두엽의 청각피질까지 도달해야 의미를 알 수 있다. 내이의 코르티기관에서 발생한 청각 신호는 와우신경핵(cochlear nuclei) → 연수(medulla) → 중뇌 하구체(midbrain) → 시상(thalamus) 내측슬상체 → 청각피질 순으로 전달되며, 이러한 과정을 통해 소리의 의미를 이해하고 학습하게 된다.

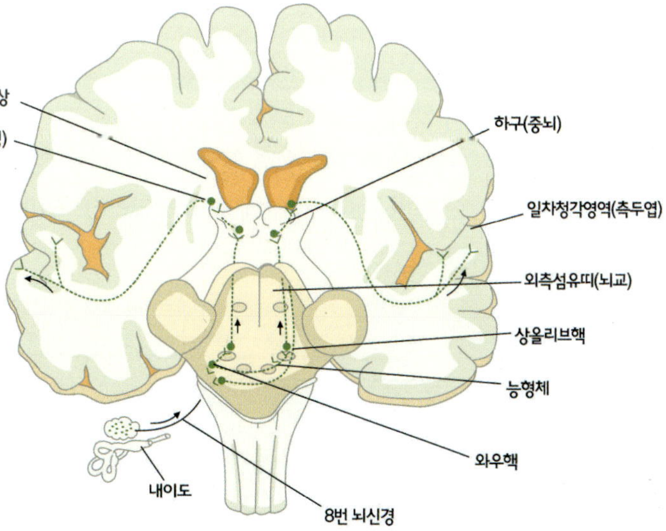

그림 9-4 청각신경로

출처: 김향희, 언어병리학의 신경해부, 2009

3 청각장애 진단

아동의 청각장애 유무를 확인하고, 청력손실 정도를 알아보기 위해서 청력을 평가해야 한다. 여기에서는 청각장애 진단 시 필요한 검사만을 살펴보고자 한다. 청력검사는 크게 주관적 청력검사와 객관적 청력검사로 나누어진다. 주관적 청력검사는 아동이 소리에 직접 반응하거나 아동의 반응을 관찰하는 검사이고, 객관적 청력검사는 검사결과를 객관적으로 분석할 수 있는 간접적인 측정 방법이다.

1) 주관적 청력검사

주관적 청력검사로 가장 대표적인 순음청력검사와 어음청력검사에 대해 살펴보고, 어린이집이나 유치원에서 간편하게 사용할 수 있는 링의 6개음 검사에 대해 간략히 살펴보고자 한다.

(1) 순음청력검사(pure tone audiometry)

순음청력검사는 순음청력검사기로 아동에게 순음을 들려주고 가까스로 들을 수 있는 가장 작은 소리인 청력역치(hearing threshold level)를 측정한다. 이때 말소리를 들을 수 있는 주파수대(500Hz, 1000Hz, 2000Hz, 4000Hz)의 청력역치를 측정한다. 그리고 순음청력검사는 기도검사, 골도검사 두 가지를 실시한다. 왜냐하면 소리는 외이 → 중이 → 내이를 통해 뇌에 전달될 수 있고(기도검사), 소리가 두개골을 통과하여 바로 내이를 자극하여 뇌로 전달될 수 있기 때문이다(골도검사).

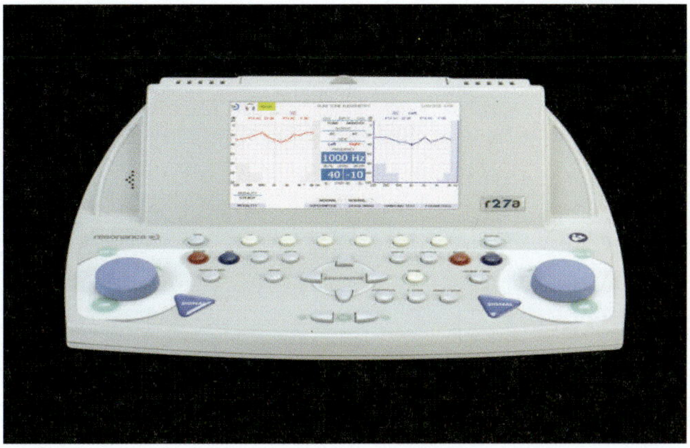

그림 9-5 순음청력검사기
https://datmed.de/produkte/hno/subjektive-audiometrie/r27a

순음청력검사의 결과로 우선은 청력손실 유무와 평균청력손실 정도를 알 수 있다. 평균청력손실도를 구하는 방법에는 3, 4, 6분법이 있으며 주로 4분법과 6분법을 활용한다.

두 번째로 청각장애 유형을 판별할 수 있다. 기도검사에서 청력손실이 있지만, 골도검사에서는 청력손실이 없을 경우 외이 또는 중이에 손상이 있는 것으로 파악되어 전음성 청각장애임을 알 수 있다. 그리고 기도검사에서도 청력손실이 있고 골도검사에서도 청력손실이 있으며, 그 손실 정도가 비슷하다면 내이가 손상된 것으로 파악되어 감각신경성 청각장애임을 알 수 있다. 혼합성 청각장애는 기도와 골도검사에서 모두 청력손실이 있지만, 기도검사 결과가 골도검사 결과보다 15dB 이상 청력손실이 더 있는 경우이다. 이처럼 순음청력검사는 가장 기본적인 검사이며 평균청력손실정도와 청력손실 유형을 알 수 있다.

- 전음성 청각장애: 기도청력 손상, 골도청력 정상
- 감각신경성 청각장애: 기도청력 손상, 골도청력 손상, 손상정도 비슷
- 혼합성 청각장애: 기도청력 손상, 골도청력 손상, 기도청력이 골도청력보다 15dB 이상 더 손상

(2) 어음청력검사

순음청력검사에서는 순음을 주고 청력손실정도를 알아보는 것이었다면, 어음청력검사는 음자극을 말소리로 제공하는 검사이다. 이 검사에서는 어음인지역치(speech recognition threshold)를 측정할 수 있다. 들려주는 이음절어 단어(강강격 단어)를 듣고 50% 정확히 반응할 수 있는 역치를 측정한다. 순음청력검사 결과와 어음청력검사 결과가 일치하지 않는다면 검사 신뢰성의 문제로 다시 실시해야 한다.

거울	안경	전화	풍선	당근	가위	사과	나무	신발	모자	연필	기차

그림 9-6 학령전기용 이음절어 단어와 그림판

출처: 산업통상자원부. 2009.12.22. 한국어를 이용한 어음 청각검사 방법의 KS표준 제정. http://www.motie.go.kr/motie/ne/rt/press/bbs/bbsView.do?bbs_seq_n=57125&bbs_cd_n=16

(3) 링의 6개음 검사(Ling's six sounds test)

링의 6개음 검사는 우리가 일상적인 대화에서 사용하는 말소리의 범주를 대표할 수 있는 6개음으로 할 수 있는 간편 검사이다. 보청기나 인공와우를 착용하고 있는 아동들에게 기기가 잘 작동하고 있는지 수업 전에 해볼 수 있는 검사이며, 때로 수업을 잘 듣던 아이가 갑자기 반응을 하지 않거나 틀린 반응을 너무 많이 보인다면 듣기에 문제가 발생한 것은 아닌지 간략히 살펴볼 수 있는 검사이다.

검사에서 사용하는 6개음은 이(i), 아(a), 우(u), 쉬(sh), 스(s), 음(m)으로, 이 6개의 음을 들려주면서 아동에게 따라 말하게 하면 되는 검사이다. 검사 시 주의할 점은 아동이 교사의 입모양을 보고 따라 할 수 있으므로 교사의 입모양을 가린 상태에서 검사를 시행해야 한다.

> **TIP**
>
> 링의 6개음 검사는 앱으로도 개발되어 있다. 앱을 활용해서 검사를 시행해도 되며, 볼륨 버튼을 이용하여 소리 크기를 조절해서 검사를 시행하면 된다.

2) 객관적 청력검사

(1) 이음향방사검사(Otoacoustic Emissions test)

이음향방사검사는 와우에 있는 바깥의 유모세포(외유모세포)가 움직여서 외이도로 에너지가 방사되어 나오는 에너지를 측정하는 검사이다. 방사되어 나오는 에너지가 있으면 유모세포가 정상적으로 움직이고 있음을 알 수 있고, 방사되어 나오는 에너지를 측정할 수 없다면, 유모세포에 문제가 있음을 알 수 있다. 즉, 이 검사는 와우 기능 평가에 유용하다.

(2) 청성유발전위검사(Auditory Evoked Potentials)

청성유발전위검사 가운데 청성초기 반응을 측정하는 뇌간유발반응검사가 있다. 이 검사는 아동의 두정부, 외이 뒤쪽의 유양돌기, 이마에 전극을 부착한 뒤 소리 자극을 주고 5ms, 10ms, 15ms 기간 동안 청신경계에서 발생하는 전위를 측정하는 것이다. 전체 파형, 각 파의 상대적 반응기간, 각 파의 절대적 상대적 크기, Ⅴ파의 역치가 중요하다.

위의 객관적 청력검사인 이음향방사검사와 뇌간유발반응검사는 피검자의 반응이 필요 없고, 매우 신뢰할 수 있는 검사이기에 신생아 청력 선별검사로 사용된다.

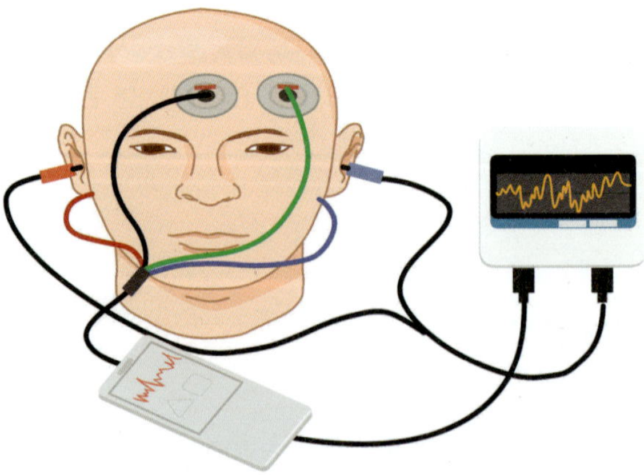

그림 9-7 뇌간유발반응검사

출처: http://earsandhearing.net/2017/04/abr

4 청각장애아동의 구어발달 및 변인

어린 시기 아동의 구어발달은 우연학습을 통해 일어난다. 아동을 둘러싼 양육자와 주변 사람들의 언어적 입력 및 상호작용은 아동의 구어발달을 촉진 시킨다. 하지만 청력손실로 인해 듣기에 어려움이 발생할 경우, 청각장애아동의 귀에 자연스럽게 언어가 입력되는 것을 방해하게 된다. 즉, 청각장애아동은 일상생활 속에서 주변 사람들의 언어를 수용하는 데 한계를 가질 수밖에 없고, 그로 인해 구어발달이 지연될 가능성이 높다.

선천적으로 청력손실이 있는 영아는 6~10개월부터 자음과 유사한 음성의 발성이 줄어들며, 옹알이도 일반 영아보다 더 늦게 시작하고, 더 적은 옹알이를 보인다. 그리고 2~4세의 선천성 청각장애아동의 언어 수준은 일반 아동의 언어 전 단계이거나 한 단어 수준을 보이는 경우가 많다(김영욱, 2007). 또한 말 산출에 있어서도 조음능력에 결함을 보이는 경우가 많고, 과다비성이나 과소비성의 문제를 동반하는 경우가 많아 말명료도가 낮은 특성을 보인다. 이처럼 선천적으로 청력손실을 가지고 있으면서 늦게 발견되거나 적절한 중재가 들어가지 않는다면 구어발달 측면에서 또래 아동보다 많은 지연을 보일 수 있다. 하지만 최근에는 조기에 청각보조기기(예: 보청기, 인공와우 수술 등)를 사용하는 아동들이 많아지면서 언어능력이나 말산출 능력에서 큰 어려움을 보이지 않는 아동들도 있다.

청각장애아동의 구어발달은 개인차가 매우 크다. 일반적으로 청력손실시기, 청력손실정도 그리고 다른 장애의 중복 여부 등과 관련이 있다. 청력손실시기 측면에서 살펴보면, 아동이 어느 정도 구어를 습득한 이후에 청력손실이 발생하였다면 듣기를 통한 언어적 경험이 있기에 청력손실이 매우 일찍부터 발생한 경우보다 구어를 습득하기가 더 수월할 수 있다.

구어발달은 청력손실 정도와도 관련이 있다. 청력손실이 크면 클수록 듣기를 통해 언어적 정보를 받아들이기가 어렵다. 따라서 청력손실이 크면 구어발달을 이루기가 쉽지 않다. 마지막으로 다른 장애를 함께 가지고 있는 경우, 특히 인지적 어려움이 함께 동반된 경우에는 구어발달을 더욱더 어렵게 만든다.

청력손실은 구어발달의 어려움을 가지고 오는 것이기에 조기 발견이 매우 중요하다. 조기 발견을 통해 보조기기를 착용하는 것이 매우 중요하며, 청능훈련을 통한 꾸준한 듣기 연습뿐만 아니라 포기하지 않도록 지지해 주는 가족, 그리고 세상 지식을 받아들일 수 있도록 도와주는 교육적 지원이 필요하다.

5 보청기와 인공와우

청력검사를 받은 이후, 청력손실이 있다면 청각보조기기를 사용해야 한다. 청각채널을 잘 활용하기 위해서는 조기에 진단을 받고 필요하다면 반드시 보청기를 착용해야 한다.

1) 보청기

(1) 보청기의 기본구조

보청기는 소리를 증폭시켜 전달해 주는 보조장치이다. 보청기의 기본 구조는 다음과 같다.

- 마이크로폰(microphone): 보청기로 들어온 신호를 전기적 신호로 바꾸어

준다.

- 증폭기(amplifier): 전기적 신호를 충분한 크기로 증폭시킨다.
- 건전지(battery): 증폭기에 에너지를 제공한다.
- 음량조절기(volume control): 소리 크기를 조절할 수 있다.
- 수화기(receiver): 증폭된 전기적 신호를 다시 음향 신호로 바꾸어서 아동의 귀에 전달한다.

(2) 보청기의 종류

보청기는 아동의 청력손실 정도, 보청기 사용 환경 등에 따라 적절하게 선택되어야 한다. 보청기는 크게 기도보청기, 골도보청기가 있다. 기도보청기는 기도 전도를 통해 소리를 전달하는 것이고, 골도보청기는 골전도를 통해 소리를 전달하는 것이다.

기도보청기는 외관상 눈에 띄는 보청기(귀걸이형 보청기)부터 귓속에 쏙 들어가 겉으로 잘 보이지 않는 보청기(귓속형 및 고막형 보청기)도 있다. 아동들은 주로 귀걸이형 보청기(Behind-The-Ear)를 사용하게 되는데, 이 보청기는 저음장애형부터 고음급추형 청각장애까지 폭넓게 사용되며, 귓본(earmold)이 있어 귀에서 떨어져 나가지 않도록 한다. 아동들의 경우 귀와 귓본이 벌어지게 되면 피드백 현상이 나타날 수 있다. 즉, 증폭된 소리가 수신기로 들어가면서 '삐삐'소리가 날 수 있다. 이때 아동의 귀에 귓본을 부드럽게 다시 넣어 주어야 한다. 또한 잘 듣던 소리를 아동이 감지하지 못할 경우, 건전지가 떨어져서 소리가 들리지 않는 것인지 반드시 점검해야 한다.

귓속형 및 고막형 보청기는 귓속에 삽입되어 마이크로폰이 손상될 걱정이 없으며, 80dB 이하의 고음점경형 청각장애에게 도움이 된다. 하지만 청력이 변하는 아동과 청소년에게는 적합하지 않다.

소리의 증폭장치인 보청기는 작은 소리도 들을 수 있도록 조정되며, 출력이 너무 커서 불편감을 줄 정도로 증폭되지 않는다. 즉, 보청기는 아동이 들을 수 있는 가장 작은 소리와 편안하게 들을 수 있는 소리 범위(가청범위) 안에서 조절되어야 한다.

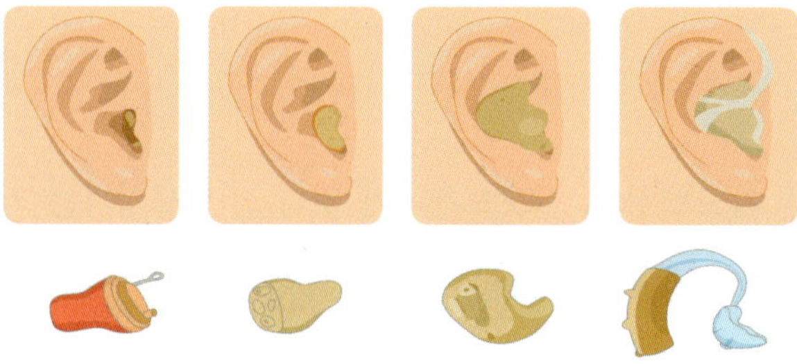

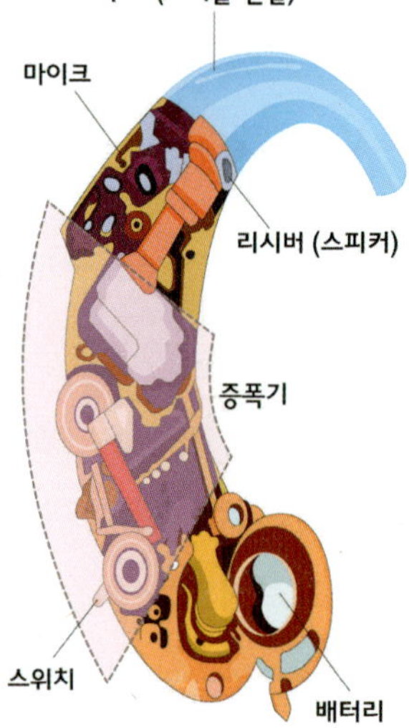

그림 9-8 보청기 종류

출처: http://koalclinic.com/cont/0505.php

2) 인공와우

(1) 인공와우 수술 대상자

보청기를 착용하고 소리를 듣는 데 여전히 큰 변화가 없을 경우 인공와우 수술을 실시한다. 인공와우 수술 대상자의 기준은 다음과 같다(이필상 외, 2015).

- 유소아 수술 대상자

첫째, 생후 12개월 이상(뇌막염의 경우 12개월 이전 수술 가능)

둘째, 양측 귀가 고도난청인자

셋째, 보청기를 가지고 적절한 기간 동안 청능훈련을 받았지만 효과가 없는 경우

넷째, 내과적 혹은 방사선학적인 금기사항이 없는 경우

다섯째, 청신경이 기능을 하고 있는 경우

여섯째, 청각 자극에서 자극반응을 할 수 있는 경우

일곱째, 소아와 부모들이 수술에 대한 강한 동기와 기대감을 가지고 있는 경우

여덟째, 가족들의 도움이 확실시되는 경우

아홉째, 재활 프로그램에 참여할 수 있는 경우

(2) 인공와우 구조

인공와우는 달팽이관에 전극을 심어 내이를 대신해서 청신경을 직접 자극하는 전자보조장치이다. 인공와우는 몸 밖에 착용하는 외부장치와 몸 안에 이식하는 내부장치가 있다.

① 외부장치

- 마이크로폰(microphone): 소리 신호를 전기 신호로 바꾸어 주는 역할을 한다.
- 어음처리기(speech processor): 들어온 소리 정보를 여러 가지 방법으로 조작한다.

- 헤드피스(head piece): 머리에 부착하는 것으로 어음처리기로부터 신호를 받아 내부장치로 전달한다.
- 배터리(battery): 외부장치가 작동할 수 있도록 에너지를 제공한다. 일회용 배터리와 충전용 배터리가 있다.

② 내부장치

- 수용–자극기(receiver–stimulator): 외부장치로부터의 신호를 달팽이관에 삽입된 전극으로 보낸다.
- 전극(electrodes): 청신경을 자극하여 뇌로 전달한다.

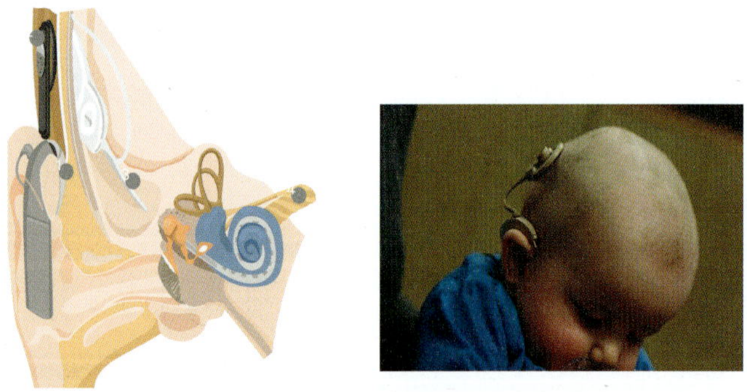

그림 9–9 인공와우

출처: https://www.thenurtureclinic.com/cochlear-implant

(3) 인공와우 소리 전달 과정

어음처리기에 있는 마이크로폰을 통해서 소리가 들어오고, 어음처리기에서 말소리를 분석하고 전기적인 자극으로 암호화한다. 이 자극이 헤드피스로 보내지면 수용-자극기를 거쳐 달팽이관의 전극으로 전달된다. 마지막으로 전극이 청신경을 자극하게 되어 말소리가 대뇌로 보내지게 된다.

(4) 청각재활

인공와우 수술 전 재활도 매우 중요하다. 수술 전에 환경음이나 말소리를 얼마나 잘 인지하느냐에 따라 결과가 달라질 수 있기 때문에 수술 전에도 꾸준한 재활훈련이 필요하다. 수술 3~4주 후에는 매핑(mapping) 작업을 실시하게 된다. 매핑이란 달팽이관에 이식된 전극이 담당하는 주파수의 역치(가장 작은 소리)와 최대 쾌적치(편안하게 들을 수 있는 큰 소리)를 컴퓨터로 찾아 어음처리기에 프로그램해 주는 작업이다(장선오, 구자원, 1997). 와우 수술 이후에는 소리 듣기를 처음부터 시작하는 것이기 때문에 꾸준한 청각재활 훈련이 반드시 필요하다.

TIP 인공와우 관리 시 주의사항

- 이식한 부위에 어떤 충격이나 강한 자극이 가해지지 않도록 한다. 체육활동 시 빼야 할 경우, 언어적 전달은 체육활동 전에 충분히 설명하고, 활동하면서 신체적 모델링을 제공한다.
- 언어합성기를 떨어뜨리거나 사물에 부딪히지 않도록 한다.
- 습기가 찬 경우 부속품이 부식되거나 막힐 수 있으므로 여름철 땀이 많이 난 경우에는 깨끗한 천이나 휴지로 닦아준다.
- 정전기를 조심해야 한다. 옷, 장난감, 컴퓨터 등을 만질 때 주의해야 한다.
- 인공와우를 착용하고, 장시간 동안 전기적인 전류에 노출되지 않도록 한다.

6 청각장애아동에게 도움 제공하기

사례1

윤주는 만 5세 5개월 여아예요. 윤주는 양쪽 모두 보청기를 착용하고 있어요. 윤주의 청력 정도는 양쪽 55dBHL정도이지만 보청기를 착용하면 35dBHL정도예요. 일대일 대화에서는 큰 어려움이 없지만, 집단활동과 시끄러운 곳에서는 교사와 또래 친구들의 말을 자주 놓쳐 지시에 맞춰 따르지 못하거나, 대화가 끊어지는 상황이 종종 발생해요. 그리고 /s/발음을 /ㄷ/발음으로 하여 친구들이 가끔씩 흉내 내며 놀리기도 해요. 요즘 이런 단절과 친구들의 놀림에 윤주는 자꾸 주눅 들어 "잘 못하겠어요."라고 하며 과제를 끝까지 완성하지 못할 때가 많고, 친구들과 잘 어울리지 않으려고 해요. 걱정스럽지만 윤주가 잘하고 즐거워하는 것을 찾아주고 자존감을 높이려고 노력하고 있어요.

사례2

민수는 만 2세 8개월 남아예요. 민수는 24개월에 오른쪽에 인공와우 수술을 했어요. 언어발달이 또래보다 좀 늦어 기다리다가 청력검사를 받았고, 검사결과에서 90dBHL정도의 소리를 가까스로 들을 수 있다는 진단을 받고 보청기를 착용하다가 큰 진전이 없어 인공와우 수술을 받았어요. 수술을 받은 지 8개월이 되었고 일주일에 3번 일찍 하원하여 청능훈련을 받고 있어요. 현재 와우를 착용하고 오른쪽 청력은 30dBHL이에요. 아직 교사와 또래와의 구어적 의사소통이 이루어지지는 않고 있지만, 주어진 활동을 할 때 민수의 곁에서 동작과 함께 언어적 자극을 주려고 노력하고 있어요.

위의 두 사례에서 본 것처럼 보청기와 인공와우를 착용했다고 해서 바로 듣기를 잘하는 것도 아니고, 이러한 기기를 통한 소리는 우리가 자연스럽게 듣는 소리와는 차이를 보이기도 한다. 따라서 보청기와 인공와우를 착용한 아동들에게는 전문적인 치료 지원서비스뿐만 아니라 교육환경 내에서도 적절한 지원이 필요하다.

우선 청력손실이 발견된 즉시 가능하면 빨리 아동에게 청각보조장치를 착용시켜야 한다. 특히 영아 시기는 오감각을 통해 세상 지식을 습득하는 때이므로 청각 자극뿐만 아니라 시각, 촉각 자극 등을 포함한 감각 자극이 풍부한 환경을 만들어 주는 것이 필요하다.

또한 청각장애아동의 귀 가까이에서 이야기하는 것이 중요하다. 청각장애아동과 눈높이를 맞춰 앉고 사물에 대해 말해 주거나, 아동을 무릎에 앉히고 이야기해 주는 것이 바람직하다. 이때 교사가 아동이 관심 가지는 것이 무엇인지 살펴보고, 그것에 대해 언어적인 청각적 자극뿐만 아니라 모든 감각을 동원해서 상호작용한다면 아동에게 도움이 된다. 상호작용을 할 때에는 아동이 반응할 시간을 충분히 제공해야 한다. 청각장애아동은 청각적 처리가 다른 아동에 비해 더 오래 걸리고, 들은 것에 대해 생각할 충분한 시간이 필요하기 때문이다. 이 외에도 아동과 상호작용 시 고려할 점으로 엄마가 아기에게 말을 하는 것처럼 말을 천천히 늘여서 말하며, 강도와 음도를 높여서 표현해 주는 것도 도움이 된다. 그리고 아직 영유아의 경우 기억이 제한적이기에 구와 문장의 길이를 줄여서 말해 준다면 듣기기술을 발달시켜 나가는 데 도움이 될 수 있다(김영욱 외, 2019)

청각장애아동은 청각적 단서로만 소리를 완전히 듣기가 어렵다. 구어 정보를 이해할 수 있는 단서로 시각적인 입술단서가 있다. 말을 할 때 화자의 조음기관의 움직임을 읽는다고 해서 말읽기, 독화(speechreading)라고 한다. 실제로 화자 입술의 움직임으로 정보를 가져오는 것은 매우 어려운 일이다. 독화는 여러 가지 요인이 상호작용하며 엄청난 노력이 필요하다. 그럼에도 불구하고 독화는 정확한 의사소통에 도움이 되므로 이를 간과해서는 안 된다.

청각장애아동이 이러한 시각적 독화 단서를 잘 활용하도록 교사는 다음과 같은 점에 주의해야 한다.

- 천천히 명확히 말한다(이때 절대로 과장되게 말하지 않는다.).
- 말을 할 때는 청각장애아동 쪽으로 얼굴을 향하고 말한다.
- 말하는 동안 입에 물건을 물고 있거나, 입 근처에 사물을 두지 않는다.
- 무엇보다도 청각장애아동이 좋지 않은 청력에 의존해서 말소리를 이해하는 것이 얼마나 어려운지, 청력손실로 인한 스트레스, 피로, 외로움 등을 알아차리고 공감해 주는 것이 필요하다.

이처럼 독화 단서를 잘 활용할 수 있도록 하였음에도 불구하고 의사소통 상황에서 단절(breakdown)이 일어났다면 다음과 같은 회복전략(repair strategy)을 사용할 수 있다(김영욱, 2007).

- 메시지를 다시 반복해 준다.
- 대화의 주제를 알려주기 위해 중요 단어를 반복해 준다.
- 더 많은 정보를 제공하고 중요한 단어를 반복하여 정교화해 준다.
- 상황에서 쉽게 이해될 수 있는 정보를 제공한다.

청각장애아동과 대화를 진행하는 것이 처음에는 보청기나 인공와우를 다루기 어렵다고 생각해서 많이 두려울 수 있다. 하지만 보청기와 인공와우도 눈이 나쁠 때 사용하는 안경과 같다고 생각하면 자연스럽게 두려움이 사라질 수 있다. 청각장애아동에게 필요한 것은 충분하고 적절한 대화를 통해 세상 지식을 쌓아가는 것이기에 교사는 청각장애아동을 이해하고 배려하며 인내심을 가지고 매 순간 아이들을 대해야 한다.

CHAPTER 10

조음 · 음운장애

학습 목표

1. 조음 · 음운장애의 정의를 설명할 수 있다.
2. 말소리 발달 단계를 구술할 수 있다.
3. 교육기관에서 활용할 수 있는 조음 · 음운장애의 평가방법을 설명할 수 있다.
4. 교육기관에서 적용할 수 있는 조음 · 음운장애의 지도방법을 익혀 활용할 수 있다.

1 조음 · 음운장애의 이해

1) 조음 · 음운장애의 정의

일반적으로 "00이는 언어능력은 괜찮은데 발음에 좀 문제가 있는 것 같아요."라고 표현을 하는데, 우리가 주로 사용하는 '발음'을 다른 말로 '조음'이라고 한다. 따라서 조음 · 음운장애(articulation and phonological disorders)란 간단하게는 말소리를 정확하게 산출하지 못하는 장애라고 정의할 수 있다. 이는 다시 두 가지로 나누어 살펴볼 수 있는데 조음기관의 구조나 기능상의 문제로 나타나는 발음상의 문제인 조음장애와 연령에 비해 음운 변별과 같은 음운 지식의 부재나 부족으로 인해 발생되는 음운장애로 나눌 수 있다.

다음의 사례를 한 번 살펴보자.

사례

민지는 만 4세 여아예요. 또래에 비해 어려서부터 말이 트이는 시기가 늦었어요. 청력에도 문제가 없고 음식을 씹을 때도 문제가 없었어요. 30개월쯤부터 언어표현은 또래와 비슷하게 하는 것 같은데, 발음이 부정확해서 뭐라고 말했는지 다시 묻는 경우가 많아요. 민지는 '기차'를 '지차', '엄마가'를 '엄마다'로 주로 /ㄱ/이 들어간 단어를 부정확하게 발음해요. 그런데 발음에만 문제가 있지 한글을 쓸 때는 정확하게 잘 써요. 요즘은 친구들도 민지가 하는 말을 알아듣지 못하는 경우가 종종 있는데 이런 상황이 반복되다 보니 민지가 하고 싶은 말이 있어도 상대방이 알아듣지 못하면 화를 내거나 다시 말을 하지 않으려고 해요.

위의 사례에서 민지는 다른 발달 측면에서는 문제를 보이지 않고 발음에만 문제를 보이고 있다. 민지의 연령에서 /ㄱ/음소는 이미 습득하고 정조음을 해야 하는 음소인데도 불구하고 오조음하고 있다면 조음능력에 문제가 있다고 판단할 수 있다. 하지만 쓰기 능력이 괜찮다는 것은 음운지식에는 문제가 없는 것으로 보이므로 민지는 조음과 관련된 구조나 기능상의 결함으로 인해 조음에 문제를 보인다고 판단할 수 있다.

이렇듯 조음 · 음운장애는 조음기관의 이상이나 기능적 결함 또는 음운 지식의 부재나 부족으로 인해 정상적인 조음이 되지 않는 경우를 의미한다.

취학전 조음 · 음운장애아동 중 다른 장애를 동반한 경우가 아니라면 일반적으로 조음장애인 경우가 대부분이다. 이런 아동은 조음하는 습관, 예를 들어 구강구조 중 혀의 위치를 바른 위치가 아닌 다른 위치에 두거나 조음 방법을 다르게 하는 경우가 많다.

음운장애는 음소를 듣고 변별하는 데 어려움을 보이며 그로 인해 스스로 오조음한 음소를 수정하는 데에도 어려움이 나타난다. 음운장애는 청력의 문제가 아니라 뇌에서 음소를 듣고 변별하는 과정에서 이를 인식하는 데 어려움을 보이는 유형이라고 볼 수 있다. 따라서 음소를 변별하고 지각하는 능력이 부족하면 말소리의 차이를 인식하는 데에 문제가 있기 때문에 조음을 정확하게 하는 데 어려움이 나타나는 것은 당연한 결과로 이어질 수 있다.

TIP

부정확한 조음을 보이는 지적장애아동들 중에는 조음기관의 결함으로 인해 발음을 정확하게 하지 못하는 경우도 있지만 이에 더해 음운 지식이 낮아 조음오류를 보이는 경우가 있다. 쓰기가 가능한 지적장애아동들을 보면 맞춤법에 오류를 많이 보이며 말소리를 들려주고 수정하게 해도 음운지식이 낮아 이를 적용하지 못하는 경우가 많다.

2) 말소리(음소)의 발달

취학 전 아동이 조음에 문제를 보이고 있는지 아닌지에 대해 판단하기 위해서는 언어발달과정과 같이 일반적인 말소리 발달단계를 이해하고 있어야 한다. 말소리는 한 번에 발달하는 것이 아니라 이 또한 단계를 거쳐 발달해 나가기 때문이다.

한국어의 음소는 크게는 자음과 모음으로 구성되어 있는데 이 중에서 조음,

즉 발음에 큰 영향을 미치는 것은 자음이다. 각각의 자음은 연령에 따라 달리 발달해가며, 연령에 따른 음소발달단계를 표 10-1에 제시하였다.

표 10-1 연령에 따른 음소 발달 단계

연 령	음소 발달 단계			
	완전습득 연령단계 (95~100%)	숙달 연령단계 (75~94%)	관습적 연령단계 (50~74%)	출현 연령단계 (25~49%)
2;0~2;11	ㅍ, ㅁ, ㅇ	ㅂ, ㅃ, ㄴ, ㄷ, ㄸ,ㅌ, ㄱ, ㄲ, ㅋ, ㅎ	ㅈ, ㅉ, ㅊ, ㄹ	ㅅ, ㅆ
3;0~3;11	+ㅂ, ㅃ, ㄸ, ㅌ	+ㅈ, ㅉ, ㅊ, ㅆ	+ㅅ	
4;0~4;11	+ㄴ, ㄲ, ㄷ	+ㅅ		
5;0~5;11	+ㄱ, ㅋ, ㅈ, ㅉ	+ㄹ		
6;0~6;11	+ㅅ			

출처: 김영태(1996). 한국언어청각임상학회. p. 15.

표 10-1과 같이 자음은 만 2세 무렵부터 만 6세까지 쉬운 음소에서 차츰 조음이 어려운 음소로 단계적으로 완성되어 간다. 즉, 자음은 /ㅂ/, /ㅌ/, /ㄷ/, /ㄴ/, /ㄱ/, /ㅋ/, /ㅈ/, /ㅊ/, /ㄹ/, /ㅅ/ 등의 순으로 만 6세까지 순차적으로 습득한다.

만 4세에서 5세경에는 우리말 자음에 있는 거의 모든 음소가 정확하게 완성된다고 보고되고 있다. 하지만 같은 연령대의 모든 아동들이 특정 음소를 정확하게 산출할 수 있는 것은 아니다. '한국어 음운발달(김영태, 1996)'에 따르면 만 2세에 /ㅍ/, /ㅁ/, /ㅇ/을 산출하는 아동도 있지만 만 2세가 넘어서 산출하는 아동도 있다고 보고되었고, /ㅅ/의 경우에도 만 2세에 매우 이른 시기에 산출할 수 있는 아동도 있는 반면에 어떤 아동은 만 6세가 되어서야 정확하게 산출할 수 있는 아동도 있다.

말소리를 산출하는 능력이 발달해 가는 과정에서 아동들이 오류를 보이기도

하는데, 초기에는 할 수 있는 음절을 반복하거나(예: '루피'를 '피피'), 음절 수를 줄여서 말을 하기도 하고(예: '할아버지'를 '하비'), 종성을 생략(예: '책상'을 '태따')하기도 한다. 하지만 연령의 증가로 음소를 산출하는 능력이 발달하면서 아직 발달하지 않은 음소차원에서만 오류(예: 만 3세 아동이 '놀았어요'를 '노라쩌요')를 보인다. 이러한 오류 형태는 일반적으로 발달하는 과정에서 대다수의 아동들이 보이는 오류이므로 이를 장애아동의 말 산출 오류 특성으로 분석해서는 안 된다.

한국어의 모음에는 단모음과 이중모음이 있다. 소리를 낼 때 중간에 입술이나 혀의 모양이 바뀌지 않는 모음을 단모음이라고 하며 소리를 낼 때 중간에 입술 모양이 바뀌거나 혀가 일정한 자리에서 시작하여 다른 자리로 옮겨 가면서 나는 소리를 이중모음이라고 한다.

단모음은 학자마다 의견이 달라 7개, 9개, 10개로 보는 학자들이 있는데 조음장애를 판별하는 검사도구에서는 주로 10개의 단모음을 활용하고 있다(대다수 표준어 화자들은 7개의 단모음을 사용하고 있음). 모음은 혀의 최고점의 위치, 즉 혀의 앞뒤(전설, 후설)와 혀의 높낮이(저, 고), 그리고 입술 모양이 둥글게 되는가(원순), 그렇지 않은가(평순)에 따라 각각 분류할 수 있다. **표 10-2**는 혀의 위치와 높이, 입술모양에 따른 단모음 분류이다.

표 10-2 혀의 고저와 높이, 입술모양에 따른 단모음 분류

혀의 최고점 위치	전설 모음		후설 모음	
입술의 모양 / 혀의 높이	평순	원순	평순	원순
고모음	ㅣ	ㅟ*	ㅡ	ㅜ
중모음	ㅔ	ㅚ*	ㅓ	ㅗ
저모음	ㅐ*		ㅏ	

*표준어 화자 대다수는 구별하여 단모음으로 사용하지 않음.

출처: 심현섭 외(2017). 의사소통장애의 이해(3판). p. 202.

이중모음은 반모음(또는 활음)에 단모음을 더해 이중모음이 형성된다. 반모음은 입모양은 있으나 소리를 내지 않기 때문에 반모음이라고 하고, 반모음에 단모음 소리를 더하면 이중모음이 된다.

이중모음 = 반모음 + 단모음

반모음에는 반모음 'j(이)', 'w(우)', 'ɰ(으)'가 있다. ( )안의 소릿값은 이해를 위해 작성한 것이지 원칙은 입모양만 취하고 소리를 내서는 안 된다. 반모음과 이중모음은 아래 표 10-3과 같다.

표 10-3 반모음과 이중모음

구분	i	ɛ	a	ɯ	u	ʌ	o
j계		ㅖ, ㅒ [jɛ]	ㅑ[ja]		ㅠ[ju]	ㅕ[jʌ]	ㅛ[jo]
w계	ㅟ[wi]	ㅙ, ㅞ [wɛ]	ㅘ[wa]			ㅝ[wʌ]	
ɰ계	ㅢ[ɰi]						

출처: 신지영(2014). 한국어의 말소리. p. 176에서 수정발췌.

TIP

이중모음의 구성원리에 대해 이해할 필요가 있는데, 장애아동뿐만 아니라 일반아동들 중에 이중모음에 오류를 보이는 아동들이 있기 때문이다. 이의 원리를 이해하고 있으면 교육기관에서도 충분히 이러한 아동을 지도할 수 있다.

예를 들어, '라면'을 '라먼'으로 오조음하는 아동이 있다면 이 아동은 이중모음 'ㅕ'를 단모음 'ㅓ'로 오조음하는 것이다. 이 아동을 지도하기 위해서는 일단은 이중모음 'ㅕ'의 구성원리를 이해해야 한다. 'ㅕ'는 반모음 'j'에 단모음 'ㅓ'를 결합하여 내는 소리이다. 원칙으로는 반모음 'j'를 소리 내서는 안 되지만 이중모음이 되지 않는 아동들은 소리를 넣어서 일단 지도를 한다. 즉, '면'을 '미+언'으로 나누어서 발음하도록 지도를 한 후, 이의 속도를 빨리하게 되면 '면'을 발음할 수 있게 된다. 또한 '라먼'보다는 '라미언'(소리 내서 각각 발음해 보기)으로 발음하는 것이 정조음에 더 가깝기도 하다.

라면 = 라+면(ㅁ+j+ㅓ+ㄴ)

☞ 미+언(속도 천천히)

☞ 속도 빠르게

2 조음 · 음운장애의 원인

조음 · 음운장애를 유발하는 원인은 크게 기질적 원인과 기능적 원인으로 구분할 수 있다. 신체적 · 생리적인 결함으로 인해 발생되는 기질적인 원인과 잘못된 조음 습관이나 음운체계에 대한 지식이 부족한 경우 발생될 수 있는 기능적인 원인으로 구분할 수 있다. 그러나 기질적인 원인과 기능적인 원인으로 명확히 구분하는 것이 쉬운 일은 아니며 구분한다고 해서 반드시 한 가지 원인에 의해 발생된다고 설명하기도 어렵다. 음운변별에 어려움이 있어 부정확한 조음을 습관적으로 산출하다 보면 오조음하는 습관의 고착으로 조음장애가 나타날 수도 있기 때문이다.

조음·음운장애의 구체적인 원인으로는 말소리 지각의 어려움, 구강구조나 감각운동의 이상, 청력 손상과 잘못된 습관 등으로 나누어 살펴볼 수 있다.

1) 말소리 지각의 어려움

조음이 부정확한 아동 중 일부는 음소를 변별하는 능력(예: /ㄱ/와 /ㄴ/소리의 차이를 아는 것)의 부족으로 인해 오조음의 문제가 나타나는 경우도 있다. 음소를 산출하는 능력이 발달하려면 몇 년의 시간을 두고 형성되어 가는 것이지만 모든 음소들이 다 늦게 습득하는 것은 아니다. /ㅂ/계열 음소와 /ㄷ/계열 음소는 다른 음소들에 비해 보다 어린 시기에 습득되고 점차 혀 운동이 정교화되면서 /ㄹ/, /ㅈ/, /ㅅ/같은 음소들이 분화되어 형성된다. 입술 소리 외에 혀의 정밀한 운동성이 요구되는 음소들은 점진적으로 형성되기 때문에 발달이라는 시간적인 변수를 고려해야 하지만 조기에 형성되는 음소들이 만 4세가 지났는데도 분화되지 못하였다면 혀 운동성이 아닌 다른 문제로 기인되는 것일 수 있다. 즉, 혀의 운동성이 아닌 말소리 지각의 어려움 때문에 아동 스스로 자가 교정하는 데에 어려움이 있을 수 있다. 따라서 아동의 조음이 안 좋은 경우에는 언어 이해력이나 표현력과 관련이 있는지에 대한 세심한 관찰이 필요하다.

2) 구강구조의 문제

팔을 움직이려고 할 때 신경이나 근육의 조절이 필요하듯 조음을 할 때에도 조음과 관련된 조음기관의 정확하고 유기적인 움직임이 필요하다. 2장에서 살펴보았던 조음기관 중 하나라도 문제가 있으면 부정확한 조음을 산출할 수 있다. 앞서 살펴본 것처럼 조음기관에는 입술, 혀, 턱, 여린입천장(연구개) 등과 같이 움직일 수 있는 구조와 치아나 단단한 입천장(경구개)과 같이 수의적으로 움직일 수 없는 구조들이 있다.

(1) 입술

입술은 혀 움직임뿐만 아니라 입술의 모양에 의하여 음소가 달라지게 할 수 있으며, 특히 입술에 가장 영향을 받는 음소는 /ㅁ/, /ㅂ/계열 자음과 모음이다. 이때 입술의 모양을 변화시키는 데는 입술 주변 근육들이 작용한다. 예를 들어, 입술 주변을 둘러싸고 있는 입둘레근(구륜근)은 입술을 모아서 다물거나 오므라들게 하여 양순음(두 입술소리)이나 '오'나 '우' 같은 원순모음을 발음할 때 중요한 기능을 한다. 그러나 뇌성마비와 같이 안면근육의 움직임의 어려움으로 인해 윗입술과 아랫입술을 잘 다물지 못하는 경우를 제외하고는 입술 형태의 결함 자체가 조음장애의 직접적인 원인이 되는 경우는 드물다.

(2) 혀

조음에 가장 큰 영향을 미치는 주요 구조는 혀이다. 우리가 자음을 산출하든 모음을 산출하든 말을 하는 내내 혀는 입안에서 끊임없이 움직이고 있으며, 따라서 운동성과 협응을 가장 요구하는 구조가 혀라고 해도 과언이 아니다. 즉, 혀의 움직임이 원활하지 않거나 정확한 조음점에 위치하지 않을 때 조음에 문제가 발생할 수 있다.

혀 밑에 있는 설소대가 너무 짧은 경우에도 조음에 문제가 발생한다. 설소대는 혀의 뒷면과 아래턱 치조돌기를 연결하는 점막주름인데, 만약 설소대가 혀의 앞쪽 끝에 있거나, 너무 짧아서 혀를 올리거나 내밀 때 어려움이 있다면 이로 인해 조음에 문제가 나타날 수 있다. 설소대가 짧은 경우, 대표적으로 /ㄹ/과 /ㅅ/, /ㅈ/ 음소를 산출하는 데 어려움을 나타낸다. 조음이 부정확한 이유가 설소대가 짧은 경우로 판단된다면 아동에게 혀를 앞으로 내밀게 한 후 혀의 모양을 살펴볼 필요가 있다. 혀를 내밀었을 때 혀끝이 하트모양처럼 3자를 눕혀 놓은 모양(설소대가 잡아당기고 있어서 혀끝이 안으로 말려 들어가서 나타나는 모양)을 나타낸다면 대부분 수술을 권하지만 설소대가 짧아도 조음에 문제가 없는 아동이라면 굳이 수술을 할 필요가 없다.

또한 혀의 문제와 관련하여 나타날 수 있는 문제로 대설증이 있다. 대설증은 말 그대로 혀의 크기가 두껍고 큰 것으로, 대설증이 있을 경우 입안에서 기능적으로 혀가 움직이는 데 제약을 받기 때문에 정확한 조음을 산출하는 데 어려움이 발생할 수 있다.

(3) 입천장

입천장은 크게 앞부분의 딱딱한 입천장(경구개)과 움직임이 가능한 뒷부분의 여린 입천장(연구개)으로 구분할 수 있다. 이러한 입천장의 구조나 기능상에 문제가 발생하면 정확한 조음 산출에 어려움을 보일 수 있다.

태어나면서부터 구강구조의 이상으로 인해 조음에 문제를 보이는 경우가 있는데, 대표적으로 구개파열 또는 구순구개파열 아동이 있다. 입천장은 하나의 판이 아니라 태내에서 태아기에 나누어져 있던 구개가 융합이 되어야 한다(혀끝으로 자신의 입천장 가운데를 왔다갔다 움직여보면 가운데 선 같은 것이 있음을 느낄 수 있다). 그런데 태내에서 이러한 융합이 일어나지 않고 그대로 태어난 경우가 있는데 이를 구개파열이라고 한다.

이런 경우 조음과 관련된 여러 문제를 보일 수 있다. 우선은 공명에도 문제가 나타날 수 있는데 특히 구강 안에 공기를 모았다가 터트려야 하는 음소인 파열음과 같은 음소 산출에 어려움을 보일 수 있다. 그래서 입안 공기의 압력을 충분히 조절하여 소리를 내는 데 어려움이 있어 보상조음으로 목구멍으로 소리를 터트리는 경우도 있다.

또한 구개파열 아동의 경우 연인두폐쇄부전을 보이는 경우가 많은데, 이로 인해 과다비성의 문제를 많이 보인다. 비음을 제외한 다른 음소는 비강으로 나가는 공기의 기류를 차단하는 연인두폐쇄가 이루어져야 하는데, 연인두폐쇄부전으로 인해 비음을 제외한 다른 음소 또한 비음이 섞인 듯한 소리로 나타나기도 한다.

(4) 치아와 턱

아동이 유치가 빠져 이갈이를 하는 시기에 앞니가 빠져서 치열에 문제가 있으면 조음에 오류를 보이기도 한다. 특히, 치아와 잇몸 경계에서 만들어지는 소리에서 오류를 보일 수 있고, 영어 음소에서는 /f/, /v/와 같은 음소 산출에 어려움을 보일 수 있다.

턱은 위턱과 아래턱이 있는데 조음에 영향을 주는 것은 아래턱이다. 예를 들어, 모음 /ㅏ/를 산출하기 위해서는 아래턱이 아래로 내려가 주어야 하는데 아래턱의 움직임이 원활하지 못할 경우 정확한 조음 산출에 어려움을 보일 수 있다.

또한 일반적으로 비정상적인 치열은 턱의 구조에 문제가 있어서 윗니와 아랫니의 맞닿는 부위 즉, 교합이 비정상정인 경우를 말한다. 이 중 턱의 구조가 잘못된 경우를 부정교합이라고 하며, 이러한 부정교합은 위의 턱과 아래턱의 구조가 맞지 않는 모양으로 교합의 종류를 나누기도 한다. 부정교합이 심할 경우 음식 씹기뿐만 아니라 정확한 조음 산출에 어려움을 보일 수 있다.

3) 청력 손상

청력손실은 말소리 산출에 영향을 미친다. 말소리는 상당 부분 모방과 강화를 통해 이루어진다고 볼 때, 자신의 말소리를 피드백하지 못하고 상대방의 소리를 듣지 못할 경우 실질적인 소리 모방은 불가능하다. 청력손실의 시기와 정도 그리고 유형에 따라 차이가 있지만, 대부분의 청각장애아동들은 조음장애를 동반하는 경우가 많다.

어린 아동은 음소를 습득할 때 청각적인 자극이나 피드백에 주로 의존한다. 조음 능력과 듣기 능력은 서로 관련이 있기 때문에 청각장애로 인해 조음 · 음운장애가 나타날 수 있다. 따라서 아동의 조음이 부정확할 때는 청력에 이상이 있는지 세심한 관찰이 필요하다. 교육기관이나 가정에서 쉽게 할 수 있는 청력테스트는 아동이 TV가 보이지 않는 방에 있고 아동이 가장 좋아하는 프로그램을 켰을 때 아동이 소리만 듣고도 TV가 있는 방으로 오는지 확인하거나, 아동이 교사가 보이지 않는 공간에 있을 때 아동의 이름을 불러서 아동의 반응을 확인하는 방법 등이 있다. 간혹 아주 작은 소리를 듣지 못하는 경도의 청력 이상을 가지고 있는 경우도 있기 때문에 아동을 부를 때 소리의 크기는 보통의 목소리보다 다소 작은 소리가 더 좋다.

인공와우를 착용한 아동은 초기에 말소리 자체의 강도가 낮으면서 음도가 높은 음소인 /ㅅ/계열의 음소를 인식하는 데 어려움을 보이며 /ㅅ/계열의 발음에서 오류를 많이 보인다.

4) 잘못된 습관

아동이 오조음하는 원인 중 가족들의 발음이 영향을 미칠 수 있다. 예를 들어

입을 작게 벌리고 우물거리면서 조음하는 습관을 가진 어머니의 자녀의 경우, 아동도 입을 작게 벌리고 조음하는 습관을 가질 수 있다. 모든 조음장애아동들에게서 발견되는 것은 아니지만 많은 경우 잘못된 조음습관으로 지나치게 큰 소리로 말을 한다거나, 말의 속도가 지나치게 빨리 말을 하는 부모를 둔 자녀들은 불명료한 말을 사용하는 경우가 많다.

이런 경우 외에도 다문화가정의 경우, 가정에서 사용하는 언어의 영향으로 다른 언어의 조음을 잘 산출하지 못하는 경우도 있다. 물론 모든 다문화가정의 아동이 발음에 문제가 있다고 해서 조음장애로 간주하지는 않으나, 지속적으로 문제를 보일 경우에는 중재의 대상이 된다.

오랫동안 오조음한 습관이 고착하게 되면 습관을 고치는 것은 쉽지 않기 때문에 조음하는 잘못된 습관을 초기에 중재하는 것이 바람직하다.

3 조음 · 음운장애 평가

1) 조음오류의 형태

조음 · 음운장애를 이해하기 위해서는 아동이 어떻게 오조음하고 있는지 조음오류의 형태를 이해하고 있어야 한다. 조음오류의 형태는 생략, 대치, 왜곡, 첨가로 나타날 수 있다. 이 네 가지 조음오류 중 말의 명료도를 가장 심하게 낮추는 오류의 형태는 생략이다.

첫 번째 생략은 조음해야 할 음소를 빠뜨리고 발음하는 오류 형태다. 예를 들어, '자동차'를 '자도차'로 '가지'를 '아이'라고 발음하는 경우다. 생략은 이처럼 음소 차원에서 나타날 수도 있고, 음절 차원에서 나타날 수도 있다.

다음은 생략 오류의 예이다.

- **음절 생략**: 음절이 생략되는 경우(예: '자동차' → '동차')
- **초성 생략**: 낱말이나 음절의 첫 자음이 생략되는 경우(예: '자동차' → '아동차')
- **종성 생략**: 낱말이나 음절의 받침소리가 생략되는 경우(예: '자동차' → '자도차')

두 번째 대치는 목표음소를 다른 음소로 바꾸어 말하는 형태이다. 정상적인 말소리 발달을 하고 있는 아동들도 발달과정에서 흔하게 나타날 수 있는 조음 오류의 형태가 바로 대치이다. 다시 말해, 조음장애가 있는 아동이 아니더라도 발달기에 연령이 어릴수록 음소를 대치하여 조음하기도 한다. 아동은 대개 어려운 음소 대신 자신이 낼 수 있는 쉬운 음소로 바꾸어 발음하는 경향이 있다. 예를 들어, '사자'을 '타자'로 발음할 경우 이는 /ㅅ/을 /ㅌ/으로 대치하는 오류를 보였다고 분석할 수 있다.

대치의 유형으로 혀의 위치가 정조음 위치보다 앞에 있는 경우인 전방화와 뒤에 있는 경우인 후방화가 있다. 전방화와 후방화는 한 가지 음소 차원에서만 보이는 오류라기보다는 전반적으로 여러 음소들에서 보이는 오류이므로 이를 개별음소차원에서의 오류보다는 아동이 보이는 오류 패턴으로 이해하면 좋을 것이다.

- **전방화(fronting)**: 목표음의 조음점보다 앞쪽에서 조음이 이루어지는 현상이다. 예를 들어, 아동이 연구개음인 /ㄱ/음소를 양순음인 /ㅂ/음소로 대치

(예: ‘가방’을 ‘바방’으로 조음)하기도 하고, 경구개음인 /ㅈ/음소를 치조음인 /ㄷ/음소로 대치(예: ‘자장면’을 ‘다당면’으로 조음)해서 발음하는 오류 패턴을 보인다면, 이는 원래의 조음점보다 모두 앞쪽에서 조음하는 오류 패턴을 보이는 것으로 해석할 수 있다.

- **후방화(backing)**: 목표음의 조음점보다 뒤쪽에서 조음이 이루어지는 현상이다. 예를 들어 양순음인 /ㅂ/음소를 치조음인 /ㄷ/음소로 대치하거나(예: ‘빠방’을 ‘따당’으로 조음), 치조음인 /ㄷ/음소를 경구개음인 /ㄱ/음소로 대치(예: ‘다람쥐’를 ‘가람쥐’로 조음)해서 발음하는 오류 패턴을 보인다면, 이는 원래의 조음점보다 모두 뒤쪽에서 조음하는 오류 패턴을 보이는 것으로 해석할 수 있다.

세 번째 왜곡은 변이음의 형태로 바꾸어 발음하는 것이다. 대치와의 차이점은 둘 다 바꾸어 발음하는 오류지만 대치는 한국어에 있는 다른 음소로 바꾸어 발음하는 오류이고, 왜곡은 한국어에 없는 음소의 형태로 발음하는 오류이다. 예를 들어, ‘파도’를 /fㅏ도/라고 발음했다면 /f/는 한국어에 없는 음소이므로 왜곡이라고 할 수 있다.

예) ‘새’ ▶ /대/로 발음했다면, /ㅅ/를 /ㄷ/로 대치
/θㅐ/로 발음했다면, /ㅅ/를 /θ/로 왜곡

네 번째 첨가는 목표음소나 단어에 필요 없는 음소를 첨가하여 발음하는 오류 형태이다. 예를 들어, “엄마 사랑해.”를 “엄마 살랑해.”라고 하는 것처럼 자음을 첨가할 수도 있고, “사진 찍자.”를 “사진 찍으자.”처럼 모음을 첨가할 수도 있다.

2) 조음 · 음운장애 평가

조음 · 음운장애 평가는 아동이 오조음하는 음소의 오류형태를 분석하는 것으로, 주로 청지각적 분석을 통해 이루어진다. 청지각적 평가방법은 목표음소가 있는 단어나 문장을 듣고 발음한 소리를 분석하는 방법이다. 청지각적 평가는 아동의 발화를 듣고 분석하는 방법이기 때문에 분석하는 사람에 따라 조금은 상이한 결과가 나타날 수 있다. 따라서 평가의 신뢰도나 일관성이 높지 않을 수 있다는 제한점이 있지만 그럼에도 불구하고 영유아 교육현장에서 교사들이 아동의 조음능력을 평가할 때 활용할 수 있는 방법이다.

조음 · 음운장애를 평가하기 위해 표준화된 평가도구를 활용할 수 있다. 이는 아동이 조음장애를 가지고 있는지 아닌지를 진단할 수 있는 검사도구로, 현장에서 주로 많이 활용되고 있는 표준화된 평가도구에는 우리말 조음 · 음운검사와 아동용 발음평가가 있다.

(1) 우리말 조음 · 음운검사

우리말 조음 · 음운검사(Urimal Test of Articulation and Phonation: U-TAP, 김영태, 신문자, 2004)는 아동에게 그림을 보여주고 아동이 한 발화를 전사(발음을 문자로 기록하는 것)하여 아동의 조음능력을 분석하는 방법이다. 낱말과 문장검사로 구성되어 있으며 낱말 및 문장 수준에서의 조음 정확도와 음운 변동 패턴을 평가할 수 있다. 검사에서 사용되는 낱말은 총 30개로 한국어의 자음이 낱말에서 나타날 수 있는 모든 경우(어두초성, 어중초성, 종성)를 포함할 수 있는 낱말들로 구성되어 있다.

TIP

한국어에는 총 19개의 자음이 있다. 낱말에서 어두초성에 올 수 있는 자음은 /ㅇ/을 제외한 18개, 어중초성에 올 수 있는 자음도 /ㅇ/을 제외한 18개, 종성에 올 수 있는 자음은 7개이다(7종성 법칙이 적용되어 /ㄱ, ㄴ, ㄷ, ㄹ, ㅁ, ㅂ, ㅇ/만 올 수 있으므로).

이를 합하면 총 43개가 되며, 따라서 평가에서 자음정확도를 산출할 때에는 총 43개의 음소 중에 몇 개의 음소를 정확하게 발음했는지를 통해 정확도를 산출한다.

자음정확도=올바르게 발음한 총 음소 수/43×100

검사결과는 낱말 및 문장 수준에서의 자음정확도와 단모음정확도를 산출할 수 있으며, 자음정확도는 만 2~6세 또래 아동의 자음정확도 평균과 비교가 가능하다. 이를 통해 표준편차(SD)를 산출할 수 있으며, 표준편차를 통해 아동이 정상적인 발달을 하고 있는지, 조음장애를 가지고 있는지를 판별할 수 있다.

또한 아동이 보이는 개별 음소의 오류를 분석하여 어떠한 말소리에서 오류를 보이는지, 특정 오류 패턴을 보이는지 등을 분석할 수 있다.

사례

우리말 조음 · 음운평가를 통한 아동의 자음정확도는 88.37%로 만 5세 여아의 평균 자음정확도와 비교하여 -2SD 이하 수준에 해당하는 것으로 나타나 조음치료가 필요한 수준으로 평가되었다. 아동의 모음정확도는 100% 수준으로 나타났다.

아동의 음운변동 오류를 살펴보면, 어두초성과 어중초성에서 모두 /ㅅ/계열 음소를 /ㄷ/계열 음소로 대치하는 오류를 보였으며, 어중초성에서 /ㄹ/를 생략해서 발음하는 오류를 보였다. 또한 종성 /ㄹ/를 왜곡하고, 종성 /ㅇ/을 생략하는 오류를 보였다.

※ 5세 여아
평균 자음정확도: 96.27 / −1SD: 92.42 / −2SD: 88.57

(2) 아동용 발음평가

아동용 발음평가(Assessment of Phonology & Articulation for Children: APAC, 김민정, 배소영, 박창일, 2007)는 취학 전 아동이나 취학 전 아동 수준의 발음능력을 보이는 취학아동을 대상으로 아동의 조음·음운능력을 평가하는 검사도구이다. 검사방법은 평가자가 아동에게 그림을 보여주고 단어나 연결발화(connected speech)를 표현하도록 한 후, 이를 기록하여 분석한다. U-TAP과 달리 모음은 검사하지 않으며, 자음은 어두초성, 어중초성, 어중종성, 어말종성에 해당하는 37개의 단어로 검사를 한다. 단어검사와 연결발화검사로 나누어 분석할 수 있으며 틀리게 발음한 말소리의 수와 종류, 그리고 오류 패턴을 분석할 수 있다.

언어치료사가 아닌 교육환경에서 교사가 표준화된 검사도구를 활용해 평가하고 해석하는 것은 쉽지 않다. 물론 검사방법이 복잡하지 않기 때문에 얼마든지 교사도 이를 활용할 수는 있다. 하지만 교육기관에서 아동의 조음능력을 파악하기 위해 중요하게 생각해야 할 점은 자음정확도 등과 같은 수치보다는 아동이 어떠한 음소를 산출하는 데 어려움을 보이고 이로 인해 의사소통에 제약이 있는지를 파악하는 것이 중요하다.

교사가 교육현장에서 아동의 조음을 평가해 볼 수 있는 가장 쉬운 방법은 말샘플을 수집하여 분석해 보는 것이다. 이에 대한 구체적인 방법은 제 4장의 자발화분석 방법 중, 음운론적 분석 방법을 활용하면 된다. 발화가 거의 없는 아동의 경우에도 아동이 발화할 수 있는 음소나 음절의 목록을 기록하고 이에 따라 이미 조음할 수 있는 음소를 파악한 후 발화할 수 있는 자음목록을 확장시켜 주도록 도와줄 수 있다. 이때 자연스럽게 놀이상황에서 아동이 발화하는 단어를 기록하는 것이 가장 좋은 방법이지만 다양한 음소 위치(어두초성, 어중초성, 종성)와 음소의 조음 형태를 파악하기 위해서는 표준화된 평가도구에 있는 단어들을 참고하는 것도 도움이 될 것이다.

4 조음 · 음운장애아동 중재

1) 중재 목표음 선정 시 고려할 점

조음 중재 시 목표음을 선정할 때에는 아동의 연령, 조음오류의 형태, 자극반응도, 자주 사용하는 음소 등을 고려해야 한다.

(1) 아동의 연령

먼저 아동의 연령을 고려해야 한다. 앞서 연령에 따른 음소 발달 단계(표 10-1 참고)에 대해 살펴보았는데 중재 목표음을 선정할 때 이를 고려해야 한다는 것이다. 아동이 오조음한 음소라고 하더라도 아동의 연령에 따라 음소 습득 시기를 고려하여 목표음으로 선정할지 말지를 결정해야 한다. 예를 들어, 만 3세 아동이 /ㅁ/와 /ㅅ/ 음소를 오조음하고 있다면, /ㅁ/ 음소는 완전습득단계에 해당하는 음소이므로 중재 목표음으로 선정한다. 하지만 /ㅅ/ 음소는 음소발달단계에서 아직 습득 시기에 있는 음소이므로 이를 중재 목표음으로 선정하지 않는다.

즉, 목표음 선정 시 아동의 생활연령에 따라 오조음하는 음소가 습득 시기에 해당하는 음소인지, 아직 발달하는 시기에 있는 음소인지 여부를 고려해야 하며, 아직 발달하는 시기에 있는 음소에서 오류를 보인다면 반드시 중재를 해야 하기보다는 발달연령까지 기다려 줄 필요가 있음을 의미한다.

(2) 조음오류 형태

목표음소 선정 시 아동이 보이는 조음오류 형태를 파악하여 고려해야 한다. 조음 오류의 형태는 오조음하는 음소를 조음위치(소리를 내는 자리)와 조음방법(소리를 내는 방법)에 따라 어떻게 오조음하고 있는지 파악하여 조음오류 패턴을 살펴볼 수 있다. 예를 들어 아동이 '코끼리'를 '토띠리'로, '강아지'를 '당아지'로, '엄마가'를 '엄마다'라고 오조음한다면 이 아동은 /ㄱ/계열의 음소를 /ㄷ/계열로 대치하는 오류 패턴을 보인다고 해석할 수 있다.

이러한 패턴을 분석하면 여러 조음오류 중, 우선 아동이 주로 보이는 패턴을 중재 목표음으로 선정할 수 있다. 다음의 표 10-4는 조음위치와 조음방법에 따라 자음을 분류해 놓은 것이다. 이 분류를 참고하여 아동이 오조음한 음소를 살펴보면, /ㄱ/계열과 /ㄷ/계열 음소는 조음방법은 파열음으로 동일하지만 조음위치가 다름을 알 수 있다. 따라서 이를 통해 조음위치를 바로 잡아주면 아동의 오조음 패턴을 수정할 수 있으며, 주로 보이는 오류 패턴을 수정함으로써 말 명료도를 높일 수 있다.

표 10-4 조음위치와 조음방법에 따른 자음 분류

조음위치 / 조음방법	양순음 (두입술)	치조음 (윗잇몸)	경구개음 (단단한입천장)	연구개음 (부드러운입천장)	성문음 (목구멍)
파열음 (폐쇄음)	ㅂ, ㅃ, ㅍ	ㄷ, ㄸ, ㅌ		ㄱ, ㄲ, ㅋ	
마찰음		ㅅ, ㅆ			ㅎ
파찰음			ㅈ, ㅉ, ㅊ		
비음	ㅁ	ㄴ		ㅇ	
유음 (설측음)		ㄹ			

출처: 신지영(2014). 한국어의 말소리. p. 99에서 수정발췌.

(3) 자극 반응도

목표음소 선정 시 자극 반응도를 고려해야 한다. 자극 반응도는 일반적으로 오조음하는 음소에 청각, 시각, 촉각적인 단서를 제공해 주었을 때 목표음과 유사하게 정조음할 수 있는 능력을 의미한다. 예를 들어, 두입술소리인 양순음의 경우 두 입술을 닫아서 발음하는 소리이기 때문에 교사가 입술을 보여주며 아동이 모방할 수 있도록 한 후, 아동이 시각적 단서를 통해 입술을 모으고 양순음을 유사하게 조음할 수 있다면 자극 반응도가 높다고 해석할 수 있다. 일반적으로 오류를 보이는 여러 음소 중 자극 반응도가 높은 순서대로 목표음소를 선정하는 것은 중재효과를 높일 수 있다.

(4) 대화에서 사용되는 음소의 빈도

일상적인 대화에서 자주 사용되는 음소인지를 파악하여 고려해야 한다. 아동에 따라 또래관계가 형성되는 중요한 시기라면 친구들과의 의사소통이 중요하기 때문에 발달기에 있는 음소가 아니더라도 일상적인 대화에서 자주 사용되는 다빈도 음소가 중재의 우선순위가 되어야 한다. 예를 들어, /ㅅ/는 가장 늦게 발달하는 음소지만 만 3세 아동의 이름이 '상수'이고 만약 이 아동이 /ㅅ/음소를 다른 음소로 대치하는 오류 패턴을 빈번히 보인다면 아동은 본인의 이름을 정조음하기 어렵다. 이런 경우 앞서 언급했던 생활연령에 맞는 목표음소가 아니더라도 자신이 자주 사용해야 하는 고빈도 음소이기 때문에 목표음소로 넣어야 한다.

이처럼 일상대화에서 자주 사용되는 음소들은 말 명료도에 영향을 주기 때문에 이를 중재 목표음으로 우선 선정할 필요도 있다. 다음은 아동이 대화에서 자주 사용하는 음소빈도의 예이다.

- 초성에서 자주 사용하는 음소: 'ㄱ, ㄴ, ㄹ, ㅁ, ㅈ, ㄷ, ㅅ, ㅎ, ㅂ, ㄲ, ㄸ, ㅆ, ㅊ, ㅋ, ㅌ, ㅃ, ㅉ, ㅍ' 순
- 종성에서 자주 사용하는 음소: 'ㄴ, ㄹ, ㅇ, ㅁ, ㄱ, ㄷ, ㅂ' 순

이 외에도 어떤 아동은 습득한 음소의 수가 너무 적거나 오류 정도가 너무 심하기 때문에 적어도 몇 가지 음소라도 습득시키기 위하여 자극 반응도가 높고 오류 정도가 덜 심한 음소부터 훈련하기도 한다. 따라서 교사는 목표음을 선택하여 중재 시 아동의 의사소통 환경과 아동의 특성에 따라 설정하는 것이 바람직하다.

2) 교육기관에서 접근할 수 있는 조음 중재 방법

교사가 교육기관에서 접근할 수 있는 조음 중재 방법은 치료 전문기관과 달리 일대일 상황에서 중재할 수 있는 상황이 많지 않다. 따라서 교육기관에서는 아동의 조음오류에 대해 적용할 수 있는 중재 방법들을 고민해 볼 필요가 있다. 아동의 발음을 지도하기 위해 교사는 다음과 같은 일반적인 사항을 유념하여 지도해야 한다.

- 아동과 얼굴을 바라보며 조음기관의 움직임이 잘 보이게 정확한 혀나 입술의 위치를 보여주면서 또박또박 한 음절씩 시범 보인다. 예를 들어, '가방'을 시범 보일 때는 '가'를 한 다음 아동이 '가' 하고 따라 하면 '방'을 조음한다. 한 음절씩 모방이 잘되었다면 '가방'으로 붙여서 시범 보인다.
- 조음을 할 때는 입모양을 크게 움직이도록 유도해 주는 게 중요하다. 힘

있게 또 넓은 운동 범위에서 입술과 혀를 움직여 주면 근육은 더욱더 근력과 정확도를 증가시켜 나갈 수 있고 이는 조음을 만들어 내는 조음기관들이 움직일 수 있는 공간을 더 많이 확보해 줌으로써 말소리가 더욱 정확해질 수 있다.

- 아동이 천천히 말하는 습관을 들이도록 한다. 천천히 한 음절 한 음절 발음할 때 구강기관을 정확하게 움직이는 연습을 하는 것이 좋다.
- 아동이 일상생활 안에서 자주 연습할 수 있는 기회를 제공해야 한다. 교사는 아동이 오조음하는 음소를 기억하고 있다가 하루 일과를 보내면서 발음을 연습해 볼 수 있는 기회를 포착하여 자연스런 환경 안에서 자주 연습할 수 있도록 해야 한다.
- 아동의 발음이 부정확하다고 할지라도 비난을 해서는 안 되며, 아동이 정조음하는 순간이나 정확한 조음형태와 유사해지면 이를 칭찬하여 강화해 주어야 한다.

다음은 아동이 오류를 보이는 음소에 따라 가정이나 교육기관에서 도움을 줄 수 있는 방법들이다.

(1) /ㅁ/, /ㅂ/ 음소를 대치하거나 생략하는 경우

/ㅁ/, /ㅂ/은 두 입술을 닫아서 발음하는 양순음이다. 이러한 양순음은 입둘레 주변 근육의 힘을 길러주는 것이 입술을 잘 모을 수 있도록 하는 데 도움을 줄 수 있다. 입술을 모으고, 붙이는 모델링을 통해 /ㅁ/, /ㅂ/ 음소를 조음할 수 있도록 도와주고 입술의 움직임을 놀이를 통해 자연스럽게 경험하고 연습할 수 있도록 하는 것도 좋다. 그림 10-1은 입술둘레근과 입술의 움직임을 연습하기 위해 일상생활에서 쉽게 활용할 수 있는 도구들이다.

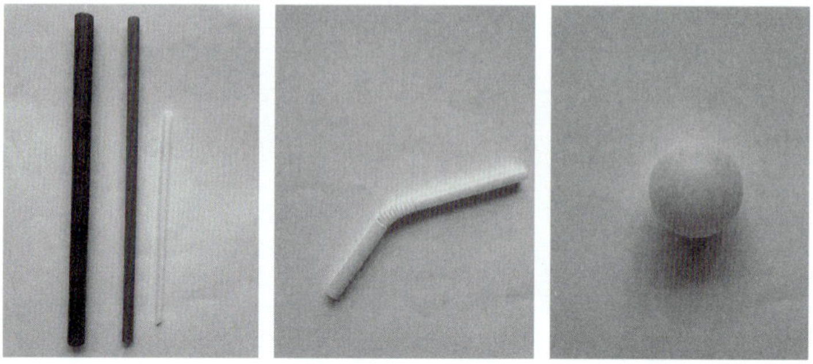

그림 10-1 입술 둘레근을 움직일 때 사용할 수 있는 도구들

다양한 굵기의 빨대(좌), 주름모양의 빨대(중), 탁구공(우)

TIP 입술 둘레근을 이용하여 입술의 움직임을 유도하는 놀이

- 주름 빨대를 짧게 잘라 한쪽을 입에 물고 있는 상태에서 꺾이는 다른 쪽을 이용하여 입으로 부는 바람을 느낄 수 있게 움직여 본다.

- 다양한 굵기의 빨대로 상자 안에 탁구공을 넣어 빨대를 입으로 불어 탁구공을 움직여 본다.

■ 입안에 볼이 빵빵해지도록 공기를 넣고 입술을 꼭 다물어 유지한다.

(2) /ㄱ/음소를 대치하거나 생략하는 경우

/ㄱ/음소에서 오류를 보이는 아동들을 보면 /ㄷ/음소로 대치하는 경우가 빈번하다. /ㄱ/음소를 오조음하는 아동의 조음 시 구강구조의 움직임을 살펴보면 입을 작게 벌리고 혀를 잘 움직이지 않아 입 앞쪽에서 조음하는 모습을 보인다. /ㄱ/음소는 혀 등이 입 안 뒤쪽(연구개)에 닿아야 하는데 혀를 뒤로 보내는 것이 어려운 경우 설압자를 이용하여 혀 등을 입천장 부드러운 부분에 닿도록 살짝 밀어주는 것도 좋다. 혀 끝부분을 설압자로 살짝 눌러주면 혀 등이 입천장에 닿을 수 있다. 설압자의 경우 손쉽게 구할 수 있는 도구이기는 하나 가정이나

교육기관에서 준비되지 않은 경우가 많기 때문에 납작한 숟가락을 이용하거나 막대 사탕 등을 이용하는 것도 좋다.

또 다른 방법은 도구를 사용하지 않는 방법으로 /ㄱ/음소를 산출하는 연습을 하기 전에 /ㄱ/음소와 같은 조음위치(연구개음)인 /ㅇ/을 활용하여 조음위치에 대해 인식을 시키는 방법이 있다. /ㄱ/음소와 /ㅇ/음소는 조음방법은 다르지만 같은 위치에서 조음하기 때문에 아동에게 "아기가 울 때 어떻게 울지?"라고 물으면 보통 "응애응애, 앙, 잉" 등 /ㅇ/음소가 들어 있는 단어로 표현한다. 이때 아동에게 아기가 우는 소리인 '앙'을 조음하게 한 후 바로 /ㄱ/음소에 입을 가장 크게 벌리는 모음 /ㅏ/를 붙여 '가'를 조음하게 하면 조금 더 편하게 /ㄱ/음소를 조음할 수 있다. 즉, '앙가'라고 반복적으로 연습하게 되면 /ㄱ/음소를 단독으로 조음하는 것보다 쉽게 조음할 수 있다. '가' 음절을 어느 정도 정조음할 수 있게 되면 /ㄱ/음소 뒤에 모음을 바꾸어가며 '가', '거', '고', '구' 1음절 상황에서 연습을 하고 그 후 '가가', '가거', '가고', '가기' 등 정조음하는 음절 한번, 새로운 음절 한번씩 번갈아가며 조음하는 것으로 조음위치를 자연스럽게 익힐 수 있도록 연습하는 것도 좋다. 아동이 오조음하는 습관을 바꾸기 위해서는 반복되는 연습이 필요하다. 이때 지루하지 않도록 놀이를 통해 자연스럽게 연습하는 것이 바람직하며, 수업 주제(또는 내용)와 연관 지어서도 충분히 지도가 가능하다.

- /ㄱ/계열 음소 산출에 오류를 보이는 아동

예시 1) 수업 주제가 '동물'이라면, 동물원 꾸미기를 하면서 /ㄱ/계열 음소가 들어간 동물 모형(또는 카드)으로만 준비해서 아동이 동물원을 꾸미고 설명하도록 한다.

– 기린, 코끼리, 곰, 늑대, 악어 등

예시 2) 수업 내용이 '색'이라면 색이름과 사물을 매치하는 놀이를 하면서 /ㄱ/음소를 연습하게 한다.
- 빨간색에는 사과가 있어요. 초록색에는 잎사귀가 있어요. 등

(3) /ㅅ/음소를 대치하거나 생략하는 경우

/ㅅ/음소는 앞니 치아가 빠져 소리가 새서 조음이 되지 않는 경우를 제외하고는 /ㅅ/ 조음 시 혀가 닿는 위치를 익힐 수 있도록 시각적으로 시범을 보여준다. /ㅅ/음소는 모음 /ㅣ/를 제외한 다른 모음 앞에서는 윗니와 입천장 경계에 혀끝이 살짝 닿을 듯 위치해야 한다.

/ㅅ/를 /ㄴ/나 /ㄷ/로 오조음하고 있다면 이는 조음위치에는 문제가 없고 조음방법에 문제가 있는 것이다. /ㅅ/음소는 마찰음으로 공기의 마찰을 이용해서 나는 소리이기 때문에 바람 소리가 많이 날 수 있도록 연습시키는 것이 중요하다. 연습 시 음절, 단어, 구, 문장, 대화 순으로 느린 속도에서 빠른 속도로 점진적으로 연습을 하게 한다. 이때 자연스럽게 /ㅅ/음소가 들어 있는 의성어, 의태어를 활용하는 것도 좋은데, 예를 들어 '바람이 살랑살랑', '공을 슛~' 등 일상생활에서 많이 들을 수 있는 소리를 들려주고 모방할 수 있게 지도하는 것도 좋다.

TIP 놀이를 통한 조음 연습하기

발음을 교정하는 활동은 아동에게 즐거운 일은 아니다. 특히, 장애가 없는 아동 중에 조음에만 문제를 보이는 아동은 자신이 발음을 잘 하지 못한다는 것을 인식하고 있고, 이로 인해 스트레스를 받을 때가 많다. 따라서 조음 연습을 하는 데 있어 가장 중요한 것은 아동이 즐겁게 참여할 수 있어야 한다는 것이다. 특히 영유아의 경우는 단순히 조음만 따라 하게 하거나 반복훈련하는 경우보다는 목표음소를 조음할 수 있는 기회를 자연스럽게 놀이를 통해 연습하게 하는 경험이 중요하다.

■ **/ㅈ/음소가 들어간 놀이의 예**

아동은 물고기 놀잇감이 들어 있는 어항에서 물고기 잡는 놀이를 하며, 물고기를 잡을 때마다 "잡아"라고 말하면서 /ㅈ/음소를 자연스럽게 연습할 수 있다. 또는 역할놀이 공간에 있는 과일 모형을 자르며 자를 때마다 '00 잘라'라고 말하며 연습할 수 있다.

■ **/ㅁ/음소가 들어간 놀이의 예**

아동은 인형에게 먹이는 흉내를 내며 '00 먹어'라고 말하며 자연스럽게 조음 연습을 할 수 있다. 또는 '곰 세 마리'와 같이 /ㅁ/음소가 반복적으로 많이 들어 있는 노래를 부르고 율동을 하면서도 /ㅁ/음소를 연습할 수 있다.

■ **보드게임 활용**

아동의 연령이 만 4, 5세 아동이라면 보드게임을 통해 발음을 연습하는 것도 즐거운 놀이방법의 하나가 될 수 있다. 조음 연습을 할 수 있는 놀이를 선택할 때는 되도록 반복적인 행동을 할 수 있는 게임이 좋다. 게임 상황에서 조음을 연습할 수 있는 기회가 더 많아질 수 있기 때문이며 교사는 이를 기억하여 계획해야 한다.

예를 들어, 목표음소가 초성 /ㅃ/인 경우 당근을 뽑는 보드게임을 통해 /ㅃ/음소를 자연스럽게 연습할 수 있다. 자신의 차례가 되어 당근을 뽑을 때 "뽑아" 또는 "빼"를 조음하면서 동시에 당근 뽑는 행동을 하게 하면 된다.

CHAPTER 11

유창성장애

학습 목표

1. 유창성장애의 정의를 설명할 수 있다.
2. 유창성장애의 특징을 구술할 수 있다.
3. 교육기관에서 활용할 수 있는 유창성장애의 평가방법을 설명할 수 있다.
4. 교육기관에서 적용할 수 있는 유창성장애아동의 지도방법을 익혀 활용할 수 있다.

1 유창성장애의 이해

1) 유창성장애의 정의

유창성장애(fluency disorder)란 간단하게는 말 그대로 유창하게 말을 하지 못하는 장애를 말한다. 말을 유창하게 한다는 의미는 말하는 사람이 편안하게 불필요한 노력 없이 계속적으로 정상적인 속도를 유지하여 말하는 것을 의미한다(심현섭 외, 2017). 이와는 반대로 말을 하는 데 불필요한 노력을 기울이거나 말하는 속도, 리듬, 지속성에 문제를 보일 때 유창하게 말을 하지 못한다고 정의내릴 수 있다. 즉, 유창성장애는 말을 하는 데 있어 자연스러운 흐름을 방해하는 특징이 나타나는 장애를 의미한다.

2) 유창성장애의 유형

(1) 말더듬

말더듬(stuttering)은 말을 반복하거나(repetition), 연장(prolongation), 막힘(block) 등으로 인해 말의 흐름이 순조롭지 않은 현상을 말한다. 말더듬이라고 하면 우선은 일차적 그리고 공통적으로 나오는 현상이 있는데 이를 핵심행동(core behavior or primary behavior)이라고 하며, 핵심행동에는 반복, 연장, 막힘이 있다.

표 11-1 말더듬의 핵심행동

반복	• 말소리, 음절의 부분, 음절, 낱말, 구 등을 1회 이상 반복하는 것 • 주로 낱말의 첫소리 또는 첫음절을 반복 • 말더듬 초기에 가장 빈번히 관찰되는 행동	예) '친구'라는 말을 할 때, "ㅊㅊㅊ친구", "치치치친구", "친친친구", "친구친구친구"라고 말하는 것
연장	• 소리나 공기의 흐름은 계속되나 한 소리에 머물러 있는 상태 • 0.5초 정도로 짧을 수도 있으나 심한 경우 몇 초간 이어지기도 함. • 말더듬이 진전되면 반복이 나타나다가 연장이 나타남.	예) '저거 주세요'라는 말을 할 때, "저~ ~거 주세요"라고 말하는 것

막힘	• 말을 하려고 할 때 말소리가 막혀서 전혀 나오지 않고 말을 이어갈 수 없는 현상 • 말의 흐름이 부적절하게 중단되고 조음기관의 움직임이 고착됨. • 가장 심화된 말더듬 형태임.	예) '기린이 그림을 그려요'라는 말을 할 때, "(막힘–'기'를 말하려고 입을 벌리기는 하나 말을 시작하지 못함. / 막힘 이후에) 기린이 그림을 그려요"라고 말하는 것

이러한 일차적인 핵심행동 외에 말더듬이 심해지면 나타날 수 있는 행동으로 이차행동이 있다. 이차행동은 모든 말더듬는 사람에게서 나타나는 것이 아니기 때문에 부수행동(accessory behavior) 또는 이차행동(secondary behavior)이라는 용어를 사용하며, 이차행동에는 탈출행동과 회피행동이 있다. 말더듬는 사람들은 말더듬이 어느 정도 진행되면 말을 더듬는 사실을 의식하게 되고, 주위 사람들로부터 부정적인 피드백을 경험하게 된다. 이러한 경험이 쌓이면 말을 하는 것에 대한 두려움이 생기고, 말을 더듬는 상황에 대한 공포심이 생기면서 이로 인해 부수적인 행동이 발생하게 되는 것이다. 또한 이차행동은 말을 하는 것에 대해 편안한 감정보다는 부정적 감정과 태도로 이어져 말더듬는 현상을 더욱 악화시키는 문제를 야기한다.

표 11–2 말더듬의 이차행동

탈출행동	• 말을 더듬거나 막히는 순간에서 벗어나려고 하는 행동	예) (말을 더듬는 도중에) 발 구르기, 어깨 젖히기, 눈 찡그리기, 코 비비기 등
회피행동	• 말을 더듬을 것 같은 상황을 미리 예측하여 회피하는 행동 • 더듬을 것 같은 낱말을 회피하거나 상황 등을 회피 • 동의어로 바꾸어 말하기, 에둘러 말하기, 다른 말 앞세우기, 상황 피하기 등	예) 동의어로 바꾸어 말하기: '여보세요'를 더듬으면 전화를 받을 때 "네"라고 말하기 예) 에둘러 말하기: '모자'를 더듬으면 "그 있잖아. 머리에 쓰는 거. 쓰고 나와."라고 말하기 예) 다른 말 앞세우기: '콩'을 더듬으면, "흰 콩"이라고 하거나, '졸려요'를 더듬으면, "아이구 졸려요"라고 말하는 것 예) 상황 피하기: 듣고 싶은 수업이 있어도 발표가 많으면 그 수업 듣지 않는 것

그림 11-1 이차행동(탈출행동)의 예

TIP

말더듬이 심해져서 이차행동이 나타나는 경우에는 낱말 공포나 상황 공포도 나타날 수 있다.

- **낱말 공포** : 말을 심하게 더듬는 사람들은 경험을 통하여 말이 잘 안 되는 말소리, 낱말 등이 생기게 된다. 그래서 자기가 말을 잘 더듬는 말소리 또는 낱말을 두려워한다. 낱말 공포는 어떤 동기로 한 낱말에 대한 두려움이 생기게 되면 그 낱말을 시작하는 발음과 같은 발음으로 시작하는 다른 낱말 또는 비슷한 발음으로 시작되는 다른 낱말로 확대된다. 예를 들어 밥이라는 낱말을 두려워하게 되면 그 다음에는 '방', '바지', '병' 등과 같은 낱말 공포로 퍼져 나가고 더 심하면 다른 두입술소리(ㅃ, ㅍ)까지 확대되게 된다.
- **상황 공포** : 말을 더듬는 사람들은 일반적으로 자기보다 나이 많은 사람, 낯선 사람 등을 대할 때 더 더듬게 된다. 말을 더듬는 사람의 대부분은 전화 공포증이 있다. 극단적인 경우로는 사람과 대면해서 말을 할 때는 더듬지 않지만 전화를 할 때는 심하게 더듬는 사람들이 있다. 상황 공포의 양상은 각양각색일 뿐 아니라 더듬는 사람에 따라 그 상황이 달라진다. 그리고 대부분 각 사람의 상황 공포의 상황은 그 사람의 과거와 깊은 관계가 있으며, 충격적인 사건으로 인하여 그런 상황이 다시 재연된다면 말을 못하게 되는 사례가 많다. 말더듬 치료에서 상황 공포의 동기를 찾아낼 수 있고 상황 공포의 대상이 되는 사람과의 심리적인 관계를 개선할 수 있게 되는 경우에는 말더듬 치료가 훨씬 쉽게 되는 경우가 많다.

출처: 국가건강정보포털, 국가건강정보포털 의학정보

(2) 말빠름증

말빠름증(cluttering 또는 속화)은 말의 속도가 지나치게 빨라서 상대방이 말을 이해하기 어려운 경우를 말한다. 단순히 속도가 빠르다기보다는 여러 형태의 말 문제를 같이 동반하고 있다. 즉, 말빠름증은 빠른 말의 속도로 인하여 음소나 음절을 생략하거나 대치하는 조음 문제를 동반하고 불규칙한 리듬이나 단조로운 음조, 단어나 구의 부분 반복 등이 나타나기도 한다. 말빠름증이 나타나는 아동의 경우 말더듬과 다르게 자신의 언어 문제를 의식하거나 인식하지 못하는 경향이 있다.

(3) 신경학적 유창성장애

신경학적 유창성장애(neurogenic fluency disorder)는 신경 부위의 손상으로 인해 발생하는 장애로 발달기에 나타나는 유창성과 구분된다. 일반적으로 신경학적 유창성장애는 마비말장애로 인한 말더듬, 말 실행증으로 인한 말더듬, 건망성 실어증으로 인한 말더듬을 말한다. 따라서 신경학적 유창성장애는 말할 때 나타나는 근육의 조절이나 협응, 운동계획의 어려움으로 나타난다. 발달기에 나타나는 말더듬은 주로 내용어에서 비유창성이 발생하는 경향이 높으나 신경학적 유창성장애는 기능어와 내용어 모두에서 비유창성이 발생되는 경향이 있다(국립특수교육원, 2009).

3) 유창성장애의 발생 요인

말더듬을 유발하는 요인은 한 가지의 원인보다는 기질적(유전적), 발달적, 심리적, 환경적 요인 등이 복합적으로 상호작용한 결과로 나타난다고 알려져 있다.

첫째, 말더듬의 원인으로 기질적(유전적) 요인이 있다. 유전적 요인에 대한 근거로는 가계력을 살펴보면 알 수 있는데, 이란성 쌍둥이보다 일란성 쌍둥이에게서 더 많은 유창성장애가 일치되게 나타났으며, 말을 더듬는 집단이 그렇지 않은 집단에 비해 말을 더듬는 가족이나 친척을 가지고 있는 비율이 더 높게 나타났다(심현섭 외, 2017). 따라서 일반적으로 말더듬는 아동이 있을 경우, 가족력이 있는지를 살펴보는 것이 좋다.

둘째, 말더듬의 원인으로 발달적 요인이 있다. 여러 발달 영역에서 발달 수준의 차이를 보이거나 또래 발달에 비해 신체, 인지, 언어발달 등이 미숙할 때 말더듬이 나타날 수 있다고 본다. 예를 들어, 아동의 언어능력에 비해 운동능력(조음할 때 사용하는 근육의 협응력 등)이 이를 따라오지 못할 때 말더듬이 나타날 수 있다. 하고 싶은 말은 많은데 이를 운동능력이 따라오지 못해 말더듬이 생기는 것으로, 발달 시기에 있는 아동들이 말을 더듬을 때 부모에게 자주 하는 말이 "하고 싶은 말은 많은데, 입이 움직이지 않아요."라는 말을 하곤 한다. 그리고 모든 말더듬는 아동이 언어발달이 느린 것은 아니지만 말더듬는 아동 중 언어발달이 지체된 아동도 있으며 아동이 어떻게 문장을 구성해야 하고, 어떤 낱말을 사용해야 하는지 분명하지 않을 때 말을 더듬을 확률이 높아지는 것은 사실이다(Wall, 1988; 심현섭 외, 2017에서 재인용).

셋째, 말더듬의 원인으로 심리적 요인이 있다. 발달과정에 있는 아동은 말소리를 조절하는 과정에 문제가 생길 때 말더듬이 나타날 수 있다고 본다. 다시 말해 말소리가 만들어지는 과정에서 스스로 자신의 말을 듣고 피드백하며 조절하는 데 어려움이 있어 말더듬이 나타난다고 본다. 이 경우 말소리를 만드는 근육의 협응이나 운동단계의 문제가 아니라, 뇌에서 언어를 만들어 내는 과정 안에 수정작업이 과도하게 많을 때 말더듬이 나타날 수 있다고 본다.

넷째, 말더듬의 원인으로 환경적 요인이 있다. 특히 선천적 소인을 지니고 태어난 사람이 후천적인 환경적 요인들까지 부정적으로 작용하면 말더듬이 발생할 가능성이 높아진다. 후천적 요인들이 긍정적으로 작용하여 선천적 소인을 극복할 수 있으면 말더듬이 일어나지 않는다고 할 수 있으며, 또한 선천적인 소인이 없는 사람이라고 하더라도 자라는 동안의 "언어환경"이 바람직하지 않을 때에는 말더듬이 생길 수도 있다(이승환, 2005). 이처럼 말더듬을 일으키고 지속시키는 원인 중 환경적인 요인들은 매우 중요하다. 선천적 소인들과 상호작용을 일으키는 환경요인들에는 부모, 말·언어 환경, 중요사건 등을 들 수 있다(이승환, 2005). 아동이 스트레스를 느끼는 말과 언어환경은 표 11-3과 같다. 환경적 요인의 대표적인 예로는 대화 상대자의 말 속도가 빠른 경우, 질문을 쉼 없이 해서 대답을 빨리해야 할 것 같은 상황, 아동 환경이 급작스럽게 바뀌는 사건들(부모의 이혼, 동생의 출산, 이사, 입원 등)이 영향을 줄 수 있다.

표 11-3 아동이 스트레스를 느끼는 말과 언어환경

스트레스를 느끼게 하는 어른의 말	스트레스를 느끼게 하는 언어환경
• 빠른 말 속도 • 음절수가 많은 낱말 • 복잡한 문장의 구조 • 가정 내 이중 언어 사용	• 경쟁적으로 말을 할 때 • 다른 사람의 잦은 방해가 있을 때 • 말을 남달리 잘한다는 것을 자랑해야 할 때 • 듣는 사람이 자기 말에 관심을 갖지 않을 때 • 말을 하는 동안 질문을 자주 받을 때 • 급히 말을 해야 할 때 • 흥분해서 말을 할 때 • 말해야 하는 내용이 많을 때

출처: 이승환(2010). 유창성장애. p. 62.

2 말더듬 진전 단계 및 단계별 유창성장애아동의 특징

취학 전 교육기관에서 주로 만나는 유창성장애는 아동기에 시작하는 발달성 말더듬이므로 이 장에서는 말더듬을 중심으로 살펴보고자 한다.

말더듬은 영유아 발달시기인 2~5세에 주로 나타나기 시작한다(Guitar, 2014). 취학 전 아동은 유치원이나 어린이집과 같은 교육기관에서 보내는 시간이 길기 때문에 교사가 아동의 말더듬을 발견할 가능성이 높다(Kim, 2013). 그런데 이러한 비유창성은 발달하는 시기에 있는 거의 모든 아동에게서 나타날 수 있는 특징이며, 심지어는 성인들도 비유창성을 보일 때가 있다. 따라서 교사는 말더듬이라고 할 수 있는 비유창성에 대한 지식이 있어야 아동이 말더듬을 보이는 것인지, 정상적인 발달 과정에서 나타나는 비유창성인지를 파악할 수 있다.

만약 만 3세 아동이 "나는 나는 초코 먹을거야."라고 했다면 반복을 보였으므로 이는 말더듬에 해당하는 것인가? 이와 같이 낱말을 1회 정도 반복하는 것은 발달기에 나타날 수 있는 자연스러운 현상이므로 이는 정상적 비유창성으로 보아야 한다. 하지만 만 3세 아동이 "나나나는 초코를 먹을거야."라고 하거나 "나는 나는 나는 나는 초코를 먹을거야."라고 한다면 동일하게 반복의 형태를 보였을지라도 음절을 반복하거나 낱말에서 반복 횟수가 3회 이상이었으므로 이는 정상적인 비유창성으로 보아서는 안 된다.

그림 11-2 정상적인 비유창성(단어 반복)의 예

정상적 비유창성은 전형적인 언어발달 과정에서 나타나는 말더듬으로, 이러한 말더듬은 성장하면서 자연스럽게 회복되는 경우가 많다. 하지만 일부 아동은 병리적 비유창성으로 이어져 성인기까지 말더듬 현상이 지속될 수 있다.

말더듬 진전 과정 중 취학 전 아동의 말더듬은 정상적인 비유창성, 경계선 말더듬, 초기 말더듬 단계에 해당할 수 있다. 정상적인 비유창성, 경계선 말더듬, 초기 말더듬의 단계별 특징은 표 11-4와 같다.

표 11-4 정상적인 비유창성, 경계선 말더듬, 초기 말더듬의 특징

연령	정상적인 비유창성	경계선 말더듬	초기 말더듬
	(대략) 1;6-6;0세	1;6-6;0세	2-8세
핵심 행동	비유창성 빈도 • 100단어 발화 시 10회 이하(단어나 음절) 비유창성 유형 • 반복이나 삽입의 반복 단위: 1-2회 • 반복: 단어-부분 반복(3세 이후 감소), 단/다음절 단어 반복, 구 반복	비유창성 빈도 • 100단어 발화 시 10회 이상 비유창성 유형 • 반복: 단어-부분 반복, 음절 반복, 음소 반복 • 연장이 정상적인 비유창성보다 더 높은 비율로 나타남.	비유창성 유형 • 반복의 속도가 빨라짐 • 이전에 반복했던 말소리가 연장으로 바뀜. • 막힘 출현 • 조음기관과 발성기관의 긴장 증가

연령	정상적인 비유창성	경계선 말더듬	초기 말더듬
	(대략) 1;6–6;0세	1;6–6;0세	2–8세
	• 단어-부분 반복의 증가는 경계해야 할 종류		
부수적 행동	• 때때로 "긴장된 휴지"(tensed pause)가 나타나기도 하나 부수적 행동은 나타나지 않음. • 자신의 말더듬을 의식하지 않음.	• 긴장 정도가 정상비유창성보다는 약간 높아 보이기는 하나 부수적 행동은 거의 나타나지 않음.	• 탈출행동-말더듬는 것을 멈추고 단어를 끝내기 위한 다양한 행동이 나옴(눈 깜박이기, 고개 끄덕이기). • 유도발화(starters)-말더듬을 예측하여 단어의 첫 소리 앞에 사용
감정 및 태도	• 비유창성에 대해 인식하지 않음.	• 비유창성에 대해 거의 인식하지 않으나, 예외적으로 한 음절을 여러 번 반복할 때 단어를 끝낼 수 없다는 놀람과 좌절을 느낄 수 있음.	• 말더듬을 인식하여 순간적 좌절과 무력감을 느낌. • 부정적 자아상을 갖지는 않음. • 말을 더듬기 직전·동안·후에 당황감, 좌절감, 무력감, 놀라움을 느낌.
기저 진행 과정	• 말더듬은 18개월 이전에 시작될 수 있고, 2;0–3;6세에 가장 많이 발생하고 이후 감소 추세를 보임. • 언어발달-언어습득 시기로 통사적 단위가 발달하기 시작하고 발화길이와 복잡성이 증가할 때 가장 비유창하게 됨. • 말운동 통제능력(speech motor control)-2;0–5;0세 아동은 성인의 말 속도와 발화길이를 따라하려 하나 말 운동능력의 미성숙으로 비유창해짐.	• 환경과 발달적 압력이 2;0–3;6세에 가장 크기 때문에 전형적으로 이때 경계선급 말더듬이 나타남. • 2–4세는 언어능력이 폭발적 성장으로 인해 말운동 기관의 발달을 앞서게 됨. • 보호받는 아기에서 독립적 아동으로 성장하는 과정의 심리사회적 갈등도 한몫을 함. • 형제 간의 스트레스가 말더듬에 영향을 줄 수 있음. • 4;6–5;0세에 발달적 균형이 이루어지며 스트레스가 줄어듦.	• 긴장 반응으로 인한 좌절감이 있고 아동의 타고난 예민함이 있을 때 더 강하게 과도한 긴장을 유발함. 이는 회피행동으로 연결됨.

연령	정상적인 비유창성	경계선 말더듬	초기 말더듬
	(대략) 1;6–6;0세	1;6–6;0세	2–8세
	• 심리적 스트레스–이사, 부모의 이혼, 흥분, 경쟁 등의 상황에서 더 어려울 수 있음.	• 자신과 가족 안에서 통합되어 수용능력과 환경적 요구가 일치되면 정상적 유창성을 획득 • 실패하면 말더듬이 지속될 수 있음.	

출처: 이승환(2010). 유창성장애. p. 87~88에서 수정발췌.

표 11–4에서 살펴본 것과 같이 정상적인 비유창성과 경계선 말더듬은 비유창성의 빈도와 양상에서 차이를 보인다. 먼저 빈도에서 차이를 보이는데 정상적인 비유창성은 100개의 낱말 중 10개 이내에서 비유창성을 보이고, 경계선 말더듬은 10개 이상에서 비유창성을 보인다. 다음으로 말더듬 양상에서 차이를 보이는데, 둘 다 반복의 형태를 보이지만 정상적인 비유창성은 낱말보다 큰 단위(낱말, 구 등)에서 반복을 보이고, 경계선 말더듬은 낱말보다 작은 단위(낱말의 부분, 음절, 음소 등)에서 반복을 보인다.

초기 말더듬 단계에서는 음소나 음절 반복이 증가하고, 말더듬의 진전된 형태인 연장과 막힘이 나타난다. 또한 이전 단계들에서는 부수행동이 나타나지 않지만 이 단계에서는 이차행동으로 다양한 탈출행동이 나타나기도 한다.

TIP 말더듬에 관해 자주 하는 질문들

Q1. 말더듬은 얼마나 많은가요?

A1. 말더듬의 출현율(Prevalence)은 1% 정도, 발생율(Incidence)은 5% 정도로 추정합니다.

※ 출현율: 특정 연령 또는 연령층에서 현재 말을 더듬고 있는 사람의 수

발생율: 특정 집단 가운데서 현재 말을 더듬고 있는 사람과 과거에 말을 더듬었던

경험이 있었던 사람을 전부 망라한 숫자

Q2. 말을 빨리하면 말을 더듬게 되나요?

A2. 일반적으로 말을 더듬는 사람들은 말을 상당히 빨리합니다. 그러나 말을 빨리해서 더듬는 것은 아닙니다. 단지, 말이 막히다 나오거나 조음기관이 경직된 상태에서 말이 부드럽게 나오지 못하고 튀어나오기 때문에 말이 빠른 것입니다. 말을 더듬지 않는 사람 중에도 말을 엄청 빨리하는 사람이 있지만 말을 더듬지는 않습니다. 그러므로 말을 더듬는 사람들이 급하게 말을 하는 듯 보이고 안절부절못하는 것처럼 보이는 것은 말더듬의 증상이지 원인은 아닙니다.

Q3. 말을 더듬는 아동은 전부 정서적으로 문제가 있나요?

A3. 그렇지는 않습니다. 단지 여러 사람 앞에서 하고 싶은 얘기를 할 수 없는 상태가 계속되면서 말해야 할 상황이 오기도 전에 미리 걱정하여 초조, 불안감을 많이 느끼기는 합니다. 하지만 아동이 정서적으로 크게 문제가 없는 경우도 많습니다. 대부분의 말더듬는 아동들은 말을 해야 할 때 생기는 두려움이나 창피함 그리고 좌절감에 영향을 받기는 하지만 평상시 다른 활동은 적극적인 경우가 많습니다.

Q4. 말더듬은 자연치유가 되나요?

A4. 대부분은 그렇지만 그렇지 않은 경우도 있습니다. 어릴 적 말을 더듬었던 사람들의 상당수가 사춘기 이전에 자연적으로 회복되어 완치가 되는 경우가 많습니다. 그러나 사춘기 이후가 되면 자연치유가 되는 경우가 거의 없습니다. 아마도 사춘기 이전에 언어발달이 모두 완성되는 것이기 때문인 것으로 이해할 수 있습니다. 현재 아동이 말을 더듬는 것이 3개월 이상 길어지고 있고 아이가 고통을 느끼기 시작한다면 병원을 찾아서 진단과 언어평가를 받아볼 필요가 있습니다. 조기 치료해야 할 경우와 부모가 안심하고 기다릴 수 있는 경우를 판단하는 것이 중요합니다.

출처: 국가건강정보포털, 국가건강정보포털 의학정보

3 유창성장애 평가

언어치료 전문기관에서는 말더듬 평가 시 말더듬는 형태와 정도를 파악하기 위해 고안된 표준화된 평가도구와 관찰, 부모 면담 등을 통해 종합된 정보를 수집하여 말더듬 정도를 진단한다. 주로 활용하는 표준화된 평가도구는 파라다이스 유창성검사(Paradise-Fluency Assessment Ⅱ: P-FA Ⅱ)이다. 파라다이스 유창성검사는 유창성 정도와 의사소통 태도를 파악할 수 있는 평가도구로 취학 전 아동부터 중학생 이상까지 연령별로 평가방법이 다르게 구성되어 있다. 평가도구를 활용할 경우 숙련된 전문가가 아닌 이상 평가하고 해석하는 동안 많은 시간이 소요될 수 있다. 따라서 교사는 아동에게 유창성장애가 있는지 아닌지에 대해 진단도구를 사용하지 않고 관찰을 통해 파악할 수 있는 능력이 필요하다.

말더듬 정도를 파악하기 위해 첫 번째 교사가 해야 할 일은 정상적인 비유창성과 병리적인 비유창성을 구분할 수 있는 능력을 갖추는 것이다. 취학 전 아동의 경우 아직까지 말더듬이 진전되지 않은 경우가 많고 주로 정상적인 비유창성이나 경계선 말더듬을 보이는 시기이다. 경계선 말더듬의 경우 직접적인 중재 없이 간접중재만으로도 말더듬이 좋아질 수 있기 때문에 교사는 우선은 정상적인 비유창성과 병리적인 비유창성을 구분하고 이에 대한 적절한 지원을 해주어야 한다. 정상적인 비유창성의 특징은 다음과 같다.

- 정상적 비유창성은 더듬는 낱말이 100단어당 10회 이하이다.
- 정상적 비유창성은 음소나 음절 반복보다는 단어반복이 많다.
- 정상적 비유창성은 음, 어 등의 간투사를 사용하기도 한다.
- 정상적 비유창성의 경우 회피행동이나 탈출행동 등의 이차행동을 보이지 않는다.

- 정상적 비유창성은 말을 하는데 부끄러워하거나 당황하지 않고 말을 더듬더라도 말을 이어서 한다.

정상적인 비유창성과 병리적인 비유창성을 보이는 아동 모두 간투사를 삽입하거나 반복 형태를 보일 수 있는데 이 둘을 구분할 수 있는 핵심행동의 기준은 다음과 같다.

표 11-5 정상적 비유창성과 병리적 비유창성을 구분할 수 있는 핵심행동의 기준

	정상적 비유창성	병리적 비유창성 (비정상적인 비유창성)
간투사 삽입	• 의미전달내용과 관계없는 낱말이나 구(예: 음, 어, 그런데 있잖아 등)를 말하는 것으로 별다른 질적 양상이 나타나지 않는 경우 • 예) 어 어 여진이랑 놀이터에서 놀았어요.	• 간투사를 3회 이상 반복하거나 간투사를 말할 때 시각적 긴장과 같은 질적 양상이 동반되는 경우 • 예) 어 어 어 어 여진이랑 놀이터에서 놀았어요.
반복	• 다음절 낱말, 어절, 구 등을 1~2회 반복하되, 별다른 질적 양상이 동반되지 않은 경우 • 예1) 자동차 자동차 꺼내주세요. • 예2) 빨간 자동차 빨간 자동차 꺼내주세요.	• 다음절 낱말, 구, 어절 등이 3회 이상 반복되거나 시각적 긴장과 같은 질적 양상이 동반되어 나타나는 경우 • 예1) 자동차 자동차 자동차 꺼내주세요. • 예2) 빨간 자동차 빨간 자동차 빨간 자동차 꺼내주세요. • 낱말보다 작은 단위(음소, 음절 부분, 음절, 낱말 부분의 반복)에서 일어나는 모든 반복 • 예1) ㅈㅈ자동차 꺼내주세요. • 예2) 자자장난감 꺼내주세요. • 예3) 자자자동차 꺼내주세요. • 예4) 자동자동자동차 꺼내주세요.
비운율적 발성	–	• 연장, 막힘이 나타나는 경우

출처: 파라다이스 유창성검사 지침서에서 부분 수정발췌.

말더듬 평가 시 교사가 두 번째 해야 할 일은 말더듬는 핵심행동의 형태가 어떻게 나타나고 있는지 파악하기 위해 다양한 상황에서 아동의 말 샘플을 수집해야 한다. 아동은 노래 부르기와 같이 자동구어적인 발화나 운율이 있는 발화에서는 말더듬이 나타나지 않을 가능성이 높다. 따라서 교사는 다음과 같은 다양한 상황 등에서 아동의 발화를 수집하고 말더듬의 주요 양상(반복, 연장, 막힘 등)의 유형 및 횟수를 파악할 필요가 있다.

- 자동적 발화(수 세기, 요일 말하기 등)
- 그림의 이름 말하기(자발적으로 사물의 이름을 10개 정도 말하기)
- 재빨리 사물의 이름 말하기(시간적 압박을 주는 상황에서 말하기)
- 농화책 본 것 이야기하기, 자신의 생활 경험 이야기하기, 대화하기 등

말더듬 평가 시 교사가 세 번째 해야 할 일은 눈 깜박임이나 찡그림 등의 부수행동이 나타나는지 살펴보아야 한다. 또한 말하는 상황에 대한 감정 및 태도와 정서 반응을 살펴보는 것이 도움이 되는데, 이에 대해서는 평가 설문지를 이용해서 평가하기도 한다.

다음 사례를 통해 사례1, 2에 있는 아동이 말더듬의 문제를 보이고 있는지 아닌지에 대해 한 번 생각해 보도록 하자. 아래의 설명 내용을 보기 전에 사례를 보고 먼저 판단해 보길 바란다.

사례1

재훈이는 만 3세 남자아이예요. 6개월 전부터 언어표현이 막 늘어나기 시작하더니 최근 들어 말을 간혹 더듬어요. 말할 때 주로 단어를 반복해서 '내가 내가 자전거 자전거 탈 거야.'라고 말하는 경우도 있고, '음', '어'와 같이 말하기 전에 뜸을 들이는 경우도 있어요. 특별하게 말하는 걸 싫어하거나 힘들어 보이지는 않아요. 재훈이 가족이나 친인척 중에는 말을 더듬었던 사람도 없고 주변 환경이 바뀐 부분도 없어요.

사례2

지현이는 만 5세 여자아이예요. 만 4세 때부터 말을 가끔씩 더듬기 시작하더니 올해 유치원을 옮기고 더 더듬게 된 것 같아요. 학기 초에 제가 아파서 병원에 10일 정도 입원해서 지현이를 저희 시어머님이 올라오셔서 돌보아주셨는데 그것 때문인지 아니면 유치원 적응이 힘들어서 그런 것인지 단어의 첫 음을 더듬어요. 예를 들면 '자전거 타고 싶어요'라고 말을 하려고 하면 'ㅈㅈ자자자전거 ㅌㅌ타타타고 시싶어요'라고 말해요. 그럴 때마다 주변에서도 지현에게 '다시 말해 봐'라고 말하는 경우도 많아요. 지현이 사촌오빠가 어릴 때부터 말을 심하게 계속 더듬었어요. 그리고 아이 아빠도 어릴 때 더듬다가 괜찮아졌다고 하더라고요. 최근에 지현이에게 질문을 하면 말을 하려다가 마는 경우도 있고 어떤 때는 어깨에 긴장이 잔뜩 들어가 있어서 움츠리며 말할 때도 있어요.

사례1 재훈이의 경우 말더듬 핵심행동을 보면 단어 반복을 보이고 있다. 그리고 말더듬이 최근에 나타나기 시작했고, 주변환경이 바뀌었거나 말더듬에 대한 가족력도 없다. 말더듬 빈도 또한 가끔 말을 더듬는 것으로 보아, 아직까지는 정상적인 비유창성에 해당한다고 볼 수 있다.

사례2 지현이의 경우 말더듬 핵심행동이 재훈이와 동일하게 반복 형태이지만 다른 점은 음소나 음절의 부분 반복을 보이고 있다. 또한 말더듬에 대한 가족력도 있으며, 말더듬이 1년 정도 지속되고 있다. 그리고 말을 더듬을 때 몸에 긴장을 보이거나 말을 하려다가 멈추는 것으로 보아 말더듬에 대해 인식하고 있으며 이에 대한 부정적인 심리적 반응을 보이고 있다. 따라서 지현이는 정상적인 비유창성 단계를 넘어 병리적 말더듬 단계에 있다고 볼 수 있다.

말더듬의 중재 방향은 말더듬이 나타난 시기 및 지속 기간, 말더듬는 형태에 따라 달라진다. 재훈이의 사례처럼 정상적인 비유창성이 나타나고 말더듬에 대한 부정적인 감정과 태도가 나타나지 않는다면 말더듬는 행동을 직접적으로 중재하지 않는다. 다만 말더듬의 빈도가 높아진다면 주변의 언어적 환경을 바꾸어 주는 간접중재가 필요할 수도 있다. 지현이의 사례처럼 말더듬 지속기간이 길고 말을 할 때마다 더듬는 상황에 대해 부정적인 감정과 태도를 보인다면 이는 다시 말더듬에 부정적인 영향을 미칠 수 있으므로 언어중재뿐만 아니라 심리적 지원을 병행하는 것이 바람직하다.

따라서 아동의 말더듬 평가나 중재 시 핵심행동과 이차행동뿐만 아니라 말을 더듬는 아동의 감정과 태도에 대한 측면이 함께 고려되어야 한다.

4 유창성장애아동 중재

취학 전 말더듬 아동의 중재방법은 크게 직접중재와 간접중재로 나뉜다. 회복 가능성이 낮고 말더듬 정도가 심할 경우 전문적인 치료기관에서 직접중재를 실시하는 것이 바람직하며, 회복 가능성이 크고 말더듬 정도가 경미할 경우에는 간접중재만으로도 효과를 볼 수 있다(Zebrowski & Kelly, 2002).

직접중재에서 활용하는 말더듬 중재방법에는 말더듬 수정법과 유창성 완성법이 있다. 말더듬 수정법은 말을 더듬을 때 “더 유창하게 말을 더듬는 방법”을 익히는 것을 목표로 하며 유창성 완성법은 "더 유창하게 말하는 방법"을 익히는 것을 목표로 한다.

교육기관에서 만나는 취학전 연령에서 나타날 수 있는 말더듬 단계는 주로 정상적인 비유창성과 경계선 말더듬이다. 이러한 아동은 주변의 언어환경을 바꾸어주는 간접중재가 효과적이다. 간접중재를 위해서는 아동의 대화 상대자와 협력해서 진행하는 것이 효과적이기 때문에 아동의 부모와 아동을 둘러싼 인적 자원들과 중재내용을 공유하는 것이 바람직하다. 부모뿐만 아니라 교사도 아동의 환경 변화 등을 통하여 아동의 유창성 증진에 도움을 줄 수 있으므로 말더듬을 치료전문가의 역할로 생각하기보다는 전문적인 교사의 역할로 생각할 필요가 있다(김자영 외, 2018). 교사는 부모에게 말더듬의 원인을 유발할 수 있는 요인들과 가정 내에서 적절한 환경을 조성할 수 있는 방법들을 안내해야 하며, 부모와 연계하여 다음과 같은 간접중재를 실시해야 한다. 부모와 함께 공유해야 할 말더듬 간접중재방법(국가건강정보포털, 국가건강정보포털 의학정보, 재인용)은 다음과 같은 것들이 있다.

- 느린 속도로 부드럽게, 그리고 정확하게 말한다.

대화 상대자의 말하는 방식이 아동에게 모델이 되므로 좋은 말의 시범을 보여주고, 적절한 태도로 아동을 지지해 주면서 대화를 하려고 노력해야 한다.

간혹 말 속도가 빠른 부모나 교사가 있다. 자신의 말 속도를 점검해 보고, 말더듬는 아동에게 말을 할 때에는 평상시 말 속도보다 천천히 부드럽게 말을 해줄 필요가 있다. 말 속도가 빠르다는 것은 대화 사이의 쉼(pause)이 짧다는 것으로, 이는 아동에게 빨리 말을 해야 한다는 부담을 줄 수 있다.

• 아동의 말을 끊지 않고 끝까지 잘 들어준다.

아동이 무언가를 말하려고 할 때 아무리 말을 답답하게 하더라도 중간에 끼어들어서 대신 말하거나, 중단시키지 않아야 한다. 아동의 말에서 틀리는 발음이나 말더듬는 행동에 신경을 쓰지 말고 말하고자 하는 내용에 관심을 두어 아동의 말을 잘 알아듣고 있다는 태도와 함께 아동의 말에 관심과 흥미를 가지고 있다는 것을 보여주어야 한다.

• 아동의 말을 일일이 고쳐주거나 간섭하지 않는다.

'천천히 해라'라든가 '차분히 생각 좀 해보고 말해라' 또는 '다시 따라 해 봐' 등 일일이 아이의 말을 지시적으로 무리하게 고쳐주기보다 자연스럽게 말의 시범을 보여준다.

• 말에 부담을 주지 않는다.

아동에게 다른 사람들 앞에서 이야기해 보라고 강요하거나, 지나치게 어려운 질문을 하거나, 하고 싶지 않은 노래를 부르게 하지 않는다.

말하는 것을 연습시킨다고 너무 많은 질문을 해서도 안 된다.

• 아동의 언어 상태를 "말더듬"으로 표현하는 것을 삼간다.

아동이 자신의 말이 유창하지 못함을 알고 있는데, 유창하게 말을 하지 못함을 다른 사람들 앞에서 주목시킨다면 다른 사람들로 하여금 아동에게 말하는 것을 피하거나 잘못 반응하는 나쁜 결과를 초래할 수도 있기 때문이다.

• 아동이 말할 때 불만스러움을 나타내지 않는다.

아동이 말을 더듬는다고 때리거나, 그만 더듬으라고 소리를 치거나, 벌을 주거나, 부모나 교사가 끼어들어서 대신 말을 해 버리거나, 무시하거나, 깔보는 인상을 주거나, 화를 내거나, 재촉하거나, 걱정스러워하거나, 동정심을 보이는 등의 태도를 나타내지 않는다.

• 아동이 말하는 것이 재미있는 경험이 되게 한다.

아동과 이야기하는 시간을 더 많이 갖고, 책을 읽어주고 이야기를 해 준 후에 아동이 그 이야기의 끝맺음을 하게 하거나, 재미있는 그림을 보고 이야기를 함께 해 보거나, 아동이 좋아하는 과제들을 함께 하는 시간을 많이 갖되, 말하는 것에 대해 부담을 느끼지 않고, 말을 잘하는 경험이 축적되어 말하는 것이 즐거운 시간이 되도록 많이 노력해야 한다.

TIP 말더듬에 관한 부모 교육자료

※ 말더듬의 원인에 대해 안내하고 가정 내에서 적절한 환경을 조성하게 하는 방법

- 말더듬은 아동이 누군가와 경쟁적인 입장에서 말을 할 때 나타납니다. 즉, 서로 상대방을 간섭하려고 할 때 나타납니다. 따라서 이러한 현상을 없애려면 아동이 자신의 욕구를 충분히 말하도록 하여야 합니다. 또한 상대방의 이야기가 끝나면 이야기하도록 가르칩니다.

- 말더듬은 표현하려고 하는 적절한 낱말을 찾지 못할 때 나타날 수 있습니다. 따라서 아동에게 서두르지 말도록 주지시키고 아동이 적절한 낱말을 찾을 때까지 기다리거나 경우에 따라서는 낱말을 가르쳐 주기도 합니다.

- 말더듬은 상대방이 아동의 이야기를 듣지 않으면서 이야기할 때 발생하기도 합니다. 예컨대, 아버지가 신문을 보면서 이야기하거나, 어머니가 부엌에서 일하면서 이야기

하는 경우를 들 수 있습니다. 따라서 아동과 이야기할 때는 눈을 응시하고 고개를 끄덕이며 진심으로 듣고 있는 얼굴을 보여야 합니다.

- 부모들이 아동을 꾸짖거나 벌을 줄 경우 말더듬이 많이 나타납니다. 아동을 너무 심하게 꾸짖거나 벌주지 않고 격려하는 분위기를 형성합니다.

- 아동들은 말을 더듬기 전에 공포를 경험하게 됩니다. 공포의 경험이 어른에게는 하찮은 것이 될 수도 있지만, 아동에게는 현실적인 문제로서 가볍게 생각하지 말고 설명해 주는 것이 좋습니다. 이때 이해, 관심, 사랑을 보여주며 신체적인 접촉을 해주는 것도 도움이 됩니다.

- 말더듬은 활기찬 놀이나 여행 등에 대한 이야기를 해야 하는 상황에서 눈에 띄게 나타납니다. 지나치게 아동의 능력을 넘는 활동은 아동의 말더듬을 증가시키게 되므로 이러한 활동을 경감시켜 주어야 합니다.

- 말더듬은 자기 자신을 이해하는 데 실패할 때 나타납니다. 이때 아동들은 정확한 조음을 발달시키지 못하며, 결함이 있는 말을 하게 됩니다. 아동에게 계속적인 반복을 요구하기보다는 아동이 말하는 의미를 아는 대로 대답해 주는 것이 좋습니다.

- 말더듬은 너무 성급하게 이야기할 때 나타납니다. 따라서, 너무 성급하게 이야기하지 않게 하며 필요시 속도를 늦추어주거나 중단시켜야 합니다. 듣는 사람이 충분히 기다릴 수 있음을 보여주는 것이 도움이 됩니다.

※ 가정에서 할 수 있는 유창성 증진 활동

- 따라 읽기: 따라 읽는 것은, 줄이 바뀔 때 아동들이 유창하게 말하는 정도를 감지하게 합니다. 상황을 적당히 조절하여 유창성을 유지시킵니다.

- 노래 활동: 단순하고 가락이 있는 소리는 흥미 있는 유창성을 발달시키는 수단이 됩니다. 동시에 율동이나 동작이 수반되면 더욱 좋습니다.

- 기억하여 암송하기: 아동이 긴장하지 않고 외워서 말할 수 있다면 암송하도록 격려합니다.
- 운동 경기 중에 말하기: 놀이를 설정하여 도구를 활용하면서 즐겁게, 그리고 쉽게 적응하도록 합니다. 즐거운 시간을 가지면 많은 말을 하게 할 수 있습니다.
- 역할놀이: 인형, 장난감, 손 인형, 동물 인형 등을 가지고 이에 상응하는 목소리와 동작을 하도록 합니다. 평상시와 다른 소리를 냄으로써 유창성을 기르도록 합니다.
- 연극: 말더듬 아동에게 어렵지 않게 이야기할 수 있는 배역을 줍니다. 약간의 시범을 보인 후, 동화책을 활용하여 극화합니다.
- 가락 있는 동작을 수반하여 가락 있게 말하기: 동요나 동시에 적합한 동작을 하면서 아동에게 말하기를 격려합니다.

출처: 국가건강정보포털, 국가건강정보포털 의학정보

아동이 말을 더듬었던 지속 기간이 길고 말더듬이 많이 진행된 경우에는 간접중재만으로는 말더듬이 나아지기 어렵다. 특히 아동이 탈출행동이나 회피행동을 보이고 불안, 긴장과 같은 심리적 증상이 나타난다면 전문적인 치료기관에서의 직접중재를 고민해 볼 필요가 있다. 직접적인 언어중재에 앞서 부모상담과 심리치료를 먼저 시작하는 것도 좋다. 심리치료의 일차적인 목표는 아동이 자신의 감정을 자유롭게 표현하도록 돕는 것에 있다. 가정과 교육기관에서 느낀 갈등을 놀이 상황을 통해서 표현하는 과정에서 아동이 말에 대해 느끼는 불안감과 긴장을 줄일 수 있기 때문이다. 이처럼 아동의 말더듬 진전여부를 파악하여 중재방법들을 고려하는 것이 바람직하며, 교사가 판단하기 어려운 경우에는 반드시 전문가와 상담하는 것이 좋다.

CHAPTER 12

음성장애

학습 목표

1. 음성장애의 정의를 설명할 수 있다.
2. 음성장애의 원인과 유형을 구술할 수 있다.
3. 교육기관에서 활용할 수 있는 음성장애의 진단 · 평가방법을 설명할 수 있다.
4. 교육기관에서 적용할 수 있는 음성장애아동의 중재방법을 익혀 활용할 수 있다.

1 음성장애의 이해

1) 정상음성의 정의

사람의 목소리는 지문처럼 사람마다 고유의 색깔이 있다. 음성(voice)이란, 폐에서 나온 공기가 근육으로 된 성대를 진동하여 생성되는 공기의 파동에 의해 발생하는 소리를 말한다. 사람마다 음성이 다른 이유는 이러한 공기의 파동이 사람에 따라 다르게 나타나기 때문이다. 성대를 진동하는 공기의 파동은 목이나 코의 길이, 성대 근육의 힘, 무게 등에 따라 다양하게 생성된다. 음성은 그 사람에 대한 첫인상이나 그 사람의 전체적인 이미지를 결정짓는 역할을 하기도 한다. 따라서 음성은 소리를 생성한다는 발성(phonation)의 의미로 사용하기도 하고, 말(speech)의 의미로 사용하기도 한다.

청각적인 단서로 많이 사용되는 음성은 사람과 사람 사이의 의사소통을 담당하는 중요한 요소 중 하나이다. 앞서 2장에서 살펴보았던 것처럼 말을 통해 다른 사람과 의사소통하기 위해서는 일차적으로 정상적인 음성이 산출되어야 한다. 정상적인 음성이란, 크기나 높낮이가 적절하고, 음질이 좋아야 한다. 정상음성의 기준에는 다음과 같은 것들이 있다(Aronson & Bless, 2009; 심현섭 외, 2017에서 재인용).

첫째, 목소리가 맑고 소음이 없어야 한다. 즉, 음성의 질(quality)이 좋아야 한다.

둘째, 목소리는 나이와 성별에 음도(pitch)가 적합해야 한다.

셋째, 목소리의 크기(loudness)는 대화 상황에 적합하도록 너무 작지도, 너무 크지도 않아야 한다.

넷째, 목소리는 자신의 의도에 따라 음도와 강도를 조절할 수 있는 유연성(flexibility)이 있어야 한다.

다섯째, 목소리를 지속적으로 어느 정도는 산출될 수(sustainability) 있어야 한다. 즉, 직업상 또는 사회생활에서 지속적으로 음성을 사용해야 할 때 이러한 요구에 부응할 수 있어야 한다.

2) 음성장애의 정의

음성 산출에 문제가 있다는 것은 발성에 어려움을 보이는 것으로, 쉰 목소리와 같이 음질이 좋지 않거나, 음도가 연령이나 성별에 맞지 않고, 목소리 크기를 상황에 따라 적절하게 변화시키지 못할 때 음성에 문제를 가지고 있다고 할 수 있다.

즉, 음성장애(voice disorders)란 말하는 사람의 음의 높낮이, 소리의 크기, 소리의 깨끗한 정도인 음질과 관련한 기본 음성적 특성이 정상인의 목소리와 편차를 보이는 말(구어) 장애의 한 유형이며, 개인의 연령, 성별, 문화, 사회적 위치에 적합하지 않아서 지속적으로 대화를 방해하는 경우를 말한다(국립특수교육원, 2009에서 재인용). 음성장애는 다음과 같이 강도장애, 음도장애, 음질장애에 따라 구분할 수 있으며, 음성장애가 있을 경우 대화 시 부적절하게 주의를 끌거나, 듣는 사람이나 말하는 사람 모두에게 부정적 영향을 미치기도 한다.

- 강도장애
  - 목소리의 크기, 즉 강도 조절에 어려움이 있는 상태
  - 음성으로 소리를 전혀 낼 수 없거나 너무 크거나 작아서 듣는 사람으로 하여금 말하는 사람의 이야기가 충분히 전달되지 않는 경우
  - 성문하압의 크기가 너무 낮을 경우 목소리가 비정상으로 작아짐.
  - 대부분은 신체적인 문제로 발생하기보다는 심리적인 문제가 대부분임.

- 음도장애
  - 음도는 연령과 성별에 따라 달라질 수 있는데, 일반적으로 여성의 경우는 남자보다 높은 음도를 산출함.

- 연령이나 성별에 맞지 않는 음도를 나타내는 경우 음도장애로 볼 수 있음.
- 예를 들면 변성기 가성이 있는데, 남자 청소년이 변성기가 되었는데도 높은 음도를 사용해서 말을 하는 경우가 이에 해당함.

• 음질장애

- 음질장애는 맑고 깨끗한 목소리가 아닌 소음이 섞여 있거나 거친 목소리를 내는 상태를 말함.
- 목소리의 소음은 소리를 울리는 공명강과 성대가 접촉하는 형태, 성대를 둘러싸고 있는 점막의 상태에 따라 달라짐. 표 12-1은 음질장애에서 나타날 수 있는 유형임.

표 12-1 음질장애의 유형

음질장애의 유형	음성증상
거친소리	과도한 근육긴장과 근육 사용으로 인하여 성대가 너무 단단하게 서로 누르면서 나오는 소리다.
숨 새는 소리	성대가 서로 접촉할 때 완전히 가까이 접촉하지 못한 상태에서 나오는 소리다. 마치 바람 빠지는 소리처럼 깨끗하지 않다.
목쉰 소리	성대가 진동할 때 규칙적이지 못함으로 인하여 생겨나는 소리다. 거칠고 기식성 소리가 함께 섞여 있다.
이중음성	성대 좌우의 크기가 다르거나 비대칭적으로 움직이게 되면 상이한 주파수로 진동하게 되고 따라서 두 개의 음도를 가진 음성이 나타난다.
과대비음	성대에서는 정상적인 소리를 만들어 내지만 구강음을 산출할 때 비강으로 가는 연구개를 열어두어서 기류가 코로 빠져 나가게 될 때 산출되는 코맹맹이 소리다.

출처: 고은(2016). 의사소통장애아 교육(2판). p. 293.

교육현장에서 만날 수 있는 음성장애를 가진 아동의 경우는 주로 표 12-2와 같은 증상을 보인다(Beushausen, 2001).

표 12-2 취학전 음성장애아동들이 주로 보이는 증상

- 또래 아동에 비하여 목소리의 높낮이가 너무 낮거나 높다.
- 목소리가 날카로워 귀청을 찢을 듯한 느낌이 든다.
- 목소리의 크기가 너무 작다.
- 목소리가 속삭이는 소리를 내거나 잘 나오지 않는다.
- 목소리 내기가 힘들어 쥐어짜듯이 힘들게 말한다.
- 목소리가 목쉰 소리처럼 거칠거나 허스키하다.

2 음성장애의 원인

1) 음성장애의 원인

음성장애의 원인은 크게 발성과 공명 차원으로 나누어 살펴볼 수 있다. 우선 발성 측면에서의 원인으로는 기능적, 기질적, 신경학적 원인이 있다. 기능적 음성장애는 성대에는 특별한 병변이 없으나 소리 지르기와 같이 성대의 오·남용으로 인해 발생하는 음성장애이다. 기질적 음성장애는 성대의 병변 등 발성기관의 구조적인 문제가 원인이 되어 나타나는 음성장애이고, 신경학적 음성장애는 발성이나 호흡과 관련된 근육의 신경학적 문제로 인해 발생하는 음성장애이다. 각각의 예로는 표 12-3과 같은 것들이 있다.

다음으로 공명 차원에서의 문제점으로는 비강의 공명이 과다하게 나타나거나 반대로 과소하게 나타나는 경우가 있다. 말소리가 적절하게 공명하지 못할 경우, 이로 인해 정확한 음성 산출에 어려움을 보일 수 있다.

표 12-3 기능적, 기질적, 신경학적 원인으로 인한 음성장애의 예

원인	유형	증상
기능적 음성장애	성대결절	• 성대의 지나친 접촉으로 성대에 굳은살이 생기는 것 • 성대 1/3 지점에 돌기 모양이 양측성으로 나타남. • 주로 소리를 많이 지르는 아동이나 직업적으로 말을 많이 하는 사람에게 발생 • 성대결절이 심한 경우에는 목소리가 새어나오는 느낌이 들기도 하고 목소리를 내는 것에 어려움을 보이기도 함.
	성대폴립	• 후두에 말미잘 모양의 물혹이 생기는 질환 • 갑자기 소리를 오래 지르는 경우 발생 • 성대가 완전히 닫히지 않아 쉰 목소리, 숨소리가 남.
	변성기 가성	• 남학생이 변성기 후에도 높은 소리가 지속되어 여성의 음성처럼 들리는 것
	기능적 무성증	• 후두검사에서 정상이나 전혀 소리를 낼 수 없고, 속삭이듯이 말하는 것이 특징 • 히스테리나 스트레스와 같은 심리적 요인에 의해 발생
기질적 음성장애	성대유두종	• 성대에 바이러스가 침입하여 생기는 성대 종양 • 주로 4~6세 아동에게 많이 발생. 감기나 알레르기가 아닌데 아동이 며칠 동안 쉰 목소리를 내는 경우 즉시 전문의의 진료를 받아야 함.
	후두횡격막	• 선천적 후두기형, 태아발달 시기에 정상적으로 성대가 분리되지 못해 나타난 결과 • 일반적으로 성대의 전반부가 막으로 둘러싸여 있음.
	후두염	• 박테리아나 바이러스에 성대 감염 • 목이 마르고 계속해서 불편한 느낌이 들고, 음소가 평소보다 높거나 낮게 되며, 큰 소리를 내기 힘듦.
신경학적 음성장애	성대마비	• 후두근육의 움직임을 담당하는 신경섬유 손상 • 한쪽 또는 양쪽 성대가 움직이지 못함.
	연축성 발성장애	• 자신도 모르게 성대에 '경련'이 발생하여 말이 갑자기 막히거나 열리는 현상 • 내전형: 말을 하는 데 매우 힘이 들어가 쥐어짜는 소리를 냄. • 외전형: 갑자기 성대가 열려 목소리에 바람 새는 소리가 많이 들림.

출처: 심현섭 외(2017). 의사소통장애의 이해(3판). p. 297~302에서 부분발췌.

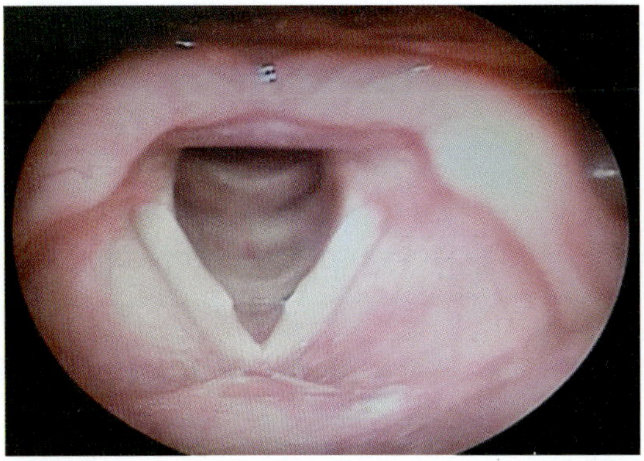

그림 12-1 성대결절

음성장애를 기질적 음성장애와 기능적 음성장애로 엄격하게 이분법적으로 분류하는 것은 쉽지가 않다. 그 이유는 위에서 살펴본 것처럼 예를 들어, 성내폴립의 원인은 성대의 오남용이나 폴립이라는 기질적인 문제가 발생함으로써 수술적 · 약물적 처치가 필요하기 때문이다. 이처럼 발병 초기에는 성대 남용으로 인한 기능적 음성장애로 시작하여 기질적 음성장애로 발전되기도 하며, 또 기질적 원인이 사라진 후에도 음성장애가 지속되는 경우도 있다.

교육기관에서 주로 만나게 되는 아동이 음성장애를 지니고 있다면 기질적인 음성장애보다는 기능적인 음성장애가 원인이 되어 발생되는 사례가 더 많을 것이다.

따라서 현장에서 만나게 되는 아동의 음성장애 원인에 대해 이해를 하고 있으면 아동에게 적절한 지원전략을 수립해 줄 수 있다.

2) 아동기 음성장애의 주요 원인

사례

준우는 5세 남아예요. 어린이집에 만 4세부터 다니기 시작했는데 어린이집에 다닌 이후로 쉰 목소리가 나는 경우가 많아졌어요. 감기도 자주 걸리지만 무엇보다 말을 하기 전에 헛기침을 한 후 말을 시작하고 목소리가 탁하게 나는 경우가 많아요. 어린이집에서는 자유놀이 할 때 친구들과 블록으로 로봇을 만들어 싸움 놀이를 많이 하는데 또래랑 말하는 상황이 아닐 때도 큰 목소리로 소리를 지르는 상황이 계속되고 있어요. 듣는 사람이 준우의 큰 목소리도 듣기가 힘들지만 지나치게 허스키한 목소리 때문에 명료하지 않아서 가끔은 무슨 말을 하는지 알아듣지 못하는 경우도 있어요.

아동기 음성장애는 주로 기능적인 원인에 의해 발생한다. 기능적 음성장애 아동의 경우 심리적인 원인을 제외하고는 대부분 성대를 사용하는 습관이 잘못되어 있는 경우가 많다. 즉, 성대의 오남용으로 인해 음성장애가 주로 발생하는데, '남용'은 성대를 과하게 사용하는 것이고, '오용'은 잘못된 방식으로 발성을 하는 것을 말한다. 위 준우의 사례와 같이 고함을 지르는 행동은 남용에 해당하

고, 잠긴 목소리를 헛기침을 해서 가다듬는 행동은 오용에 해당한다.

자유놀이 시간에 아동들의 놀이를 관찰해 보면, 자유놀이 시간은 소음이 많이 발생하는 시간이기 때문에 기본적으로 아동들의 목소리가 더 커진다(특히 블록 영역은 더 그러하다). 그리고 아동들이 신나게 놀이를 하다 보면 흥분하게 되고, 감정을 주체하지 못해 목소리를 크게 내는 경우도 있으며, 자신의 의사를 표현하거나 관철시키기 위해 친구들보다 더 큰 목소리를 내는 경우도 있다. 그런데 이런 경험들이 잘못된 발성 습관으로 남기도 한다. 잘못된 발성 습관을 가진 아동들은 시간이나 장소, 대화 상대자를 고려하지 않고 목소리의 기능을 과하게 사용하는 과대기능적 음성장애를 보인다. 위 준우의 사례처럼, 준우는 성대를 오남용하고 있으며 이로 인해 연령에 맞지 않는 쉰 목소리나 허스키한 목소리를 산출하고 있다. 그런데 이러한 성대 오남용이 지속될 경우, 음질의 문제뿐만 아니라 발성기관의 병리적인 문제를 가지고 올 수 있으므로 이러한 잘못된 습관을 없애 줄 필요가 있다.

음성장애를 보이는 아동은 음성장애에 대해 스스로 자각하지 못하지만 주변 성인이 아동의 목소리를 듣고 전문가에게 의뢰하기도 한다. 아동기 기능적 음성장애를 유발하는 요인으로는 표 12-4와 같은 요인들이 있다.

표 12-4 아동기 기능적 음성장애 유발 요인

습관적 요인	환경적 요인
• 비행기 소리 등 소음 소리의 과도한 모방 • 놀이 시 습관적으로 크게 말하는 습관 • 큰 소리로 부르거나 소리 지르는 습관 • 너무 낮거나 높게 노래 부르는 습관 • 말하기 전 목청 가다듬는 헛기침을 자주 하는 습관	• 가정, 교육기관 내의 소음 • 뛰어놀 수 있는 공간의 부족 • 난청 가족이 있는 경우 • 가족 내의 의사소통방식(가족 구성원들이 무의식적으로 큰 소리로 말을 하는 경우) • 가족 시스템(형제들 사이에서 항상 관철시켜야만 하는 위치에 있거나 그러한 역할을 가지고 있는 경우

출처: 고은(2016). 의사소통장애아교육(2판). p. 296~297에서 부분발췌.

3 음성장애 평가

1) 음성장애 평가방법

일반적으로 음성장애를 진단하고 평가하는 방법으로는 청지각적 평가, 음향학적 평가, 생리학적 평가 등이 있다. 평가방법은 평가자(평가자의 귀)에 의한 주관적인 방법과 기기를 활용한 객관적인 방법으로 나뉜다.

객관적인 음성평가는 음향학적 평가로 음성장애의 정도를 양적으로 수치화할 수 있는 장점을 지닌다. 보편적으로 음성 평가를 위해 컴퓨터 소프트웨어를 이용한다. 생리학적 평가는 후두 스트로브스코피를 활용하여 객관적이면서 직접적인 방법으로 성대의 질병을 진단하기 위해 사용한다. 후두 스트로브스코피는 의자에 앉아 고개를 약간 앞으로 숙인 상태에서 혀를 내밀고(이때 의사가 거즈로 혀를 잡아 앞쪽으로 단단히 잡는다.) 입을 크게 벌린 다음 입안으로 기기를 넣어 후두의 움직임을 관찰한다. 후두 스트로브스코피로 성대의 움직임을 살펴봄으로써 후두기관에 병리적인 문제가 있는지를 확인할 수 있고, 성대의 움직임을 통해 기질적이거나 기능적인 음성장애 판정이 가능하다.

그러나 이러한 객관적인 평가는 기기나 도구를 활용해야 하므로 교육현장에서는 활용할 수 없다. 교육현장에서 활용할 수 있는 방법으로는 청지각적 평가가 있다. 물론 이 또한 '숙련된 귀'를 필요로 하지만 간단히 아동의 음성문제를 판별할 수 있는 방법으로 활용은 가능하다.

임상현장에서 사용하는 주관적 평가방법은 GRBAS 평정법이다. G(Grade)는 음성에 대한 전반적인 음성을 평가하며, 나머지 항목은 음성의 특성을 분류하기 위한 명칭들로서 R는 거친 정도(Rough), B는 숨이 새어 나오는 정도(Breathy), 즉 잡음의 정도, A는 가냘픈 정도(Asthenic)로 목소리의 힘이 작게 느껴지는 정도이며, S는 쥐어짜는 정도(Strained)로 과도한 근육의 긴장과 노력이 느껴지는 정도를 뜻한다. GRBAS 평정법의 각 항목은 0, 1, 2, 3의 4점 척도로 구분한다. 해당 항목의 특성이 없는 경우는 0으로 이는 정상인 경우를 의미하며, 가장 심할 경우는 3으로 평정한다. 예를 들어, 아동의 음성에서 잡음은 들리지 않으나 쥐어짜듯이 과도한 노력을 들여 음성을 산출한다면 B는 0점, S는 3점을 부여하면 된다.

음성 샘플은 다섯 가지 모음 '아, 에, 이, 오, 우'를 활용하여 각 음소마다 2초 동안 자연스러운 높이와 크기로 발성하게 한 후 음성의 정도를 평가한다.

이 외에 음성장애지수를 통해 음성장애를 지닌 대상자가 자신의 음성과 관련하여 느끼는 심리적인 측면을 평가할 수도 있다. 음성장애지수는 신체적(P: Physical), 기능적(F: Functional), 정서적(E: Emotional) 세 영역으로 나누어 평가하며, 각 영역별로 10문항씩 총 30문항으로 이루어져 있다. 대상자 스스로 음성장애정도를 어떻게 인식하는지 알 수는 있으나 수치 자체가 음성장애 정도를 보여주는 방법은 아니다.

2) 교사로서 적용가능한 음성장애 평가방법

교사로서 음성장애아동을 돕기 위해 활용할 수 있는 방법은 청지각적 평가이다. 청지각적 평가를 하기 전 교사는 아동의 음성적 문제와 관련된 정보를 수집해야 한다. 아동이 언제, 어느 상황에서 누구와 있을 때 음성 산출에 문제가 나타나는지, 문제가 나타났다면 얼마나 지속되었는지, 이러한 문제가 생활하는데 어려움을 미치는 부분은 없는지 등 부모 상담을 통해 파악해 두는 것이 필요하다. 이러한 정보를 수집하는 이유는 음성문제의 원인을 파악하는 데에도 도움이 되지만 음성문제를 일으킬 수 있는 환경을 변화시켜 주는 것이 도움이 되기 때문이다.

교사는 아동의 음성문제에 관한 정보를 수집한 이후 관찰을 통해 청지각적 평가를 실시한다. 청지각적 평가는 위에 제시한 GRBAS 평정법을 활용할 수 있는데, 이 방법은 숙련된 전문가들 사이에서도 듣는 사람에 따라 평가 결과가 달리 나타날 수 있다는 제약점이 있다. 따라서 교육기관의 교사는 정확한 수치를 산정하기보다는 아동의 음성에 있어서 어떤 문제점이 있는지를 평정법에 있는 내용들을 참고해서 기록하면 좋을 것이다.

그리고 교사가 아동의 음성적인 문제점을 평가할 때에는 음성적으로 드러나는 문제점을 평가하는 것도 중요하지만 음성장애가 나타나게 되는 상황적 문제점을 파악하는 것도 필요하다. 서연이의 사례처럼 목소리가 성별에 맞지 않는 목소리인 경우 또래들에게 놀림을 받거나 아동 스스로 위축되기도 한다. 그리고 지나치게 큰 목소리를 내는 것도 문제지만 산만한 행동, 과도한 행동, 짧은 주의집중, 경청하지 않는 태도 등으로 인해 나타나는 문제가 음성문제로도 연결될 수도 있으므로 이러한 문제점들을 파악하여 지원해 줄 필요가 있다.

따라서 교사는 음성장애의 정의나 원인, 평가방법에 대한 지식을 기반으로 아동의 음성에서 문제가 되는 부분에 초점을 맞추고 아동의 음성문제를 파악하는 것이 좋다.

사례

서연이는 만 5세 여아예요. 서연이는 어려서부터 주의가 산만하다는 말을 많이 듣고 자랐어요. 어린이집에서도 그렇고 집에서도 테이블 활동 시 자리에 앉아서 유지하는 것을 힘들어 했어요. 집중하고 유지하는 시간도 짧은 편이에요. 좋아하는 활동을 할 때도 또래에 비해 짧게 활동해요. 행동만 산만한 것이 아니라 또래에게 장난치는 것도 좋아하고 늘 소리를 지르며 또래에게 크게 말을 해요. 친구들이 이야기할 때는 잘 들어주지 못하고 본인이 하고 싶은 말만 하는 상황도 자주 발견돼요. 서연이는 어릴 때부터 여자아이지만 남자아이처럼 굵은 목소리와 목쉰 소리가 났어요. 어릴 때부터 그랬던지라 목소리에 문제가 있다고 생각하지 못했는데 요즘은 잔기침도 종종하고 목소리가 잘 안 나오는 것 같아요. 그래서인지 더 크게 말하려고 애쓰는 모습을 보여요. 이제 학교 갈 나이가 되니 또래들도 왜 남자처럼 말하냐고 서연이를 간혹 놀리기도 해요.

4 음성장애아동 중재

음성장애의 중재에 있어서 가장 중요한 것은 음성장애가 나타나기 이전에 예방하는 것이 더 중요하다. 그러나 이미 음성장애가 나타난 경우라면 아동의 잘못된 성대 오남용 습관을 수정할 수 있도록 도움을 주는 것에 중재의 주안점을 두면 된다.

아동이 자신의 목소리를 청지각적으로 잘 지각하고 자신의 성별이나 상황에 맞는 음도와 크기에 맞추어 말하는 습관을 가지도록 하는 것이 필요하다.

청지각적인 지각 능력의 개선은 아동이 스스로 자신의 음성을 의식적으로 지각할 수 있도록 돕는 데 목적이 있다. 아동이 다른 사람의 목소리를 듣고 차이점을 변별하는 것에서 시작한 후 자신의 목소리를 듣고 의식하도록 하는 경험을 자주 제공하는 것이 좋다.

그리고 성대결절과 같이 잘못된 발성 습관으로 나타나는 기능적인 음성장애의 경우에는 성대를 잘 관리할 수 있도록 해주어야 한다. 따라서 음성장애를 유발하는 잘못된 습관을 체크해 보고 적절한 크기와 음도로 말하는 습관을 만들어 주는 것이 바람직하다. **표 12-5**는 음성장애를 유발하는 잘못된 발성 습관들이다(고은, 2014에서 재인용).

표 12-5 음성장애를 유발하는 잘못된 발성 습관

- 소리를 자주 지르나요?
- 흥분할 때마다 소리를 지르나요?
- 신체활동을 하면서 소리를 지르나요?
- 평상시 너무 크게 말하나요?
- 자주 목이 잠겨 헛기침을 하나요?
- 눈에 띄게 고음이나 저음으로 말하나요?
- 말을 할 때 쥐어짜듯 말하나요?

- 너무 빨리 말하나요?
- 가족이나 다른 친구들과의 문제를 소리 지르면서 해소하려고 하지 않나요?

교사는 아동의 주변 상황을 체크하고 음성 남용을 줄이기 위해 아동 주변에 있는 사람들도 적절한 크기로 대화하고 조용히 말하는 습관을 가지도록 권고할 필요가 있다. 또한 아동의 주변 환경에 지나치게 소음이 많은지 점검하고 가급적이면 불필요한 주변 소음을 제거해 주는 것이 좋다. 만약 아동이 소리를 지를 상황이 나타나게 되면 소리를 지르는 방법 대신 예를 들어, 벨을 친다거나 호루라기를 분다거나 하는 것처럼 대체행동을 하도록 지도하는 것이 필요하다. 자주 헛기침을 하는 경우에는 성대에 무리가 가며 성대를 더 건조하게 만들어서 성대결절이 심해질 수 있다. 성대를 건강하게 관리하기 위해서는 점막으로 이루어진 성대를 촉촉하게 수분 섭취를 자주 하는 것이 좋다. 교사는 아동이 스스로 물을 마시는지 점검하고 자주 마시지 않는다면 틈틈이 물을 마실 수 있도록 안내해 준다.

아동의 음성장애 중재는 성인과는 달라서 아동 스스로 조절하고 개선해 나가는 데 어려움이 있다. 따라서 아동이 스스로 음성을 조절하는 습관을 갖기 전까지 아동이 자연스럽게 자신의 음성문제를 개선할 수 있도록 놀이를 통한 중재방법을 겸하는 것도 도움이 된다. 놀이를 통한 음성중재방법은 교사나 부모 누구나 쉽게 함께 할 수 있고 아동이 심리적으로 편안하고 즐겁게 참여할 수 있다는 장점이 있다. 교사는 놀이가 주는 장점을 활용하여 즐거운 활동으로 중재방법을 계획하고 진행하는 것이 바람직하다.

TIP

놀이활동을 통한 음성 중재방법

■ 듣기 좋은 소리와 듣기 불편한 소리를 구별해요.

교사는 아동에게 다양한 소리(예: 거친 목소리, 쥐어짜는 듯한 목소리, 높은 목소리, 낮은 목소리, 불쾌한 소리, 좋은 소리 등)를 들려주고 구분하게 한 후 똑같이 말해 보게 한다. 아동의 목소리를 녹음한 후 아동에게 자신의 목소리를 듣고 듣기 좋은 소리인지 불편한 소리인지를 분석하게 한다.

■ 흔들어 보아요.

아동이 소리의 특성을 목소리를 통해 구분하는 것이 어렵다면 콩, 돌, 쌀, 모래, 사탕, 과자 등을 각각 다른 PET병에 넣고 흔들어서 PET병 안에 무엇이 들었는지 맞혀 보게 한다. 이때 교사는 PET병 안 재료에 따라 소리의 특성을 말해 보게 한다. 또한 PET병을 세게 흔들었을 때와 부드럽게 흔들었을 때의 소리의 느낌은 어떻게 다른지 비교하게 한다.

■ 탁구공이 춤을 춰요.

탁구공이나 가벼운 공을 책상 위에 올린 후 또래들과 번갈아가며 불어서 탁구공을 움직이게 한다. 이때 책상 밖으로 떨어지지 않게 조심하며 불어본다. 탁구공을 불 때는 빨대를 이용해 불거나 도구가 없을 때에는 입으로만 불어도 좋다. 탁구공을 불어보며 불기에 강도를 조절하는 것은 자연스럽게 호흡을 지각하고 조절하는 연습을 하게 한다.

■ 사뿐사뿐 걸어요.

아동의 머리 위에 무거운 책을 얹고 선으로 표시된 바닥 위를 조심스럽게 걸어다니기 시작한다. 책이 떨어지지 않게 걷기를 연습하는 것이 편안해지면 아, 파, 마 등 음소를 말하고 점차적으로 짧은 문장을 말하면서 걷도록 한다. 이 놀이는 아동에게 바른 자세를 유지하면서 발성하는 것을 연습하게 할 수 있다.

■ 부드럽게 공을 던져요.

아동과 나란히 서서 공을 상대방과 주고받는 놀이를 한다. 이때 상대방이 공을 받으면 '오-호', '아-하', '우-후'라고 말하고 공을 받지 못하면 '이-히'라고 한다. 이 놀이는 부드러운 음성을 산출하기 위해서 성대를 부드럽게 접촉하기 위해 사용하는 놀이방법이다.

출처: 고은(2016). 의사소통장애아교육(2판). p. 307~310에서 수정발췌.

CHAPTER 13

다문화가정아동

학습목표

1. 다문화가정의 정의와 실태에 대해 구술할 수 있다.
2. 다문화가정아동의 일반적 특성을 설명할 수 있다.
3. 다문화가정아동의 언어 특성을 설명할 수 있다.
4. 다문화가정아동의 언어지도방법을 익혀 활용할 수 있다.

1 다문화가정의 이해

1) 다문화가정의 정의

국제결혼이 늘어나고 외국인 노동자들의 인구가 증가하면서 우리나라는 점차 다양한 언어, 다양한 인종, 다양한 문화로 이루어진 다문화 사회로 바뀌어 가고 있으며, 다문화가정에 대한 관심도 함께 높아지고 있다. 보통은 서로 다른 민족적 배경과 문화적 배경을 가진 가족들로 이루어진 가정을 다문화가정이라고 말하며, 다문화가정에 대한 법률적 정의는 「다문화가족지원법(2020)」의 제2조에 명시되어 있다.

> 「다문화가족지원법」에서 "다문화가족"이란 다음 각 목의 어느 하나에 해당하는 가족을 말한다.
>
> 가. 「재한외국인 처우 기본법」 제2조 제3호의 결혼이민자[1)]와 「국적법」 제2조부터 제4조까지의 규정에 따라 대한민국 국적을 취득한 자로 이루어진 가족
>
> 나. 「국적법」 제3조 및 제4조에 따라 대한민국 국적을 취득한 자와 같은 법 제2조부터 제4조까지의 규정에 따라 대한민국 국적을 취득한 자[2)]로 이루어진 가족

이처럼 다문화가정은 결혼이민자와 출생, 인지[3)] 및 귀화로 인한 대한민국 국적 취득자로 구성된 가족이기 때문에 가족구성원 간의 인종, 민족, 문화 등의 배경이 다르다. 한국에서의 다문화가정의 유형은 국제결혼가정, 외국인 근로자 가정 및 새터민 가정으로 구분되며(교육부, 2006, p. 2)(표 13-1), 최근에는 중도입국 아동과 외국인 아동이 증가하여 국제결혼가정(국내출생자녀, 중도입국자녀)과 외국인가정(외국인가정자녀)에 대한 지원이 강조되고 있다(교육부, 2020, p. 27)(표 13-2).

1) 대한민국 국민과 혼인한 적이 있거나 혼인 관계에 있는 재한외국인을 말한다.

2) 「국적법」에 따라 대한민국 국적을 취득한 자란 제2조(출생에 의한 국적 취득), 제3조(인지에 의한 국적 취득) 및 제4조(귀화에 의한 국적 취득)로 구분된다. 2008년에는 결혼이민자와 출생기준 국적 취득자로 구성된 가족을 의미하였으나, 2011년 법이 개정된 이래 귀화 또는 인지로 인한 국적 취득자로 이루어진 가족까지 포함된다.

3) 대한민국 국민이 아닌 자(외국인)로서 대한민국의 국민인 부 또는 모에 의해 인지된 자가 일정요건(미성년, 부 또는 모가 대한민국 국민)을 모두 갖추면 법무부장관에게 신고함으로써 대한민국 국적을 취득하는 것(「국적법」 제3조)을 말한다.

표 13-1 다문화가정의 아동 형태

구분	내용
국제결혼	• 한국인 아버지와 외국인 어머니의 자녀 • 외국인 어머니와 한국인 아버지의 자녀
외국인 근로자 가정	• 외국인 근로자가 한국에서 결혼하여 출생한 자녀 • 외국인 근로자가 본국에서 이주 전에 출생한 자녀
새터민 가정	• 한국에서 출생한 새터민(북한이탈주민)의 자녀 • 북한에서 출생한 새터민(북한이탈주민)의 자녀

출처: 교육부(2006). 다문화가정 자녀 교육지원 대책. p. 2.

표 13-2 국제결혼가정과 외국인가정의 다문화 아동 형태

구분	유형	내용
국제결혼가정	국내출생 자녀	• 한국인과 결혼이민자 사이에서 태어나 한국에서 성장한 경우
	중도입국 자녀	• 결혼이민자가 한국인과 재혼한 이후에 본국에서 데려온 경우, 한국인과 결혼이민자 사이에서 태어났으나 결혼이민자 본국에서 성장하다가 입국한 경우 등
외국인가정	외국인가정 자녀	• 외국인 사이에서 태어난 경우(조선족, 중앙아시아 고려인, 시리아 난민 등 포함)

출처: 교육부(2020). 출발선 평등을 위한 2020년 다문화교육 지원계획. p. 27.

2) 다문화가정의 실태

다문화가정의 인구는 지속적으로 늘고 있으며, 이에 따라 다문화가정의 출생 비중도 꾸준히 높아지고 있다. 2018년도 다문화 인구동태 통계(통계청, 2019)에 따르면, 전체 출생 중 다문화가정의 출생 비중은 5.5%로 전년 대비 0.3% 증가하였으며(그림 13-1), 다문화 출생 유형 중에서는 외국인 어머니 유형의 비율이 가장 높았다(그림 13-2).

다문화 결혼의 비중이 높아지면서 다문화가정 자녀의 출산 비율도 함께 높아지고 있으며, 이러한 추세가 이어진다면 미취학 아동을 포함하여 전체 다문화가정아동이 차지하는 비율은 계속 늘어날 것이다. 실제 만 6세 이하 다문화가정아동은 2007년 26,445명에서 2017년 115,085명으로 크게 증가하였다(한국보육진흥원, 2019).

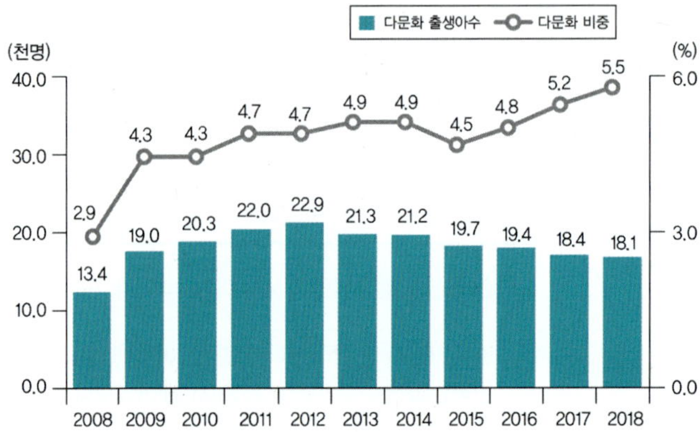

그림 13-1 다문화 출생 추이

출처: 통계청(2019). 2018년도 다문화 인구동태 통계. p. 3.

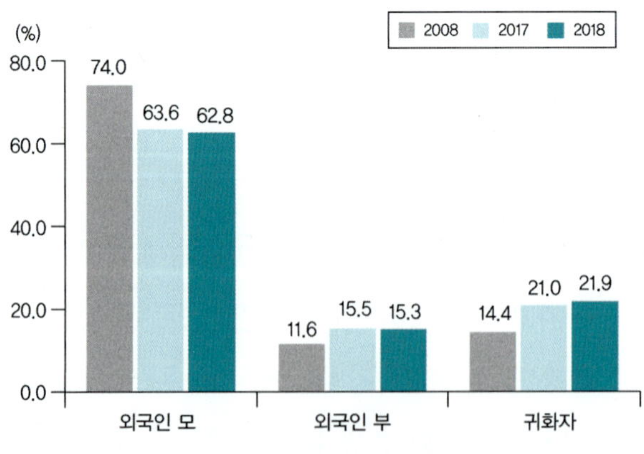

그림 13-2 다문화 출생 유형별 비중

출처: 통계청(2019). 2018년도 다문화 인구동태 통계. p. 3.

앞서 제시한 자료를 통해 다문화 결혼의 비중이 높아지면서 다문화가정 자녀의 출산 비율도 함께 높아진다는 것을 알 수 있다. 이러한 추세가 이어진다면, 미취학 아동을 포함하여 전체 다문화가정 아동이 차지하는 비율이 계속 늘어날 것으로 추정할 수 있다. 따라서 교사는 다양한 문화적 배경을 가진 아동과 그 가족을 지원할 수 있는 지식 기반을 갖추는 것이 필요하다.

3) 다문화가정 영유아를 위한 지원정책

다문화가정 영유아를 위한 지원정책으로는 보육료 지원 외에도 다음 표 13-3과 같은 지원정책들이 있다. 언어교육 측면에서는 초기에는 영유아에게 한국어를 지도하는 것이 주를 이루었다면, 최근에는 다양한 언어를 지도하는 방향으로 확대되고 있으며(한국보육진흥원, 2019), 다문화가정아동들의 특성을 반영한 다양한 언어발달 지원사업이 이루어지고 있다.

표 13-3 다문화가정 영유아대상 정책

지원영역	사업명	내용
한국어교육, 언어발달 지원	다문화가족자녀 언어발달 지원사업	• 언어지도사 배치 • 언어발달지원
	언어발달진단 및 교육	• 취학 전 초등학교 저학년아동 언어발달 진단 및 교육
	방문교육사업	• 한국어교육: 최초 입국 5년 이하 결혼이민자 혹은 중도입국 자녀대상
	언어영재교실	• 만 3세-초등학생 다문화가정자녀에게 중국어, 베트남어, 일본어 수업
유치원 적응지원	기본학습 및 유치원 생활지원	• 유치원 발달지연 유아 및 기관이용 유아 맞춤 교육

지원영역	사업명	내용
인지능력 향상서비스	아동인지능력 향상서비스	• 만 2–6세 다문화가정자녀 주 1회 독서도우미 방문 책 읽기 서비스 제공
다문화 영유아 보육료 지원	보육료 지원	• 어린이집을 이용하는 다문화가정 영유아 무상 보육

출처: 한국보육진흥원(2019). 다문화 보육과정 컨설팅 매뉴얼. p. 29에서 수정발췌.

2 다문화가정아동의 일반적 특성

대다수의 다문화가정 영유아들은 태어나면서부터 이중문화 · 이중언어 환경에 놓이게 된다. 이로 인해 성장하는 과정 안에서 다양한 문화에 대한 이해와 경험이 풍부해질 수 있는 강점이 있는 반면, 자아정체감의 혼란이나 또래 관계의 어려움, 교육기관에서의 적응 등 여러 문제가 발생하기도 한다(한국보육진흥원, 2019).

한국인 부모의 자녀에 비해 다문화가정아동들은 언어발달에서 지연을 보일 뿐만 아니라 다문화라는 환경적 특성에 의해 정서 및 사회성 발달에서 낮은 수준을 보이기도 하고, 낮은 자존감과 대인관계에서의 어려움을 보이기도 한다(김갑성, 2006; 서문희 외, 2010).

그런데 여기서 유념할 점은 반드시 다문화 아동이라서 이러한 제약적인 사회적 행동을 보이는 것은 아니다. 즉, 문화적 배경과 관계없이 현재 가진 의사소통 능력으로는 소통에서의 한계로 인해 정서적 문제나 행동문제, 또래문제가 두드러지게 나타날 수도 있다(양윤희, 임동선, 2020).

따라서 어린이집이나 유치원 교사는 우선은 다문화가정 영유아들이 경험할 수 있는 정서 및 사회성, 언어, 기본생활습관 그리고 문화적인 갈등이나 어려움 등에 대해 깊이 있게 이해해야 하며, 긍정적인 성장을 이끌 수 있도록 가정과 연계하여 적절하게 지원해 주어야 한다(한국보육진흥원, 2019).

TIP

다문화가정아동들의 비율이 높은 어린이집에서 있었던 에피소드이다. 부모의 국적에 대해 발표를 할 때, 친구들이 다양한 국적을 말하자 오히려 한국인 가정 아동이 자신의 엄마의 국적이 한국임에도 불구하고 다른 나라(예: 베트남)라고 말했다고 한다.

이것이 의미하는 바는, 어린 영유아시기에는 다문화의 진정한 의미인 '다름이 아닌 다양성'을 자연스럽게 받아들일 수 있는 시기라는 것이다. 따라서 영유아교육기관에서는 다양한 문화를 가진 아동들이 동등한 아동으로 인식되고 성장할 수 있도록 적절한 지원을 해주어야 한다. 이를 통해 긍정적인 지이정체감을 형성하고 정서나 사회성 발달을 잘 이룰 수 있도록 해주어야 한다.

3 다문화가정아동의 언어 특성

1) 언어발달 특성

다문화가정아동의 언어발달은 지체되는 양상으로 나타날 수 있다. 그 이유는 다문화가정의 어머니가 한국어를 능숙하게 구사하는 데 어려움이 있어서 자녀를 양육할 때 자녀에게 양적으로나 질적으로 적절한 언어적 상호작용을 제공하는 데 제약이 따를 수 있기 때문이다(박혜원 등, 2012; 유민애 2018; 이은경,

오성숙, 2012; 최현욱, 황보명, 2009; 황성심, 2011). 또한 이중언어 환경에서 언어를 익혀나가는 다문화가정아동은 단일언어 환경과는 다른 방식으로 언어 정보를 처리할 수 있기 때문에 언어발달이 지연될 수도 있다.

하지만 모든 다문화가정아동들이 언어발달에서 지체를 보이는 것은 아니며, 다문화가정이든 일반가정이든 언어발달에 부정적인 영향을 미치는 요인(예: 부모의 양육 태도, 부모의 사회경제적 수준과 교육 수준, 어머니의 언어 입력, 부모와의 상호작용 등)은 동일하다(고은, 2014). 다만 다문화가정아동의 언어발달 과정에 이러한 방해 요인이 더해진다면, 언어발달 지체는 더욱 뚜렷하게 나타날 수 있다.

국내에서 실시된 연구를 중심으로, 다문화가정아동의 언어발달 특성을 살펴보면 다음과 같다.

- 평균발화길이가 짧고, 구문구조 발달 및 어휘발달이 지체되는 것으로 나타남.
  - 어머니와의 놀이상황에서 1-3세 다문화가정 영아(34명)의 평균발화길이는 일반가정 영아(32명)의 평균발화길이보다 짧았음(박혜원 등, 2012).
  - 4, 5, 6세 다문화가정 유아(22명)와 일반가정 유아(22명)가 산출한 자발화분석에서 전반적으로 다문화가정 유아들은 일반가정 유아들보다 어휘와 구문구조 발달이 지체되는 것으로 나타났음(박미단 등, 2013).
  - 5-9세의 다문화가정아동(30명)과 생활연령을 일치시킨 일반가정 아동(30명)의 어휘능력에서는 표현어휘 정확도에서만 유의한 차이가 있었음(오소정 등, 2011).

- 수용언어와 표현언어 발달에서 낮은 수준을 보임.

- 다문화가정 영유아들(2세 11개월-7세 4개월, 47명), 취학 전 아동의 수용언어 및 표현언어 발달 척도에서 산출한 점수가 단일언어 환경의 비교집단의 점수보다 유의하게 낮았음(황성심, 2011).
- 다문화가정 4, 5, 6세 유아(경기도와 서울에 소재한 어린이집 재원, 42명)의 말하기 발달은 조금 지연된 것으로 나타났음(유승애, 이지현, 2009).
- 하지만 표준화된 언어검사에서 3-6세 다문화가정아동(47명)은 일반 한국아동들과 마찬가지로 나이가 들어감에 따라 언어 수행도 함께 높아지는 양상을 보였음(오소정 등, 2009).

• 조음능력에서 낮은 수행을 보이기도 함.
  - 3-6세 다문화가정아동(47명)에게 U-TAP을 실시했을 때, 이 중 조음치료가 요망되는 낮은 조음정확도를 보인 아동이 46.7%였음(오소정 등, 2009)
  - 하지만 3세-7세 다문화가정아동(21명)에게 APAC을 실시했을 때, 자음정확도는 한국어 환경 아동(21명)에 비해 저조하지 않았을 뿐만 아니라, 검사도구의 규준에 비해서도 뒤떨어지지 않았음(박성원, 김선회, 2014).

이와 같이 모든 다문화가정아동이 언어발달 측면에서 동일한 발달 특성을 보이는 것도 아니고, 동일한 문제를 겪는 것도 아니다. 다문화가정아동을 이해할 때에는 반드시 개인내적 요인뿐만 아니라 아동이 상호작용하는 환경체계들의 지원의 양과 질에 따라 아동이 겪는 어려움이 다르게 나타난다는 것을 고려해야 한다.

2) 문어 특성

다문화가정아동들의 문해 능력에 대해 살펴보면 다음과 같다. 이 또한 국내에서 실시된 연구들을 중심으로 살펴보도록 하겠다.

- 읽기 및 음운인식 능력이 낮음.
  - 5세 다문화가정아동(13명)은 일반가정 아동(13명)에 비하여 읽기 및 음운인식 수행력이 유의하게 낮게 나타났음(강금화, 황보명, 2010).

- 출현적 문해능력(어휘력, 자음 가획 및 자모 합성 원리와 관련한 자모 지식, 쓰기)이 낮음.
  - 4-6세 다문화가정 유아(51명)의 출현적 문해 능력은 일반가정 유아(51명)보다 유의하게 낮았음.
  - 다문화가정 유아의 부모가 자녀에게 제공하는 문해 지원의 양이 일반가정 부모보다 적었음. 부모가 유아에게 책, 환경 인쇄물, 쓰기와 관련된 활동 기회를 제공하는 것과 같은 이러한 부모 문해행동은 유아의 출현적 문해 능력과 관련이 있음(김지연, 2017).

- 쓰기 발달이 늦고, 쓰기에서의 어휘 사용 능력이 낮음.
  - 3, 4, 5세 다문화가정 유아(120명)가 일반가정 유아(120명)에 비하여 쓰기 발달이 늦음.
  - 자유 글쓰기에서 전체 낱말 수와 다른 낱말 수 모두 3, 4세 다문화가정 유아가 일반가정 유아보다 유의하게 적었으나, 5세 유아의 경우는 집단 간 유의한 차이가 없었음(최진숙, 고은, 2017).

4 다문화가정아동의 언어지도

다문화가정아동의 언어발달에는 다양한 요인들이 영향을 미칠 수 있기 때문에 현재 겪고 있는 언어적 어려움의 원인이 무엇인지부터 면밀하게 파악한 다음, 다문화가정아동의 언어를 지도해야 한다. 왜냐하면 예를 들어 겉으로 드러나는 증상이 조음문제로 동일하더라도 어떤 아동은 한국어와 관련된 언어 자극이 적절하게 제공되지 못해서 조음에 어려움을 보일 수 있으며, 또 어떤 아동은 구강구조의 제약으로 인해 조음에 어려움을 보일 수도 있기 때문이다. 또한 다문화가정아동들은 지도계획을 세우기에 앞서 부모와의 상담을 통해 다음의 사항들에 대해 파악하고 지도계획을 세우는 것이 바람직하다.

- 주 양육자가 사용하는 언어는 무엇인가?
- 주 양육자의 한국어 능숙 정도는?
- 아동에게 주로 사용하는 언어는?
- 부모와 아동이 단기간 내에 다시 외국으로 나가야 하는 상황인지 아닌지?
  - 만약 단기간 내에 외국으로 다시 나가야 하는 상황이라면 한국어에 초점을 두고 지도하기보다는 그 나라에서 사용하는 언어로 아동을 지도하는 것이 더 바람직함. 따라서 부모교육을 통해 가정 안에서 아동의 언어발달을 촉진할 수 있는 적절한 의사소통 방법을 지도하는 것이 바람직함.
  - 하지만 오랜 기간(또는 영구적으로) 한국에서 생활을 해야 하는 아동이라면 한국어에 초점을 두고 지도해야 함.

다문화가정아동의 언어지도방법은 앞선 장에서 제시한 언어지도방법들과 크게 다르지 않다. 아동의 언어 수준을 파악해서 다음의 단계로 나아가게 지도하면 되고, 만약 다문화가정이라는 환경적 특성 외에 장애를 동반하고 있다면 장애 특성에 적합한 지도 계획을 수립해서 적용하면 된다.

따라서 여기서는 다문화가정아동이 인종적, 언어적, 문화적 배경 등의 '다름'으로부터 겪을 수 있는 언어의 어려움을 완화하기 위해 활용할 수 있는 언어지원 프로그램과 초기문해활동을 중심으로 제시하도록 하겠다.

TIP

다문화가정의 외국인 어머니와 상담을 하는 경우, 교사는 어머니의 주 언어를 확인하고 상담에서 중요한 내용은(예: 핵심 전달 어휘) 미리 어머니의 언어로 준비할 필요가 있다. 간혹 한국어가 능숙한 어머니와 상담을 할 경우, 어머니의 한국어 실력이 뛰어나 교사가 하는 말을 다 알아듣는 것 같지만 실제로는 정확하게 이해를 못하실 때도 있다. 따라서 아동의 언어발달을 지원하기 위해 부모와 협력을 원활히 하기 위해서는 상담에서 핵심적인 어휘나 구 정도는 사전에 준비를 하는 것이 많은 도움이 된다.

1) 언어지원 프로그램

(1) SNU-LPMFC(Seoul National University literacy program for multicultural family children)

취학전 다문화가정 유아의 한국어 능력을 향상하기 위해 서울대학교에서 개발한 프로그램(이순형, 2010)으로, 기본 원리는 표현 언어능력 향상을 위한 표현 중심 교육, 극놀이를 활용한 의사소통 중심 교육, 학습 준비도 향상을 위한 초보적인 읽기 쓰기 교육, 일상생활과의 연계를 통한 적응력 향상 교육, 한국어와 한글의 특성을 살린 교육, 자기주도적 학습을 촉진하는 놀이 중심 교육, 부모자녀 통합 교육 및 문화 통합 교육에 초점을 둔다. 다문화가정 유아용 자료는 한국어 교육을 위한 활동지(한국어 교육을 위한 활동지 1, 2수준 각 28종)(표 13-4), 유아용 그림책(1, 2수준 각 7권)(표 13-5), 그림, 오디오 자료, 손 인형, 어휘 사전으로 이루어져 있고, 부모용 자료는 부모용 언어지도서와 부모용 활동 안내서로 구성되며, 방문교사용 자료는 교사용 총서와 교사용 활동 안내서로 꾸려져 있다.

SNU-LPMFC 초반 1-8주차의 교재를 활용한 시범 프로그램에 참여한 다문화가정 유아(평균연령 62.35개월, 34명)가 프로그램에 참여하지 않은 다문화가정 유아(평균연령 57.8개월, 20명)보다 음운론과 쓰기 영역에서 높은 향상을 보였다(김대언 등, 2016).

표 13-4 수준별 유아용 활동지의 구성내용

면	활동영역	활동내용
1면	표지 그림, 활동 제목, 놀이판, 동요 가사	• 표지와 제목. 그 주의 내용을 담은 동요 가사가 들어가며 12면과 함께 놀이판으로 사용됨
2면	도입 활동	• 그 주의 내용을 시작하면서 짧은 이야기가 제시됨. 그 주의 자음에 대한 흥미를 유발하고 다양한 방식으로 어휘를 탐색해 보는 활동으로 구성
3면		
4면	학습 어휘	• 그 주에 학습해야 할 학습 어휘를 제시함. 교사와의 놀이를 통해 학습 어휘를 익힐 수 있도록 구성함. 발달 영역별로 고르게 배치되도록 함 • 학습 어휘 중 몇 단어나 그것을 포함한 문장을 이용한 언어 활동을 놀이(혹은 실험이나 예술 창작) 형식으로 제시함
5면		
6면	확장 어휘	• 학습 어휘와 관련된 반대어, 유사어, 개념어를 제시함 • 학습 어휘와 관련된 의태어, 의성어 등을 제시함
7면		

면	활동영역	활동내용
8면 9면	언어 활동1 (듣기/말하기)	• 말하기(문법, 구문)에 해당하는 표현을 수준별로 산출하여 익히고 연습할 수 있는 활동으로 구성함 • 동일 수준 내에서도 시기별로 수준의 차별화가 될 수 있도록 구성
10면 11면	언어 활동2 (읽기/쓰기)	• 그 주의 핵심 어휘나 표현에 대한 따라 쓰기, 핵심 어휘를 포함하는 문장 만들기나 문장 채우기 등의 짓기 활동 제시 • 쓰기는 2수준에서만 점선으로 된 글자를 따라 쓰기 형태로 제시함. 동일 수준 내에서도 시기별로 수준의 차별화가 있도록 구성
12면	놀이판	• 1면과 함께 놀이판으로 활용함

출처: 이순형(2010). 2009년 다문화가정 유아 대상 한국어 방문학습지 개발 사업 최종 보고서. p. 11.

표 13-5 그림책 예

Theme	Family	Animal	Friend	My village
Level	1-1	1-2	2-1	2-2
Title	Pineapple fried rice	The wonderful cow Olympic games	To be friends	Fresco village story
Picture book				

출처: 김태연, 정현심, 이순형(2016). 다문화가정 유아를 위한 문해 프로그램(SNU-LPMFC) 개발 및 효과검증. *Family and Environment Research, 54*(1), p. 5.

(2) LA(Language Awareness) 프로그램

Language Awareness(이하 LA)는 80년대 초 영국에서 Eric Hawkins(1984), Carl James와 Peter Garrett(1991)가 고안한 프로그램으로 일상의 모든 언어활동이 교육내용이 될 수 있으며, 외국어 학습자가 언어와 문화의 다양성에 익숙할 수 있도록 준비시키는 데 목표를 둔다(박영옥, 이진경, 2018).

「두두와 언어」는 LA를 활용하여 프랑스에서 만든 언어활동이다(표 13-6).

표 13-6 두두와 언어: 1-3회 내용

시간	내용
1회	유치원의 한 반에 두두인 초콜릿이 등장한다. 그런데 이 초콜릿은 프랑스어를 말하지 못한다. 그러나 많은 곳을 여행한다. 그런데 이 두두가 프랑스어 공부방에 방문한다. • 유아들은 이 두두가 왜 프랑스어를 못하는지 한번 상상해 본다. 한 유아는 이 두두는 혀가 없을까?라고 질문을 던진다. 아니면 다른 언어를 말하는 걸까? 외국어를 말하는 걸까? 그렇다면 어떤 언어를 말하는 걸까? • 유아들은 그들이 알고 있는 외국어 낱말들을 초콜릿의 도움을 받아 던져본다. 그리고 결국 그 프랑스 말을 못하는 두두는 스페인어를 말한다는 것을 알게 된다. • 그리고는 프랑스어와 스페인어로 서로 서로 인사를 나누고 자기 소개를 한다. • 이 두두의 이름은 바로 티베리오이다. • 유아들의 두두들이 티베리오에게 스페인어로 인사한다. • 그리고 티베리오는 유치원에서 늘 노래하던 노래(어린아이 노래)를 스페인어로 들려준다. • 그리고 학생들은 세계지도를 통해서 티베리오가 어느 나라에서 왔는지 함께 찾아본다.
2회	한스라고 하는 두두가 온다. 그런데 이 두두는 독일어를 사용한다. 그리고 넬슨이라는 두두가 오는데 이 두두는 영어와 프랑스어를 사용하는 이중 언어 사용자이다.
3회	3회에는 한스가 자신의 이야기를 영어로 들려준다: "애벌레"라는 영어 버전인 'The very Hungry caterpillar'이다.

출처: 박영옥, 이진경(2018). 다문화 배경 유아를 위한 언어교육 방법 모색 -"언어자각(Language Awareness)" 프로그램을 중심으로-. 이중언어학, 73, p. 170.

(3) 「언어 두 개, 기쁨 두 배」

「언어 두 개, 기쁨 두 배」는 세이브더칠드런이 이중언어 지원사업의 일환으로 제작한 프로그램이다. 교재는 전래동화책(언어권별 24권), 활동지(언어권별 8권), 부모용 교안집(언어권별 8권), 단어카드(언어권별 1set)로 구성되어 있고, 전래동화는 언어권별로 시청할 수 있는 영상으로 만들어져 한국어, 중국어, 베트남어, 몽골어로 지원된다(그림 13-3). 다문화가정아동과 부모는 전래동화책을 함께 읽고 함께 책을 만들어 보는 활동을 할 수 있고, 전래동화책을 읽고 나서는 활동지를 활용하여 독후 활동을 할 수도 있으며, 일상생활에서 자주 사용하는 어휘를 학습하기 위해서는 생활용어가 370개 포함된 단어카드를 사용할 수도 있다.

그림 13-3 언어권별 단어 카드의 예: 한국어, 중국어, 베트남어, 몽골어

출처: https://www.sc.or.kr/happy2/bookDown.do

2) 초기문해활동의 예

상호작용에 바탕을 둔 초기문해활동은 다문화가정 유아가 능숙한 독자, 능숙한 저자로 성장하는 데 도움이 될 수 있다. 이에 포괄적 문해를 고려한 상호작용적 초기문해활동 지도안의 구성 예시를 다음의 사례를 통해 살펴보고자 한다(김선영, 2015).

사례 생활연령은 만 4세, 언어연령은 45개월 수준인 남자아이 ○○

베트남어가 모국어인 어머니가 주 양육자인데 한국어 사용이 서툴다. 아버지는 주 거주지와는 멀리 떨어진 타지방에 일터가 있어서 자주 집에 올 수 없는 상황이다.

얼마 전 ○○에게 책의 귀퉁이를 잡고 수직으로 들어 보여주면서 책의 앞면이 어디냐고 물었더니 표지를 가리켰고 '어디부터 읽어야 할까, 어느 방향으로 읽어야 할까'라는 질문에는 그림을 자꾸 짚는 반응을 한다. 글자카드를 보여주고 이름을 말하게 했더니 ㄱ, ㄴ, ㅜ 만 정반응을 보인다. ○○가 좋아하는 동화책을 읽어보게 했더니 그림 명칭만 말한다. 선생님에게 하고 싶은 말을 써보라고 했더니 대부분 세로선과 가로선이 혼합되어 나타나고 간혹 ㄴ낱자와 비슷한 형태가 나타난다. 요즘 들어 ○○는 부쩍 집에 구비된 책 중에서 『오늘은 무슨 날?』를 가져와 반복해서 읽어달라고 한다. 종이에 무언가를 긁적거리는 걸 좋아하는데 색연필을 즐겨 사용하곤 한다. 평소 M가게 햄버거를 엄청 좋아해서 자주 가는 편이고 어머니와 마트에 가는 걸 좋아한다. 지금 ○○는 다음 주 금요일 친구 생일에 초대를 받아 매우 기뻐하고 있다.

시노안을 쌀 때는 복적과 목표를 설정한 다음, 중재요소, 중재활동맥락, 중재방법 등이 타당한 것인지 따져 보아야 하며, 가정 문해활동과 표준보육과정 간의 연계성도 타진해 보아야 한다. 또한 중재도구는 자연스런 일상맥락에서 대상자의 선호도를 감안하여 결정하는 것이 좋다. 위의 사례에서는 ○○의 선호도를 고려하여 친숙한 이야기책(오늘은 무슨 날?), M햄버거 가게와 관련된 환경인쇄물과 글자카드, 메뉴판, 상황그림(친구생일), 색연필 등을 중재도구로 선택하는 것이 적절하다. 구체적인 중재지도안의 예는 표 13-7과 같다.

표 13-7 구체적인 중재지도안 예: 주기 1-1회기

주기 1-1회기	
목표	• 비관례적인 형태로 책을 읽을 수 있다. 책에 대한 개념과 인쇄물 관례에 대해 이해한다. 이야기책에 있는 동물이름과 관련된 낱말을 대응시켜 비교해보고, 여러 가지 낱말이 같은 음절수로 구성될 수 있다는 것을 이해한다.
요소	• 읽기 출현, 인쇄물 개념, 글자지식
활동맥락	• 이야기책 읽기 : '오늘은 무슨 날?'
절차	• 도입 이야기책 제목과 진행할 활동에 대한 간략히 소개한 후, 소리 내어 두 번 읽어준다(그림 초점 → 인쇄물 초점). • 전개: 1. 중재자와 아동이 이야기책을 읽는다(중재요소-읽기 출현). • 전개: 2. 이야기책을 사용하여 책에 대한 개념(예, 책의 앞면, 글의 시작 지점)과 인쇄물 관례(예, 시작과 끝, 왼쪽부터 읽기)를 익힌다(중재요소-인쇄물 개념). • 전개: 3. 글자 낱말카드를 제시하여 이야기책에 있는 낱말과 카드를 짝지어 보고, 음절수가 같은 낱말을 대응시켜 본다(중재요소-글자지식). • 마무리: 재미있었던 활동에 대해 이야기해 보고 정리한다.

출처: 김선영(2015). 다문화가정 유아를 위한 초기문해활동, 제18회, 제19회 국제다문화의사소통학회 다문화언어교육사 연수회, p. 185.

TIP

책 읽기 활동은 다문화가정아동들에게도 언어능력을 향상할 수 있는 효과적인 방법이다. 다문화가정의 경우, 주 양육자가 아동에게 책을 읽어주는 방식을 점검한 후 적절한 지원을 해 줄 필요가 있다. 이는 외국인 어머니의 경우 개인적 성향이나 한국어 능숙도에 따라 아동에게 책을 읽어주는 방식에 차이를 많이 보이기 때문이다. 한국어는 능숙한데 아동에게 동일한 패턴(예: 이건 뭐야?)의 질문만 하는 경우, 한국어 능력은 낮지만 다양한 질문과 반응을 해주는 경우 등 각각에 따라 다른 지원방안을 마련해 줄 필요가 있다. 그리고 한국어에 능숙한 아버지를 대상으로 책 읽기 교육을 진행하는 것도 아동의 언어능력을 향상하는 데 도움이 될 것이다.

참·고·문·헌

강금화, 황보명(2010). 5세 다문화가정아동과 일반가정 아동의 언어, 읽기, 음운인식능력에 관한 연구. 언어치료연구, 19(1), 143-158.

강범모(2010). 언어: 풀어쓴 언어학 개론(3판). 서울: 한국문화사.

고도흥(2009). 언어기관의 해부와 생리. 서울: 학지사.

고은(2014). 의사소통장애아교육. 서울: 학지사.

고은(2016). 의사소통장애아교육(2판). 서울: 학지사.

곽노의, 김경철, 김유미, 박대근(2007). 영유아발달. 경기: 양서원.

교육부(2006). 다문화가정 자녀 교육지원 대책.

교육부(2020). 출발선 평등을 위한 2020년 다문화교육 지원계획.

국가건강정보포털. https://health.cdc.go.kr/healthinfo/

국립특수교육원(2009). 특수교육학 용어사전. 충남: 교육부 국립특수교육원.

국립특수교육원(2016). 장애영유아 양육길라잡이. 충남: 교육부 국립특수교육원.

권순우 외(2017). 특수교육학개론. 서울: 창지사.

김갑성(2006). 한국 내 다문화가정의 자녀교육 실태조사 연구. 서울교육대학교 대학원 석사학위청구논문.

김민정, 배소영, 박창일(2007). 아동용발음검사(Assessment of Phonology and Articulation for Children: APAC). 서울: 휴브알앤씨.

김선영(2015). 다문화가정 유아를 위한 초기문해활동. 제18회, 제19회 국제다문화의사소통학회 다문화언어교육사 연수회, 177-190.

김수진, 신지영(2007). 조음음운장애. 서울: 시그마프레스.

김영욱(2007). 청각장애아동 교육의 이해. 서울: 학지사.

김영태(1996). 그림자음검사를 이용한 취학 전 아동의 자음정확도 연구. 언어청각장애연구, 1, 7-33.

김영태(2014). 아동언어장애의 진단 및 치료(2판). 서울: 학지사.

김영태(1996). 한국언어청각임상학회.

김영태, 김경희, 윤혜련, 김화수(2003). 영 · 유아 언어발달 검사(Sequenced Language Scale for Infants: SELSI). 서울: 파라다이스복지재단.

김영태, 성태제, 이윤경(2003). 취학 전 아동의 수용언어 및 표현언어 발달 척도(Preschool Receptive & Expressive Scale: PRES). 서울: 서울장애인종합복지관.

김영태, 심문자, 김수진(2004). 우리말 조음 · 음운검사(Urimal Test of Articulation and Phonation: U-TAP). 서울: 학지사.

김영태, 홍경훈, 김경희, 장혜성, 이주연(2009). 수용 · 표현어휘력 검사(Receptive & Expressive Vocabulary Test: REVT). 서울: 서울장애인종합복지관.

김정완(2009). 언어발달을 돕는 우리아이 언어지도. 서울: 한국학술정보.

김지연(2017). 다문화가정과 일반가정의 부모 문해행동과 유아의 출현적 문해 능력 간 관계. 연세대학교 대학원 석사학위논문.

김춘경(2006). 아들러 아동상담: 이론과 실제. 서울: 학지사.

김태연, 정현심, 이순형(2016). 다문화가정 유아를 위한 문해 프로그램(SNU-LPMFC) 개발 및 효과검증. Family and Environment Research, 54(1), 1-12.

김향희(2010). 언어병리학의 신경해부. 서울: 시그마프레스.

다문화가족지원법(2020).

대한청각학회(2017). 청각검사지침. 서울: 학지사.

박미단, 성순옥, 김영희(2013). 다문화가정 유아와 일반가정 유아의 언어발달 특성 비교. 미래유아교육학회지, 20(2), 83-103.

박성원, 김선희(2014). 다문화가정 아동들의 자음 조음 발달에 관한 실험적 분석과 언어 발달 평가에의 시사점. 응용언어학, 30(1), 117-138.

박순길, 전헌선(2005). 뇌성마비아의 장애유형과 조음능력에 따른 인지적 능력과 읽기, 쓰기 기능과의 관계 연구. 특수교육재활과학연구, 44(4), 127-147.

박영옥, 이진경(2018). 다문화 배경 유아를 위한 언어교육 방법 모색 -"언어자각(Language Awareness)" 프로그램을 중심으로-. 이중언어학, 73, 153-175.

박은혜, 김영태, 김정연(2008). 파라다이스 보완대체 의사소통 기초능력평가. 서울: 파라다이스복지재단.

박혜원, 이국희, 조증열(2012). 어머니의 상호작용 행동 및 언어입력과 영유아의 언어발달과의 관계. 한국생활과학회지, 21(3), 439-451.

방명애, 박현옥, 김은경, 이효정(2018). 자폐성 장애학생 교육. 서울: 학지사.

방은, 최하영(2018). 중심축 반응 훈련을 적용한 문답형 동요 프로그램이 자폐범주성장애아동의 시작하기와 반응하기에 미치는 영향. **특수교육재활과학연구, 57(3),** 259-290.

배소영, 곽금주(2011). **한국판 맥아더 베이츠 의사소통발달 평가(Korean version on M-B CDI: K M-B CDI).** 서울: 마인드프레스.

배소영, 임선숙, 이지희, 장혜성(2004). **구문의미 이해력 검사(KOSCET).** 서울: 서울장애인종합복지관.

배희숙(2016). **언어발달.** 서울: 학지사.

백경아, 황보명(2011). 일반 아동과 단순언어장애아동의 음운변별능력 및 음운작업기억 특성. **말소리와 음성과학, 3(4),** 95-102.

변호걸, 남경욱, 김응범, 이병혁, 권미은(2019). **특수교육의 이해.** 서울: 동문사.

산업통상자원부. 2009.12.22. **한국어를 이용한 어음 청각검사 방법의 KS표준 제정.** http://www.motie.go.kr/motie/ne/rt/press/bbs/bbsView.do?bbs_seq_n=57125&bbs_cd_n=16

서눈희, 설농훈, 최윤경, 김은영, 조혜주(2010). **다문화가족 자녀 양육지원 방안-영유아 · 초등학생 · 중도입국자녀를 중심으로.** 여성가족부, 육아정책연구소.

성철재 외(2011). 의사소통장애. 서울: 학지사.

신지영(2014). **한국어의 말소리.** 서울: 박이정.

신현기, 이성봉, 이병혁, 이경면, 김은경 역(2014). **자폐스펙트럼장애 학생 교육의 실제(개정판).** 서울: 시그마프레스.

심현섭, 신문자, 이은주(2004). **파라다이스-유창성검사.** 서울: 파라다이스복지재단.

심현섭, 권미선, 김수진, 김영태, 김정미, 김진숙, 김향희, 배소영, 신문자, 윤미선, 윤혜련(2017). **의사소통장애의 이해(3판).** 서울: 학지사.

양윤희, 임동선(2020). 한국 단일문화 및 다문화 아동의 정서행동 특성에 대한 부모 및 교사의 보고와 언어능력의 관계. **Communication Sciences and Disorders, 25(2),** 227-241.

오소정, 김영태, 김영란(2009). 서울 및 경기지역 다문화가정아동의 언어특성과 관련변인에 대한 기초 연구. **특수교육, 9(1),** 137-161.

오소정, 김영태, 임동선(2011). 다문화가정아동의 품사별 어휘정확도 및 반응속도 특성. **언어치료연구, 20(4),** 125-142.

유민애(2018). 언어 사용 환경에 따른 다문화가정아동의 언어 발달 척도 조사. **국어교육연구, 42,** 291-321.

유승애, 이지현(2009). 4, 5, 6세 다문화가정 유아의 언어발달 실태. **육아지원연구, 4**(2), 51-67.

유재연, 권도하(1998). 자세조정을 통한 뇌성마비아의 조음개선효과. **언어치료연구, 7**(2), 99-115.

이금숙, 유재연(2008). 호흡 및 조음기관 훈련 프로그램이 뇌성마비아동의 말 산출 기초 능력에 미치는 효과. **음성과학, 15**(3), 103-116.

이소현, 박은혜(2011). **특수아동교육**. 서울: 학지사.

이순형(2010). **2009년 다문화가정 유아 대상 한국어 방문학습지 개발 사업 최종 보고서**. 국립국어원 2010-01-74.

이승복(2010). 유창성장애.

이승환(2010). **유창성장애**. 서울: 시그마프레스.

이영철 외 공역(2008). AEPS(부록 유아관찰자료 기록양식).

이은경, 오성숙(2012). 어머니의 언어사용 환경에 따른 다문화가정 유아의 언어양상. **열린유아교육연구, 17**(4), 177-205.

이필상, 권순황, 김수진, 김시영, 박미혜, 박선희, 정은희(2015). **청각장애아동교육의 이해**. 서울: 학지사.

장선오, 구자원(1997). 소아에서의 인공와우이식술. **대한청각학회지 1**(1), 13-21.

장애인복지법(2018).

정진엽, 황정민 김기정, 신형익, 박문석(2016). **알기 쉬운 뇌성마비**. 서울: 군자출판사.

조수진, 임덕환, 이경원, 한희경, 이정학(2018). 어음인지역치검사를 위한 한국표준 일반용 이음절어표 개발. **청능재활, 4**, 28-36.

진홍신(2010). 불연속 개별시도 훈련(Discrete Trial Training: DTT)을 적용한 그림카드 변별학습과 명명학습이 자폐유아의 그림어휘 이해력과 표현 어휘력에 미치는 효과. **정서·행동장애연구, 26**(1), 305-330.

최진숙, 고은(2017). 다문화가정 유아의 쓰기 특성에 대한 연구. **언어치료연구, 26**(3), 49-64.

최현욱, 황보명(2009). 다문화가정 이주여성의 한국어능력이 자녀의 한국어능력 발달에 미치는 영향. **특수교육저널: 이론과 실천, 10**(4), 315-329.

통계청(2019). **2018년도 다문화 인구동태 통계**.

한국보육진흥원(2019). **다문화 보육과정 컨설팅 매뉴얼**. 한국보육진흥원.

홍혜경 역(2016). **아들러의 인간이해**. 서울: 을유문화사.

황성심(2011). 다문화아동의 언어발달 특성. 경기: 이담북스.

Abbeduto, L., & Hagerman, R. J.(1997). Language and communication in fragile Xsyndrome. *Mental Retardation and Developmental Disabilities Research Reviews, 3,* 313-322.

Abbeduto, L., & Hesketh, L. J.(1997). Pragmatic development in individuals with mental retardation: Learning to use language in social interactions. *Mental Retardation and Developmental Disabilities Research Reviews, 3*(4), 323-333.

Abbeduto, L., & Rosenberg, S.(1980). *The communicative competence of mildly retarded adults. Applied Psycholinguistics, 1*(4), 405-426.

Aronson, A., & Bless, D.(2009). *Clinical Voice Disorders*(4th ed.). New York: Thieme.

Bates, E., Marchman, V., Thal, D., Dale, P., Reznick, J., Reilly, J., & Hartung, J.(1994). Developmental and stylistic variation in the composition of early vocabulary. *Journal of Child Language, 21*, 85-123.

Bathshaw, Pellegrino, & Roizen(2019). *Children with disabilities*(8th ed.). Baltimore, MD: Brookes Publishing.

Bartak L., & Rutter M.(1976). Differences between mentally retarded and normally intelligent autistic children. *Journal of Autism and Childhood Schizophrenia, 6*(2), 109-120.

Batshaw, M. L., Pellegrino, L., & Roizen, N. J.(2007). *Children with disabilities*(6th ed.). Baltimore: Paul Brookes.

Berglund, E., & Eriksson, M.(2001). Parental reports of spoken language skills in children With Down Syndrome. *Journal of Speech Language and Hearing Research, 4*(1), 179-191.

Biemiller, A.(2005). Size and sequence in vocabulary development: Implications for choosing words for primary grade vocabulary instruction. In E. H. Hiebert & M. L. Kamil(Eds), *Teaching and learning vocabulary: Bridging research to practice*(pp. 223-242). Mahwah, NJ: Lawrence Erlbaum.

Bondy, A. S., & Frost, L. A.(1994). The Picture Exchange Communication System. *Focus on Autistic Behavior, 9*(3), 1-19.

Bowe, F. (2000). *Physical, sensory, and health disabilities.* Columbus, OH: Merrill.

Bricker, D., & Pretti-Frontczak, K.(2008). 영유아를 위한 사정, 평가 및 프로그램 체계

4권 [AEPS Measurement for Three to Six Years. Assessment, Evaluation, and Programming System for Infants and Children, Volume 4.] (허계형, 정갑순, 이영철, 문현미 공역). 서울: 굿에듀북.(원출판연도 2002)

Easterbrooks, S. R., & Estes, E. L.(2019). **청각장애아동의 듣기, 말하기, 읽기**(김영욱, 김희영, 이윤선, 한효정 공역). 서울: 학지사.(원출판연도 2007)

Fern sussman(2017). **우리아이언어치료 부모가이드**[More Than Words Korean Edition, Hanen Early Language Program in 2017](이로미, 조아라, 박혜원, 공역). 서울: 수오서재.(원출판연도 2012)

Ganger, J., & Brent, M. R.(2004). Reexamining the vocabulary spurt. *Developmental Psychology, 40*(4), 621-632,

Gray, C.(1998). Social stories 101. *The Morning News, 10*(1), 2-6.

Guitar, B.(2014). *Stuttering: An integrated approach to its nature and treatment* (4th ed.). Philadelphia: Lippincott Williams & Wilkins.

Hegde, M. N.(2011). 의사소통장애(성철재, 이숙향, 윤규철, 김선희, 김수진, 이윤경, 이혜란, 김재옥, 이은경, 권미선, 김민정, 허승덕 역). 서울: 학지사(원출판연도 2010).

Klein, M. D., Cook, R. E., & Richardson-Gibbs, A. M.(2006). **장애유아 통합교육 전략**(유수옥, 문연심, 김호연, 송미선, 김혜경, 심성경, 박주희 공역). 서울: 창지사.(원출판연도 2006)

Koegel, L. K., Koegel, R. L., Harrower, J. K., & Carter, C. M.(1999). Pivotal response intervention Ⅰ: Overview of approach. *The Association for Persons with Severe Handicaps, 24*(3), 174-185.

Koegel, R. L., & Koegel, L. K.(2006). *Pivotal response treatments for autism: Communication, social, and academic development.* Baltimore, MD: Brookes Publishing Company.

Landa, R.(2000). Social language use in Asperger syndrome, highfunctioning autism. In Klin, A., Volkmar, F. R., & Sparrow, S.S.(Eds.), *Asperger syndrome* (pp. 125-155). New York: The Guilford Press.

Layton, T., Baker, P. S.(1981). Description of semantic-syntactic relations in an autistic child. *Journal of Autism and Developmental Disorders, 11,* 385-399.

Leonard, L. B.(1998). *Children with specific language impairment.* Cambridge, MA: MIT Press.

Mclean, J. E., & Snyer-Mclean, L. K.(1978). Verbal Information Gathering Strategies: The Child's Use of Language to Acquire Language. *Journal of Speech and Hearing Disorders, 43*(3), 306-325.

Miller, J. F, & Chapman R. S.(1981). The relation between age and mean length of utterance in morphemes. *Journal of Speech and Hear Research, 24*(2), 154-161.

Nishimura, B.(1987). The criteria for early use of nonvocal communication systems with nonspeaking autistic children. *Journal of Autism and Developmental Disorders, 17,* 243-253.

Parccia-Copper, J. Curicio, F., & Sacharko, G.(1981). *A comparison of discourse features in normal and autistic language.* Paper presented at the Sixth Anual Boston University Conference on Language Development, Boston, MA.

Prizant, B. M.(1983). Language acquisition and communicative behavior in autism toward an understanding of the "Whole" of It. *Journal of Speech and Hearing Disorder 48*(3), 296-307.

Feng S., & McLaughlin, D.(2000). *Teach children with autism with the discrete-trial approach.* Paper presented at the Annual Conference of the Eastern Educational Research Association, 16-19.

Prizant, B. M., & Duchan, J. F.(1981). The functions of immediate echolalia in autistic children. *Journal of Speech and Hearing Disorders, 46*(3), 241-249.

Prizant, B.M., Wetherby, A.M., & Rydell, P. J.(2000). Communication intervention issues for young children with autism spectrum disorders. In A.M. Wetherby & B. M Prizant (Eds.) *Children with autism spectrum disorders: A developmental, transactional perspective.* Baltimore, MD: Paul Brookes Publishing Company.

Reilly, S., Wake, M., Ukoumunne, O. C., Bavin, E., Prior, M., Cini, E., Conway, L., Eadie, P., & Bretherton, L.(2010). Predicting language outcomes at 4 years of age: findings from Early Language in Victoria Study. *Pediatrics 126,* 1530-1537.

Robertson C. E., & Baro-Cohen S.(2017). Sensory perception in autism. *Nature Reviews Neuroscience, 18,* 671-684.

Schopler, E., Brehm, S. S., Kinsbourne, M., & Robert J., & Reichler, R. J.(1971). Effect of treatment structure on development in autistic children. *Arch Gen Psychiatry, 24*(5), 415-421.

Schuler, R. S.(1979). Managing stress means managing time. *Personnel Journal, 58,* 851-854.

Simpson, R. T., de Boer S. R., Friswold, D. E., Myles, B. S., Byrd, S. E., Ganz, J. B., Cook, K. T., Otten, K., Ben-Arieh, J., Lline, S. A., & Adams. L. G.(2007). **자폐 범주성 장애**(이소현 역). 서울: 학지사.(원출판연도 2005)

Smith, D. D., & Luckasson, R.(1995). *Introduction to special education*(2nd ed.). Boston: Allyn and Bacon.

Wall, M.(1988). Fluency disorders: Disfluency in the child. In N. J. Lass, L. V. McReynolds,J. L. Northern & D. E. Yoder(Eds.). *Handbook of Speech-Language Pathology and Audiology.* Burlington, ONT: B. C. Decker.

Wetherby, A. M., & Prutting, C. A.(1984). Profiles of communicative and cognitive-social abilities in autistic children. *Journal of Speech & Hearing Research, 27*(3), 364-377.

참고사이트

게티이미지뱅크(https://www.gettyimagesbank.com)

http://knat.go.kr/knw/home/knat_DB/

나의 AAC아동, 엔씨소프트문화재단, http://www.kshbs.or.kr/page/sub2_1

https://www.g-health.kr/

https://simple.wikipedia.org/wiki/Ossicles

http://dl.dongascience.com/magazine/view/S200506N039

http://earsandhearing.net/2017/04/abr

http://koalclinic.com/cont/0505.php

https://www.thenurtureclinic.com/cochlear-implant

https://www.sc.or.kr/happy2/

저자소개

■ 이현정

단국대학교 대학원 특수교육학과 언어병리전공 석사
단국대학교 대학원 특수교육학과 언어병리전공 박사
현) 연성대학교 유아특수재활과 교수

■ 이현주

단국대학교 특수교육대학원 언어치료전공 석사
단국대학교 대학원 특수교육학과 유아특수교육전공 박사수료
현) 이룸언어발달심리연구소 소장

■ 이윤선

단국대학교 대학원 특수교육학과 청각·언어장애아교육전공 석사
단국대학교 대학원 특수교육학과 청각·언어장애아교육전공 박사
현) 연성대학교 유아특수재활과 외래교수

■ 김응범

단국대학교 특수교육대학원 언어치료전공 석사
단국대학교 대학원 특수교육학과 청각·언어장애아교육전공 박사
현) 연성대학교 유아특수재활과 교수

■ 김선영

숙명여자대학교 대학원 교육심리학과 교육심리전공 석사
단국대학교 대학원 특수교육학과 청각·언어장애아교육전공 석사
단국대학교 대학원 특수교육학과 청각·언어장애아교육전공 박사
현) 연성대학교 유아특수재활과 외래교수

영유아교사를 위한
언어발달장애

초판 1쇄 발행 / 2021년 5월 30일
초판 2쇄 발행 / 2023년 3월 2일
초판 3쇄 발행 / 2025년 3월 5일

•

공저자 / 이현정 · 이현주 · 이윤선 · 김응범 · 김선영
발행인 / 이 중 수
발행처 / **동 문 사**

•

서울특별시 서대문구 홍제원 1길 12
(홍제동 137-8)
Tel : 02)736-3718(대), 736-3710, 3720
Fax : 02)736-3719
등록번호 : 1974.04.27. 제9-17호
가격 : 21,000원

•

ISBN : 979-11-6328-286-0(93370)
E-mail : dong736@naver.com
www.dongmunsa.com